人文社科
高校学术研究论著丛刊

积极心理学视阈下的教师心理适应性研究

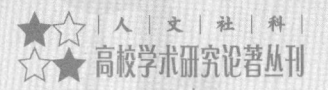

石梅 著

中国书籍出版社

图书在版编目 (CIP) 数据

积极心理学视阈下的教师心理适应性研究 / 石梅著. -- 北京：中国书籍出版社，2020.9
ISBN 978-7-5068-8017-6

Ⅰ.①积… Ⅱ.①石… Ⅲ.①教师心理学-研究 Ⅳ.① G443

中国版本图书馆 CIP 数据核字（2020）第 189787 号

积极心理学视阈下的教师心理适应性研究

石　梅　著

丛书策划	谭　鹏　武　斌
责任编辑	吴化强
责任印制	孙马飞　马　芝
封面设计	东方美迪
出版发行	中国书籍出版社
地　　址	北京市丰台区三路居路 97 号（邮编：100073）
电　　话	（010）52257143（总编室）　（010）52257140（发行部）
电子邮箱	eo@chinabp.com.cn
经　　销	全国新华书店
印　　厂	廊坊市新景彩印制版有限公司
开　　本	710 毫米 × 1000 毫米　1/16
字　　数	216 千字
印　　张	15.75
版　　次	2021 年 10 月第 1 版
印　　次	2021 年 10 月第 1 次印刷
书　　号	ISBN 978-7-5068-8017-6
定　　价	76.00 元

版权所有　翻印必究

目 录

第一章 积极心理学认知 …………………………………… 1
  第一节 积极心理学的内涵 ………………………………… 1
  第二节 积极心理学对社会和个体发展的意义 …………… 5
  第三节 积极心理学带来的革命性理念 …………………… 22

第二章 教师心理健康 ……………………………………… 36
  第一节 心理健康概述 ……………………………………… 36
  第二节 教师心理健康 ……………………………………… 43
  第三节 幸福从心开始 ……………………………………… 61

第三章 教师角色与心理适应研究 ………………………… 65
  第一节 教师角色的内涵 …………………………………… 65
  第二节 教师职业角色的认知 ……………………………… 72
  第三节 教师职业角色问题的积极应对 …………………… 79

第四章 教师情绪与心理适应研究 ………………………… 89
  第一节 情绪的内涵 ………………………………………… 89
  第二节 教师常见的情绪问题 ……………………………… 95
  第三节 教师积极情绪的培养 ……………………………… 108

第五章 教师人格与心理适应研究 ………………………… 120
  第一节 人格的内涵 ………………………………………… 120
  第二节 教师人格异常的类型及危害 ……………………… 123
  第三节 教师常见的人格问题 ……………………………… 132
  第四节 教师积极人格的培养 ……………………………… 139

第六章　教师人际关系与心理适应研究……………… 156
第一节　人际关系的内涵……………………… 156
第二节　教师人际关系的类型与特点……………… 159
第三节　教师积极人际关系的培养……………… 163

第七章　教师压力与心理适应研究………………… 179
第一节　压力的内涵…………………………… 179
第二节　教师压力的主要来源与职业倦怠………… 184
第三节　教师压力的预防与缓解………………… 195

第八章　教师的职业幸福感研究…………………… 202
第一节　主观幸福感和职业幸福感研究…………… 202
第二节　幸福生活的原理……………………… 206
第三节　教师职业幸福感的提升………………… 218

参考文献……………………………………… 244

第一章　积极心理学认知

第二次世界大战的爆发后,人们原有的和平生活被打破了,追求幸福的环境被破坏了,饥饿、逃离、恐惧、创伤和破坏等成为当时人们生活的主要状态。心理学的使命也不再是挖掘人类的潜能和使人类获得幸福的生活了,而是要全力去治疗和修复个体的心理创伤,"治愈创伤和治疗疾患"成为那个时期心理科学研究的主要使命。美国积极心理学三位核心创始人塞里格曼(Seligman)、彼特森(Peterson)、奇克森米海(Csikszentmihalyi)进行了一次富有创意的逆向思维研究(Seligman et al,2005),提出心理学家为什么长期以来都把精力花在了治疗心理疾病和研究心理问题上呢？因此,积极心理学诞生就试图转变当时心理学研究的大方向,恢复心理学研究的三大使命,重新探究能为人类健康发展服务的全新取向的心理学研究,致力于"探索人类的积极品质和潜在能力,以及关注全人类的生存与发展的研究"(Seligman et al,2005),即更多地关注怎样使人们有更好的生活,怎样更有效地发挥个人的优点和才能。

第一节　积极心理学的内涵

心理学是研究人及动物心理发展变化规律的科学,其目的在于解释和预测各种心理现象,解决我们所面临的各种心理问题。心理学在20世纪得到了快速的发展,形成了知觉、记忆、学习、动机、情绪、智力、人格、社会行为等多个研究领域,产生了精神分析、行为主义、认知主义、人本主义等多个心理学理论流派,并广泛应用到教育研究、心理咨询与治疗、组织管理、市场消费等多个领域。

一、积极心理学的含义

积极心理学(Positive Psychology)是心理学在20世纪末出现的新的研究取向,是研究人类发展潜力和美德等积极心理品质的一门学科。积极心理学家认为,如果人们平时总是用积极的思维来解释面对的问题,用积极的行为来处理面临的事件,就会形成积极性质的应对系统,一旦形成积极性质的应对系统之后,这个系统就会循环促使人们在今后的生活中采取更多的积极应对行为,产生积极的良性结果。如果人们平时总是用消极的思维来思考和解释问题,就会形成具有消极性质的行为模式,那就真的很可能形成令人"不满意""不舒服""不理想"的不良结局(关智华,2013)。积极和消极是怎样一种关系?心理学家的观点认为,积极不一定是经历满意的事件,消极也不意味着就是不利的状态,积极不一定就是消极的对立面。而是,同样的事情发生,看从怎样的角度来看待。比如说,工作环境的恶劣,积极的心态可以看作是对人生的磨炼,可以锻炼自己克服困难的能力;消极的心态就会看成是倒霉、运气不好、折磨人,从而导致对工作的不满。积极的正面情绪与消极的负面情绪是运用不同的心理程序,从而有着不同的心理结果。同时,积极的情绪状态会促进生理上的积极反应(陈虹;张婷婷,2009),即血液中分泌一种叫S-LGA的免疫抗体,从而提高机体免疫系统的活动。

二、积极心理学的基本理论

积极心理学的基本理论主要围绕着"一个中心三个支撑点",即以幸福为中心,以积极体验、积极人格、积极社会制度为三个支撑点来开展相关的研究,而且已基本形成了完整的理论体系(图1-1)。

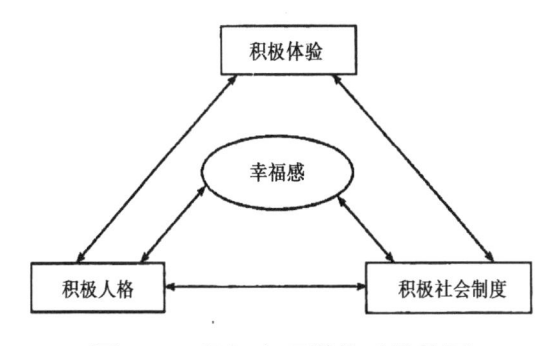

图 1-1　积极心理学体系结构图

积极心理学的理念(苗元江;朱晓红;龚继峰,2009)如下:

(让微笑灿烂,喻意:积极体验)
↓
(让孩子快乐,喻意:积极人格)
↓
(让家庭幸福,喻意:幸福感)
↓
(让社会和谐,喻意:积极社会制度)

(一)一个中心

"一个中心"即主观幸福感(subjective well-being,SWB)。主观幸福感是个体对自我生活状态的一种主观感受,是其根据自己内在的心理标准对其现有的生活状态(主要是幸福)进行综合评估后而产生的一种主观体验,即主观感受或幸福的体验(Diener,2000),是每个人对自己的生活状态(是否幸福)的内心感受,这是积极心理学研究的中心内容。

(二)三个支柱

"三个支柱"即积极的情绪体验、积极的人格特质和积极的组织系统。

1. 积极的情绪体验

积极的情绪体验是一种情绪感受,能带给个体"正性""愉悦""满意"的情绪体验。这种体验表现在:对于过去,体验到的是幸福和满足;对于未来,是充满着希望和乐观;对于现在,感受到的是快乐和幸福。其中,包括了幸福(happiness)、满意(contentment)、兴趣(interest)、自豪(pride)、感激(gratitude)和爱(love)等积极的情绪体验。

2. 积极的人格特质

积极的人格特质是一个人的思想、情感以及行为特有的统合模式,是个体稳定而统一的心理品质,是人类幸福生活和健康发展的核心要素(Diener,2000)。2004年Seligman和Peterson出版了《性格优势和美德》(Character Strengths and Virtues)一书,书中从积极心理学的视角以人格特质为核心,对人格的优势和美德进行了详细的描述与分类,包括了六大美德和与之相对应的24种人格优势。六大美德包括:智慧、勇气、仁慈、正义、克己和超然。以六大美德为主题,又分别列出了24种人格优势:创造力、好奇心、思维开阔、热爱学习、洞察力、本真、无畏、毅力、热忱、善良、爱、社会智力、公平、领导力、团队合作、宽容、稳重、谨慎、自我调节、欣赏、感恩、希望、幽默、虔诚(卡尔,2013)。这24种人格优势基本涵盖了积极心理学研究的所有人格特质。这些积极的人格特质有助于个体采取积极有效的应对策略面对生活中的各种压力和困境,对未来充满信心和希望,它们是人类获得幸福的心理基础。

3. 积极的组织系统

积极的组织系统是研究组织环境如何帮助个体形成积极的人格特质并产生积极的情感体验的,并促使每个个体成员在社会生活中成为有责任感、有义务感、有道德、有礼貌、宽容、文明和具有荣誉感的公民。在积极组织系统的建立中,主要是围绕着创建幸福健康的家庭、关系融洽和谐的社区和教书育人并有效培养人才的学校环境等为主要内容(李金珍等,2003)。

积极心理学的崛起打破了一个多世纪以来心理学研究长期以来更关注失败、问题、障碍等消极内容的局面,促进心理学研究要致力于"如何使人获得幸福"、积极发展个体潜力、提升幸福感为目标,倡导了一场人类追求"幸福"的革命。

第二节 积极心理学对社会和个体发展的意义

一、积极心理学对社会发展的意义

(一)为社会繁荣开辟了一条新的途径

社会发展都存在着一种必然性:当一个社会处于稳定、繁荣昌盛的时代,那这个社会就会特别关注积极品质和积极力量,反过来,一个社会特别关注积极品质和积极力量,那这个社会就会继续不断地繁荣昌盛下去,15世纪的佛罗伦萨和维多利亚时代的英格兰就是最好的例子。一个社会只有以积极作为自己建构的出发点,这个社会才能变成有效的、公正的、人道的社会。从一定程度上说,社会建构的出发点对于整个社会来说担当了社会变化的诱导者,它的诱导方式将直接影响社会变化的具体方式。因此,如果一个社会超越现实的社会问题而把有关健康、幸福、关心、公正、移情、考虑他人权利的意义等作为社会变化的诱导,那么这个社会就会走上一条新的繁荣之路。

社会历史发展告诉我们:农业化的主题词是"温饱",工业化的主题词是"富强",而信息化时代的主题词是"幸福"。积极心理学的崛起打破了一个多世纪以来心理学关注失败、问题、障碍等消极问题的局面,致力于研究"如何获得幸福",以发展潜力、提升幸福感为目标,倡导了一场"幸福革命"。

（二）丰富构建和谐社会的新内容

和谐社会是民主法治、公平正义、诚信友爱、充满活力、安定有序、人与自然和谐相处的社会。"民主法治"强调各方面积极因素得到广泛调动。"二战"以来实现了民主化、法治化的国家，人民平均幸福指数不断上升，丹麦人、意大利人、墨西哥人在与50年前的生活相比时，感到现在的生活更令他们满意（Inglehart等，2007）。民主化和法治化程度越高的国家，也是人民平均幸福指数越高的国家，两者呈明显的正相关。

"公平正义"强调的是社会各方面的利益关系得到妥善协调。公平和正义能够使人避免偏见影响，保持人与人的平等关系。公平正义的人、组织和社会有很强的凝聚力和影响力。"诚信"和"友爱"都是积极心理学推崇的美德和优秀品质。

"诚信"被普遍地赞赏，拥有它的人诚实、正直、真实、现实；"友爱"则涵盖了友善和爱，友善不仅利人，而且利己。友善的人有同情心，经常帮助别人并且从中得到快乐；拥有爱的人会珍惜与别人亲密的关系，更加能感觉到幸福，更能体验到人生的意义，更能够发展和谐关系。友爱能促进人的正面感受、生活意义、和谐关系及人生成就（王定华，2010）。

"充满活力"的人对国家的未来、对社会的发展持有积极的观点。充满活力的人在对未来的情绪中，更多的是乐观、希望、信念、信任和信心等积极情感，他们会将快乐和积极情感扩展到最大，并把痛苦和消极情绪缩减到最小，在生活中能够更多地参与和融入，拥有更充实的人生。尤其重要的是，将会对社会更加积极地奉献，积极地为未来做计划的同时能兴高采烈地生活在现实环境中（王定华，2010）。

"安定有序"是和谐社会构建的基本保障。和谐社会是一个过程，"和谐"是没有上限的，达到和谐以后还可以再和谐；但是和谐社会却是有底线的，如果社会的不和谐突破了这个底线，社会的安定就难以保障。

社会发展的历史已经证明：当一个社会处于稳定和繁荣的时期时，这个社会就会特别关注良好品德、幸福、创造性和高质量的生活等个人层面和集体层面的积极品质；而对积极品质的关注又会进一步促进社会的繁荣富强，两者相互促进，互为因果。

（三）重视民众的幸福体验

人为什么要活着？是因为有各种问题需要受到批评或指责吗？显然不是，人活着是因为人需要（而且能够）追求幸福，人是因为有了幸福而活着。只有当我们能准确量化民众的幸福之后，才能准确定义我们的国民生产总值、我们的公共政策、我们的政府和我们的社会（Seligman，2008）。"积极心理学"是一门倡导"积极"、重视"发展"、追求"幸福"的科学，它始终致力于对人类的幸福、美德和潜能进行研究，并借此促进人类社会的进步，帮助人们过上幸福美好的生活。至此，积极心理学以全新的理念、积极的姿态、科学的行动诠释与实践了心理科学的价值和意义。

积极心理学以一种新的视角诠释心理学，将心理学的研究关注点放在心理健康和良好的心理状态方面。它是一门旨在促进个人、群体和整个社会发展完善和自我实现的科学，是关于引导人们实现自我、幸福生活、人类社会健康、和谐发展的心理学。积极心理学是一门应用科学，它的应用超前于其理论的形成。积极心理学的崛起，不仅仅是为了寻求与发展心理学的理论，而且更加关注人类社会的发展，它继承和发展了人本主义心理学的人性观，发扬人性的积极性、建设性，它的本质与目标就是寻求人类的人文关怀和终极关怀。它所关注的不仅仅是个人的幸福，而且也是更广泛的人类福祉，是更广泛意义上的社会发展研究的一部分。

二、积极心理学对个体发展的意义

（一）完善个体心理品质

人格特质是一个连续变量或者连续维度，如果个体在这些维度具有恰当的、有益的水平，则可以认为他具有了相应的积极心理品质。

1. 提升幸福感

个体所具有的积极品质与其幸福感有关。如当个体具有谦虚、谨慎、自律、感激等品质时，他更可能拥有积极的情绪体验；当个体拥有热情、社会智能、宽恕、友善的积极品质时，他更容易交到朋友，受人欢迎，获得更多的社会资源；当个体具有创造力、好奇心、热爱学习、勇敢、坚持不懈、有团队精神、希望的积极品质时，他更可能在学习、工作和生活领域获得成功；当个体具有爱、公平、真实性等品质时，他更可能体会到爱与内心的恬适等，无疑这些都会让人提升幸福感。

2. 维护心理健康

古今中外，众多学者对心理健康的含义都有自己的观点，其中，心理学家杰何达（Jahoda）提出了"积极的心理健康"的概念。杰何达认为，"积极的心理健康"包括以下六个方面：自我认知的态度，自我成长、发展和自我实现的能力，统一、安定的人格，自我调控能力，对现实的感知能力，积极改善环境的能力（耿甜甜，2019）。

3. 促进智力发展

尽管研究者已发现人格特质与智力水平之间存在某种相关，但并不能说，一个人的高智力是由积极心理品质导致的，因为相关关系并不是因果关系。但研究也证实了，某些积极心理品质能够促进智力的发展和智力机能的发挥。例如，友善、社会智能强的人,在校读书时更容易得到老师和同学的帮助与支持,这为其智力的发展提供了良好的资源和背景。

(二)用感恩心面对现实

人的一生会经历各种各样的事情,在经历了一个有重大影响的事件(如中奖或重大创伤性事件等)之后,就会表现出强烈的生活状态和情绪反应,表现出对生活的满意度,然而,研究表明个体的生活满意点会在相关事件过去四周之后就会趋向于恢复到原来的生活满意点水平,个体的生活满意点会随个体生活体验而发生变化。积极心理学倡导无论经历何种事件,都应采取感恩策略来面对,这样就不会发生生活满意点大起大落的现象。

研究者采取感恩记录的方式探讨了感恩的效果。在研究中,第一组人员被要求每天晚上在临睡前至少写下5件值得自己感恩的事情;第二组人员要写下5件烦恼的事情;第三组人员要写下5件比别人好的事情。在三周后发现,第一组人员表现得生活满意度更高,体验到更多积极情绪。

这类研究可以转化成为一种人人都可以掌握的感恩行为策略:在每天即将结束时,写下这一天进展顺利的几件事(一般为3件事以上),同时可以简单地解释一下为什么会觉得这些事情需要感恩。

在学习感恩策略时,应该注意以下五个方面。

第一,对有些事情需要转换角度,挖掘事件的积极意义。例如,丢一些小东西时,会觉得这是提醒你以后不要马虎以防再丢东西;生病时,提醒你要注意营养,加强身体锻炼。

第二,要关注身边给你带来欢乐的小事。

第三,可以与他人共享值得感恩的事,特别是与你身边的人。

第四,坚持做下去,直到养成习惯。

第五,对有些感恩的事情可以做出感恩行动。

很多研究的结果均已表明,使用感恩行为策略会使人的主观幸福感明显增强,感到满意和快乐。可以在使用这个策略之前测一下前面的"感恩测验",隔一段时间再测一下"感恩测验"（RobertEmmons）,体验一下自己发生的变化。

（三）提升主观幸福感

主观幸福感依赖个体的亲身体验,具有主观性。主观幸福感主要取决于个体自己所定的标准,而不是参照他人或外界所制定的标准,虽然每个人都可能具有同等程度的客观幸福,但每个人的实际体验可能会各不相同（刘春乐,2018）。总地来看,主观幸福感是相对于"被幸福"而言的,较能反映出个体的真实心理水平。

主观幸福感不仅指个体没有消极情绪体验,而且更强调个体生理上能体验到的真实积极体验。主观幸福感不是指个体对某一单独生活领域进行评估后的体验,而是指个体对自己的总体生活进行评价后所产生的体验,是一种对生活的总的体验。

主观幸福感一般包含三个等级：感受到美好生活、享受生活、获得生活意义。感受到美好生活主要指外在环境或条件所导致的主观感受,它常是一种被动感受,如住在一个漂亮房间里或在一个干净的餐厅吃饭等,这些都会令人产生愉悦感。享受生活指个体在亲自参与后所产生的那种愉快感受,是一种主体参与后的主动感受,如参加了一场网球比赛之后,就会产生参与后的愉快,但如果只是作为一名观众,那么就不可能获得这种参与的快乐感受。获得生活意义指个体超越自我范畴,从人类、社会、信仰等层面获得的价值享受,这是一种终极快乐,如一个人拿出自己的钱去做了善事,虽然他损耗了一些钱财和精力,但他仍然感到很愉快,这种愉快就来自对生活意义的理解和追求（张红艳,2019）。主观幸福感这三个等级的划分其实也就是获得主观幸福感的路径,也就是说,人们总是先从外在环境条件中获得愉快,然后自己再投身参与,在多次参与的基础上最终能主动追求生活意义。由于"幸福"这一概念带有很大的哲学意味,它容易引起理解上的歧义,因此,目前很多心理学研究者研究主观幸福感主要通过生活满意度、积极情绪体验和消极情绪体验这三个指标,而生活满意度则是主观幸福感的一个最重要的指标(Diener,1984),这种方法确实有一定的道理。

成功会让个体产生幸福感是一个不需要证明的公理,那么幸福感会不会促进成功呢?换句话说,所谓快乐的日子会不会让人变得更聪明、更能干呢?有研究者曾在世界著名的心理学杂志——《心理学公报》上发表过一个有关幸福感与成功之间关系的研究。研究者分别采用横断研究、纵向研究和实验室研究三种方式证明了幸福感确实可以促进个体的成功(Sonja et al,2005),也就是说,一个幸福的人更有可能取得事业或生活上的成功。

积极心理学的外在条件与个性品质

根据积极心理学已有的研究来看,成为一个幸福的人可能需要具有以下10个方面的条件。其中前5项是外在条件,另外5项是人的个性品质。

1. 有关系良好的朋友和亲密的家人

当代许多心理学家都证明了一条规律:良好的朋友关系非常有利于主观幸福感的形成和获得。狄纳和塞利格曼(Diener&Seligman,2002)曾以222名大学生为实验对象,将其中22名大学生抽取出来,对他们为什么感到幸福进行因素分析,结果发现与朋友在一起的丰富多彩的社会生活是其中最主要的原因。

良好的人际关系是人幸福的最重要的条件之一,之前许多研究都证实了亲密关系对人幸福的影响。日本东京大学的一项研究表明,经常独自用餐的老人更易患抑郁症,其中,独自用餐的女性患抑郁症的风险增加了40%,男性则增加了170%。2012年,英国国家统计局等机构对超过4万个家庭进行长期追踪后发现,经济好转对幸福感的增强并没有太大帮助,反倒是经常在家做饭、与家人共同进餐的人普遍感到更幸福。一般来说,人与好友之间的互动越多,幸福度也就越高,而且这一过程还受人智商的影响,智商越低受人际交往的影响就越大。国家和社会的发展也同样依赖交往：1949—1978年，中国实行关紧国门的政策，与其他国家交往甚少，这一时期社会财富的增加极少；而1978年开始的改革开放带来了财富的极大增加。在世界范围内也是如此，三个财富大增加的时代也恰恰是世界各民族和文化大交往的时代：文艺复兴时期新大陆的发现实现了大交往，工业革命时期交通的发展扩大了交往，第二次世界大战后到现在实现了世界民族大交往。

2. 有一份稳定的工作或收入

金钱是我们这个社会的一般中介物，在当今这个商品经济高度发达的时代，它能给人带来很多想要的东西。因此，许多人会把主观幸福感和金钱挂钩，认为金钱是导致生活满意的最主要因素，并进而影响个体的主观幸福感。不过，心理学过去的研究发现，金钱对人主观幸福感的影响有一点，但其实并不如人们想象的那么大。

奇克森特米哈伊（1999）曾做过一个调查研究，结果显示，金钱可能只是人头脑中的一个数据链：每年赚2.5万美元的人认为每年赚5万美元会使他们很幸福，每年赚5万美元的人觉得每年赚10万美元会让他们很幸福，每年收入10万美元的人则期待每年赚20万美元来使自己更幸福，依此类推。这一研究表明，财富可能并不一定是影响主观幸福感的一个重要因素，至少到目前为止，几乎没有证据证明富人会比处于平均财富水平的人幸福得多。当然，财富不能决定主观幸福感，但这并不意味着财富与主观幸福感无关。有研究显示，尽管财富不能带来幸福，但贫穷确实会降低人的主观幸福感。

因此，有人认为，财富与幸福只是相关，并不能成为一种保障，财富所能带来的幸福可能主要在于收入的改变（主要是增长），而不在于财富的总量多少。

3. 有自己喜爱的文体活动

业余活动更能让人产生福乐（Flow）情绪，福乐情绪是人特有的一种情绪，它是指人在沉浸于一项活动或行为时产生的情绪体验,类似于生活中所谓的痴迷感(或痴恋感)。不仅如此,文体活动或适当的运动还可以促使肾上腺素和多巴胺的分泌,多巴胺(Dopamine)是下丘脑和脑垂体腺中的一种关键神经递质,中枢神经系统中多巴胺的浓度受精神因素的影响,从理论上看,增加这种物质,就能让人兴奋、开心和快乐,它有时甚至会令人上瘾。瑞典科学家卡尔森(Arvid Carlsson)是世界上第一个确定了多巴胺为脑内信息传递者的角色,这使他赢得了2000年的诺贝尔医学奖。

4. 身体健康

多数时候,身体健康本身就是幸福的一个重要组成部分,不仅如此,身体健康还能使人有更多机会参与各种文体活动和与他人交往。身体健康中的一个很重要的方面是远离噪声。已有的心理学研究发现,如果一个人长时间地处于噪声影响之下,那么他的快乐能力会显著地下降,并且这种下降不可逆。也就是说,长时间的噪声是人幸福的一个疯狂杀手。

5. 拥有一定的时间和空间自由(甚至为此不惜花费一定的金钱)

一个人相对的时间和空间自由与这个人的生活控制感有关。积极心理学的一些研究已经证明,总的来说,有控制感的人要比没有控制感的人更幸福,也更乐观。哈佛商学院的威兰斯(Ashley Whillans)等人于2017年6月在《美国科学院院报》(Proceedings of the National Academy of Sciences of the United States of America,简称PNAS)上发表了一项研究。一个研究团队对美国、丹麦、加拿大和荷兰的6000多个成年人进行了调研,结果发现:如果一个人愿意花一些钱来为自己购买一些闲暇时间(如花钱请人打扫卫生、做饭或做家务),会显著提高其生活满意度。研究还发现,其实购买时间所得到的快乐等同于赚更多的钱得到的快乐。这一研究结果并不局限于有钱人,无论收入高低,这么做的人都会出现同样的结果。不过,尽管花钱购买时间可以缓解一个人的日常生活压力并提升幸福感,但绝大多数人似乎都不愿意花钱来购买时间,即使是百万富翁也不太愿意这么做(研究发现,有一半以上的百万富翁都不愿意花钱找人做家务等)。

6. 喜欢迎接未来

开放性是当前世界文化经济发展的最新趋势之一，一般来说，那些经常着眼于未来的人都相对具有更多的开放性特点。这种乐于并善于迎接未来的人总会对当前所面临的问题有好的解决办法，因为他们把自己放在了一个没有时间和空间边界的世界里，这样那些原本以现实为标准而处于当前焦点地位的问题就会被边缘化，从而失去了对生活的影响力。相反，那些原本在时间维度上边缘化的未来积极事件却可以被拉入到当前的生活焦点中。美国学者金（King）在2001年的一项研究中让被试者积极地想象将来最有可能发生的所有快乐的事情，如想象10年后幸福的恋爱或婚姻生活，每天一次，一次20分钟，持续4天。结果发现，与控制组相比，这些想象将来自我的被试者的积极情绪得到了提升，而且这一练习还降低了被试者的患病率。

7. 乐于助人

心理学界流传着一种说法：如果你想快乐一小时，就去睡个午觉；如果你想快乐一整天，就去钓鱼；如果你想快乐一个月，就去结婚；如果你想快乐一辈子，那就去帮助别人吧……助人在多个心理学的研究中都被证明能显著地增强人的幸福感。如，邓等人（Dunn, et al, 2008）在具有世界权威的学术杂志《科学》上发表了一项研究。该研究调查了632个美国样本，结果发现，如果被调查者每个月大约有10%的预算能花在社会交往上（比如给其他人买礼物或者捐助慈善事业），那么这些人相对更幸福。虽然这些人的总收入与幸福感并不相关，但是花在其他人身上的钱确实与他们的幸福感相关。此外，他们还对一些人从公司领取到奖金红利前后的幸福感进行了比较，发现那些为别人花了更多钱的人幸福感水平确实更高。

但这一结果不禁使人产生疑问：到底是为别人花了钱才感到更多的幸福，还是幸福感更强的人倾向于为别人花更多的钱？哪个是因，哪个是果？为了解决这一问题，邓等人又做了下一步的实验：研究者在早晨随机给46名大学生志愿者5～20美元数量不等的钱,并告诉他们今天必须将这些钱花完,当然这些钱可以为自己花掉或者为别人花掉。到了晚上,他们发现那些为别人花掉了钱的人幸福感明显更强,这种幸福感与他们得到或花掉的钱的多少并没有显著关系。

8. 善于宽恕

宽恕也就是人们日常所说的不记仇性格。这个世界有人对我们好,但在一定的时间或一定的场合,也一定会有人对我们坏。一旦有人对我们使了坏,该怎么办呢?积极心理学提倡:在生活中要和他人比记住快乐的时长而不是比记住仇恨的时长。一个总想着报仇的人或者民族一定不会是一个快乐的人或民族,人们多数时候应该持宽恕之心,处罚或惩罚交给法律去做,而不是交给我们自己的心去做。宽恕既包括宽容,又包括饶恕,人们通常意义上所谓的宽容实际上就是一些心理学研究中所指的宽恕。宽恕并不是简单地指"容忍他人的行为",而是指要承认他人的权利与自由,要用关心取代冷漠与轻视,用了解取代盲目、无知和歧视。

9. 拥有同情心或共情心

同情或共情(Empathy)有时也被译作"移情",指的是一种能设身处地地体验他人的处境,从而达到感受和理解他人情感的特性。善于共情的人更愿意改变自己不合理的认知,更愿意考虑对方的处境或心情,从而表现出更得体的行为。

10. 学会感恩

感恩(Gratitude)指对他人或社会给予自己的善意、善行后的一种积极回馈。感恩在心理学研究的早期被看作一种情绪状态,但现在研究者一般认为它更是一种积极品质。意大利著名哲学家、历史上最伟大的神学家阿奎纳曾认为它是仅次于公正的人类第二重要品质。作为一种品质(类似于人格特质),感恩一定是跨情景的,它对任何外来的益处都会表达谢意(而不是对特定的人或特定的对象)。不感恩被看作一种恶习(Vice),从临床上来看,不感恩的品行可能伴随着过分自恋(Narcissism)的心理疾病,而且个体越不感恩,其自恋病越有可能加重。

在一个为期4周的纵向研究中,控制组只是每天回忆自己生活中的一些细节并记录下来,而实验组则被要求记录他们每天需要感激的一些事情(不论大小)和他们未来的理想生活。结果发现,与控制组被试者相比,实验组被试者具有更高水平的快乐的内在动机,这种动机和相应的行为方式使个体能持久保持一种积极的情绪状态。所以,个体只要不断努力去完成一些善的事情(这实际上是一种情绪控制策略),就会获得一种持久的幸福状态(Sheldon&Lyubomirsky,2006)。

(四)学会并保持乐观

塞利格曼研究发现,保险行业是一个与人打交道的行业,推销员每天都要面对不同职业、性格、年龄、文化等特点的个体。在此过程中,这些保险推销员必然会经历多次的拒绝,吃到多次的闭门羹,有时甚至还会挨骂(有统计显示,保险推销员每打10个电话可能只有一个人愿意和他坐下来谈谈,而且不一定购买保险)。许多员工在遭受这样的打击之后,自信心荡然无存,他就会失去进一步努力的动机,业绩自然就会下降。当他的业绩不好之后,他就会觉得自己不适合这个行业,跳槽也就成了一种必然的选择,即使公司不辞退他,他自己也不好意思继续留下来了。而当一个个体带着失败离开时,如果这个个体自己的性格本来就有点不太乐观,那么抑郁自然就有可能找上他的门。因此,塞利格曼认为保险行业应该仔细挑选员工,保险销售工作并不是什么人都能干的,只有那些具有乐观型风格的人才更适合做这项工作。

通过两年的追踪发现:在1000人组中,具有乐观风格的推销员所做出的业绩要比悲观者高——第一年高出8%,第二年则高出31%;129人组(职业测试分数低但很乐观的人)与1000人组中的悲观者相比,两年期间的业绩差异更为显著——第一年高出21%,而第二年则高出57%。这些结果充分证明乐观型风格在保险推销行业中的重要性。

（五）挖掘个体美德内涵

塞利格曼和迈耶森（Neal Mayerson）意识到，如果积极心理学要切实地改善人类的生活实践，那么它也一定需要这样的东西。所以他们一致认为，积极心理学应该建立一个"积极人格"所具有的具体品质（积极品质）的集合，即积极人格应该包含哪些具体的品质。塞利格曼认为密歇根大学的克里斯托弗·彼得森教授是主持这项研究的最佳人选。彼得森教授是一位享有世界声誉的人格心理学家，尤其是在乐观和希望的研究方面堪称世界性权威。最终，历经三年的艰苦努力，彼得森教授和他的研究小组提出了积极人格的6大美德和24种积极品质。

1. 智慧

智慧的要素力量主要有以下几种。

（1）好奇和对世界感兴趣。好奇指面对与自己先前经验不一致的事物时，能以开放的姿态去体验，并采取灵活的应对方式。好奇的对象可以是特定的（如只对玫瑰感兴趣），也可以是全世界广阔视野里的一切事物。好奇的人有着强烈的获得答案的欲望，而不会容忍模棱两可。与好奇相对应的反面是厌烦。

（2）热爱学习。热爱学习的人喜欢上学、读书和参观博物馆等，享受一切学习机会，无论是在班级里学习还是自学，都乐在其中。你热衷于某一专业，而且专业技能出色，就算得不到他人的价值认可也觉得无所谓。

（3）心灵手巧、独创性和实践智能。当你想要得到某物时，就特别擅长采取一些新奇却又适当的行为来达到目标，很少满足于按惯例做事。这种要素力量包括人们常说的创造性，但不限于艺术方面，也称为实践智能。

（4）判断力、批判性思维和开放性思想。判断要立足于现实，不要将自己的愿望和需要与现实世界搞混。与之相反的是逻辑错误，偏爱和固守自己相信的东西，如过度自我责备（"这都是我的错")以及非黑即白的想法等,这些容易导致抑郁和消沉等不良情绪。

(5)社会智能、个人智能和情绪智能。社会智能是一种观察他人的差异,通过了解他人的情绪、性格、动机以及意图,认识其差异性的行为反应的能力(这里只是解释,并不是下定义,因为很多概念是没有办法下明确的定义的,因此,这里只强调其主要内容,通过这种方式来界定其在本书中的指代范畴)。个人智能是指体察自身的想法,并且以此理解和指导自己行为的能力。二者合起来称为情绪智能,即根据对自己和他人的了解,意识到他人的动机和想法,并且能很好地做出回应。

(6)洞察力和大局观。这是最接近智慧本身且最成熟的一种要素力量。当你具有了这种要素力量,别人就会寻求你的帮助,你就可以凭你的经验来帮他们解决问题,因为你有看待世界的独到方式,这对你和他人来说都很有意义。有洞察力和大局观的人擅长解决生活中最重要、最纠结的问题。

2. 勇气

勇气的要素力量主要有(刘利英;吴海英,2011)以下几种。

(1)英勇和勇敢。这样的人不会在威胁、挑战、伤痛或者困难面前退缩。英勇不仅仅表现在生理上(如在发生火灾时很勇敢),还包括在智能、情绪上勇于坚持自己的立场,尽管可能不受欢迎。品质上的英勇与生理上的英勇(勇敢)有所不同,害怕是区分二者的标准,也就是说,英勇不是不感到害怕,而是虽然害怕,却依然选择面对。

(2)坚持不懈、勤奋和勤勉。勤奋的人一旦接受了高难度的任务,就会想方设法将它完成,他们少有抱怨,做事有始有终。当然,坚持不懈并不意味着执着于一些无法达到的目标。真正勤勉的人有抱负,他们处事灵活、现实,不是过度的完美主义追求者。

(3)正直、真诚和坦率。你是一个正直的人,这不仅指说真话,也指以一种坦率和真诚的方式来生活;不仅指诉说事情的真相,还指以纯粹的方式告诉别人你的想法和承诺。

3. 仁爱

仁爱的要素力量主要有两种。

（1）亲切和慷慨。你对人非常亲切和慷慨，常常抽出时间帮助别人。你喜欢为别人做好事，就算那个人和你并不熟也没关系。这种特质使得你在与他人相处的过程中，经常将对方的兴趣爱好放在自己之上。

（2）爱和被爱。爱和被爱不仅仅是指男女间的浪漫，它反映的是你如何评价与他人亲密、直接的关系。一般来说，爱别人比使自己被爱更为普遍，在男性当中尤其是这样。

4. 公正

公正所包含的要素力量在公民活动中显示出来，不仅包括一对一的关系，还包括你与家庭、社区、国家乃至全世界等更大群体的关系。公正这种美德所包含的要素力量主要有以下几种。

（1）公民的职责、权利和义务，忠诚和团队精神（李建丽，2014）。你善于成为团队中的一员，对队友很忠诚，乐于分享，并且为团队的成功不懈努力。例如：你是否努力做好分内的工作？你是否尊重团队的目标？你是否尊重教师、教练等处于权威地位的人？这些力量都不是无意识和自动产生的，而是可以后天培养的。

（2）公平和公正。你不会让个人情感影响你对他人所做出的决定，而是给每个人以机会。例如，你是否以更大的道德原则来指导你的日常生活？

你是否会认真考虑不认识的人的权利？你是否认为在同等情况下必须以同等的方式来对待他人？你能否很容易就将个人偏见抛在一边？

（3）领导力。这是指在活动组织及开展等方面表现出色。一个仁慈的领导首先必须是有效的领导，在完成团队任务的同时也能保持与各成员的良好关系。有效的领导也必须是仁慈的领导，在处理团队关系时要做到不蓄意伤人，宽宏大量，坚持正义。

5. 节制

节制作为一种核心美德,是指对需要和欲望的适当表达。有节制的人不是压抑动机,而是不伤害自己和他人,等待机会来满足自己的需要和欲望。节制的要素力量主要有以下几种。

(1)自我控制和自我调节。这是指在适当的时候,容易阻止自己的渴望、需要和冲动。它要求个体不仅要明辨是非,而且要把认识付诸行动。例如,当不幸事件发生时,你能调节好自己的情绪吗?你能够独自修复和压制消极情绪吗?

(2)富有远见、谨慎和小心。你是一个小心的人,你说的话、做的事绝不会让自己事后后悔。富有远见是指在决定做某事前就先想好了行动方案,富有远见的人能够抵制短期利益的诱惑,从而实现自己的长远目标。谨慎是一种家长希望孩子能够具有的力量,尤其是在危险情境中,如"小心受伤"等。

(3)谦虚。你不喜欢成为公众聚焦的对象,更倾向于用技能说话。你不认为自己很特别,不喜欢炫耀,别人往往觉得你很谦虚。谦虚的人把自己的抱负、成功和失败看得不重要,认为胜利和挫折都不值得多说。

谦虚不只是一种行为表现,更是一个人内心品质的反映。

6. 卓越

卓越的要素力量主要有以下几种。

(1)欣赏美与优秀。你会停下来闻闻玫瑰的花香,你欣赏美,欣赏优秀成果,欣赏自然、艺术、数理科学和日常事物等所有领域的巧妙。你对反映人类美德的运动、行为有着独特的鉴赏力,类似的事物都容易引发你的积极情绪。

(2)感激。你能意识到发生在自己身上的好事,并且从来不认为它们是理所当然的,你总是花时间来表达你的谢意。感激是对他人优秀品行的欣赏,表达了一种对生活本身的期望、感谢和欣赏的情绪。别人帮我们做事,我们会感激,但是,我们还可以感激更一般的好人好事(如"生活在这个世界是多么美好啊!")。感激还可以出于客观的、非人类的原因——神灵、大自然、动物——但它不指向自己。

（3）希望、乐观和面向未来的胸襟。你期望拥有最好的未来，并且为达到它而认真计划、不懈努力。希望、乐观和面向未来的胸襟代表了对未来的一种积极看法。你希望好事发生，认为努力就能够达到目标，并即时为未来做计划，从而选择有目标导向的生活方式。

（4）精神追求、信念和信仰。你对宇宙的更高使命和意义有一种强烈的、一贯的信念。你的信念是你行为的指导，也是你舒适的来源。例如，你是否有清晰的生活哲学——宗教或者俗界的——在指引你的存在？对你而言，人类美德或者超出个人精神追求的生活是否有意义？

（5）宽恕和宽容。你原谅曾经对你做过错事的人，会再给他一次机会，信奉宽恕别人而非报复。宽恕意味着一个人在被他人攻击或伤害后，能进行一种有益的转化。当人们宽恕别人的时候，他们会更关注错事的积极方面（与人为善、友好、宽宏大量），同时其报复、回避等消极动机或行为会减少。

（6）玩兴和幽默。幽默的人容易发现生活中光明的一面，喜欢笑，也喜欢给他人带来欢乐。

（7）热情、激情、热心和精力充沛。例如，你会全身心地投入到某个活动中吗？你对它的热情是否充满感染力？你早晨起床的时候，会对新的一天充满期待吗？

总之，"积极心理学"是一门倡导"积极"、重视"发展"、追求"幸福"的科学，它始终致力于对人类的幸福、美德和潜能进行研究，并借此促进人类社会的进步，帮助人们过上幸福美好的生活。至此，积极心理学以全新的理念、积极的姿态、科学的行动诠释与实践了心理科学的价值和意义。

第三节　积极心理学带来的革命性理念

尽管积极心理学是在 20 世纪末才兴起的,但它卓有成效的研究还是给人类的生活带来了一些新的革命性理念。这些新的理念不仅丰富了心理学的知识系统,同时也在一定程度上改变了人们的生活认识和生活态度。

一、无心理疾病≠心理健康

人类走向心理健康一定有自己特定的技术要求和方法,也就是说,心理健康过程绝对不是一个自然发展过程。虽然我们对什么是心理健康有了初步的认识,但在心理健康方面还有其他一些问题需要澄清,有些问题也许会令你吃惊。

(一)"我抑郁,我自知,我健康":怪论被证伪

让我们来看一个著名的心理学实验,这个实验是塞利格曼的博士生阿罗伊等人(Alloy&Abramson,1979)做的。阿罗伊等人在实验中首先根据贝克抑郁量表(Beck Depression Inventory)的得分高低从上千名大学生中筛选出两组大学生,抑郁得分高的学生组成一组较抑郁组被试,抑郁得分低的学生组成另一组非抑郁组被试(即心理较健康的被试),然后研究者让这两组被试同时参加一个电灯点亮控制实验。

这个实验的精妙之处在于让被试在实验过程中具有不确定的控制权,也就是说,当一个被试打开电灯的开关时,这个电灯有时候会亮,有时候不会亮。当电灯随着被试打开开关而亮时则意味着被试对电灯有控制权,如不亮则意味着被试对电灯没有控制权。所有被试均同时参与了三轮实验,三轮实验过程中被试的控制权概率分别预先设定为 25%、50% 和 75%,当然控制权概率是

以随机的方式出现在整个实验过程中的。

每当被试完成一轮实验之后,阿罗伊等人就会分别告诉所有被试,他们将要面临和刚才完全一样的新任务(如共有60次开电灯开关的任务),希望被试能预先报告自己在随后这轮新任务中的控制权有多大。实验结果发现,抑郁组被试自我报告的控制权概率和实际设定概率比较接近,而非抑郁组被试却过分夸大了自己的控制力,两组被试间有显著性差异,亦即非抑郁组被试自我报告的控制权概率大大超过了实际设定的概率。阿罗伊等人于是得出结论——抑郁的人比非抑郁的人对自我的认知更准确,在自我认知方面更聪明,亦即相比于乐观(抑郁量表得分较低的那些人实际上属于非抑郁状态中的乐观群体)的个体,抑郁的个体对自我状况的认知更准确(Alloy&Abramson,1979)。

根据奥尔波特、埃里克森和马斯洛等人所谓的正确认识自我是心理健康的前提条件的观点,那么阿罗伊等人的实验会得出一个有趣的结论:抑郁的人比非抑郁的人的心理更健康,因为抑郁的人比非抑郁的人对自我的认识要准确得多。这显然是一个错误的结论。也许有人会问:阿罗伊等人的实验会不会在操作上存在什么问题?显然不会,因为在阿罗伊之后,又有人多次做过这个实验,结果都完全一致(Taylor&Brown,1988)。因此,这个实验实际上推翻了所谓的"正确认识自我是心理健康的前提条件"这个结论。

基于阿罗伊等人的实验,许多人都开始对心理健康与自我认识间的关系进行深入研究。这些研究都发现:当个体面对威胁性情境或压力性事件时,如果采用一种轻微的、积极的、"歪曲"事实的知觉方式,反而会更有利于个体保持自己的心理健康(Taylor&Brown,1988)。比如在实际生活中,当个体把自己出现的不良情绪当作自己心理适应的一种特定方式时,个体便不太会受到这种不良情绪的消极影响。

心理学史上有一个真实的故事:经典心理物理学创始人之一的费希纳(G.T.FeclIIer,1801—1887)在1833年获德国莱比锡大学的哲学教授职位后患了抑郁症,具体症状表现为身体无力、失眠、无食欲、怕光,平时连书都不能自己看,只能听母亲为他读书。费希纳曾尝试用多种方法来对抗自己的抑郁,如吃泻药、电击、中医的拔火罐、自己编谜语、写诗歌、散步等,但都没有取得任何效果。后来有一次受到一位朋友的启发,他在观念上把自己的抑郁变成了一种自我陶醉的尊贵感,他宣称是上帝选择他去解开这个世界的奥秘,因此他才会产生抑郁。从此,他开始愉快地对待自己的抑郁(这种愉快的观念最终还影响了弗洛伊德),后来他活到86岁,身体状况一直很好。

(二)"我积极,我健康"的幻想有助于心理健康

"我积极,我健康"现象称为"积极幻想"、积极心理暗示,心理学界也有人把它称为"积极错觉""积极幻觉"等。心理暗示是指人接受外界或他人的愿望、观念、情绪、判断、态度影响的心理特点。是人们日常生活中最常见的心理现象。心理学家巴甫洛夫认为:暗示是人类最简单、最典型的条件反射。从心理机制上讲,它是一种被主观意愿肯定的假设,不一定有根据,但由于主观上已肯定了它的存在,心理上便竭力趋向于这项内容。我们在生活中无时不在接收着外界的暗示。

积极的幻想和自我暗示,是自我对于自主判断的部分放弃,具有一定适应意义的,可以使人们能够接受幻想中的形象指导,作为不完善"自我"的补充。这是暗示作用的积极面,这种积极作用的前提,就是一个人必须有充足的自我和一定的主见,暗示作用应该只是作为"自我"和"主见"的补充和辅助,缓解现实环境带来的压力,放松心理。

积极幻想已经成为心理学的一个重要研究主题,当代心理学研究通常把它和乐观、希望等方面的研究联系在一起(Carr, 2004)。

积极幻想是个体在生活中或在面临威胁性情境、压力性事件时所做出的一种对自我、现实生活和未来的消极方面的认知过

滤,而这种过滤是以歪曲表征方式投射到个体自我意识中的。到目前为止的多数心理学研究基本上都支持积极幻想在一定程度上有利于个体的心理健康,也就是说,积极幻想与心理健康的多个指标都存在正相关(任俊;蔡晓辉,2010)。

心理暗示定律

1. 当你对某件事情抱着百分之一万的相信,它最后就会变成事实。

2. 期望定律。期望定律告诉我们,当我们怀着对某件事情非常强烈期望的时候,我们所期望的事物就会出现。

3. 情绪定律。情绪定律告诉我们,人百分之百是情绪化的。即使有人说某人很理性,其实当这个人很有"理性"地思考问题的时候,也是受到他当时情绪状态的影响,"理性地思考"本身也是一种情绪状态。所以人百分之百是情绪化的动物,而且任何时候的决定都是情绪化的决定。

4. 因果定律。任何事情的发生,都有其必然的原因。有因才有果。换句话说,当你看到任何现象的时候,你不用觉得不可理解或者奇怪,因为任何事情的发生都必有其原因。你今天的现状结果是你过去种下的因导致的结果。

5. 吸引定律。当你的思想专注在某一领域的时候,跟这个领域相关的人、事、物就会被你吸引而来。

6. 重复定律。任何的行为和思维,只要你不断地重复就会得到不断的加强。在你的潜意识当中,只要你能够不断地重复一些人、事、物,它们都会在潜意识里变成事实。

7. 累积定律。很多年轻人都曾梦想做一番大事业,其实天下并没有什么大事可做,有的只是小事。一件一件小事累积起来就形成了大事。任何大成就或者大灾难都是累积的结果。

8. 辐射定律。当你做一件事情的时候,影响的并不只是这件事情的本身,它还会辐射到相关的其他领域。任何事情都有辐射作用。

9. 相关定律。相关定律告诉我们：这个世界上的每一件事情之间都有一定的联系，没有一件事情是完全独立的。要解决某个难题最好从其他相关的某个地方入手，而不只是专注在一个困难点上。

10. 专精定律。专精定律告诉我们，只有专精在一个领域，这个领域才能有所发展。所以无论你做任何的行业都要把做该行业的最顶尖作为目标，只有当你能够专精的时候，你所做的事业才会出类拔萃地成长。

11. 替换定律。替换定律就是说，当我们有一项不想要的记忆或者是负面的习惯，我们是无法完全去除掉，只能用一种新的记忆或新的习惯去替换他。

12. 惯性定律。任何事情只要你能够持续不断地去加强，它终究会变成一种习惯。

13. 显现定律。显现定律就是说，当我们持续寻找、追问答案的时候，它们最终都必将显现。

14. 需求定律。任何人做任何事情都带有一种需求。尊重并满足对方的需求，别人才会尊重我们的需求。

资料来源：[法]爱弥儿·柯尔/爱米尔·库埃.心理暗示与自我暗示之柯尔效应[M].北京：中国青年出版社，2011，3.

二、心理问题的预防比治疗更重要

对于人来说，不管是在生理还是心理方面，预防永远要比治疗更重要，人一旦出现问题，哪怕只是一个小问题，解决和消除它都将是很困难的。

（一）治愈还是缓解症状：这是一个选择

弗洛伊德曾经一生致力于治愈心理疾病，他采用让患者回忆幼儿时的创伤性生活事件的方法（弗洛伊德认为回忆出的这些内容都属于潜意识），最终自认为获得了治愈心理疾病的抗生素——

性本能(Libido)的满足。弗洛伊德有一个假设:那些被压抑到潜意识中的记忆或思维就是病人产生心理问题的根源。因为只有患者内心的冲突才会迫使这些内容进入病人的潜意识,所以心理治疗最有效的方法就是把那些被压抑的记忆或思维带到患者当前的意识觉察水平,让治疗者和患者自己充分了解。当这些被压抑到潜意识中的东西得到暴露以后,患者的病源就会被消除。其实,弗洛伊德心理治疗的核心就是把患者那些隐藏在内心深处从来没有见到过阳光的东西拿出来晒晒,让阳光来对这些东西消消毒,这样病人就会被治愈。弗洛伊德是一个典型的因果决定论者,他相信进入病人心里的东西一定不是偶然的,因此需要通过自由联想的方式来加以揭示,那些被患者讲述的经验都是预先被决定的,是患者的意识选择不能阻止的。

心理问题的治愈存在一些不确定的因素。

1. 心理问题的确定太复杂:没病也能查出病

人的生理疾病可以通过体温、血压等一系列客观的指标来确定,但心理问题的确定却找不到这种指标。让我们来看一个发表在世界著名杂志《科学》上的研究。美国著名心理学家罗森汉恩(Rosenhan,1973)招了8个被试(3女5男,包括1名研究生、3名心理学家、1名儿科医生、1名精神病学家、1名画家和1名家庭主妇),想看看这些正常人是否能被精神病医生送入精神病医院。研究者的目的是想知道究竟是精神病病人本身所存在的病理特征,还是观察者看到病人所处的环境或场合导致了精神病的诊断。所有被试一共问诊了美国东、西海岸共5个州的12所精神病医院。到了精神病医院之后,每个人都对医生说同一种指导语:他们在生活或工作中时常能听到"empty"(空洞的)"hollow"(低沉的)和"thud"(砰的)等声音。除了这一症状是虚构的之外,所有被试的其他言行都完全符合各人的实际状况,而且回答医生们的信息也都是真实的(当然,除职业和姓名之外)。结果很有趣:除1个人之外,其他7个人均被医生诊断为精神分裂症而被分别送进了不同的精神病医院。这7个人进入精神病医院之后，都不再表现出任何精神病症状。

在7个假病人住院的整个过程中，医生一共发给这些假病人各种各样的药共2100片，当然，这些假病人把这些药全部扔掉了，他们发现许多真正的精神病病人其实也同样经常扔掉医生给他们的药。罗森汉恩通过这一研究得出结论：过于强大的医疗机构或社会舆论影响了专业医务人员对个体行为的正确判断，人一旦进入这种医疗机构，专业医护人员就有一种定式——你肯定有病。也就是说，专业医护人员在特定的环境中会倾向于忽略每个人的个体化差异，会产生所谓的"贴标签效应"，一旦某个人被贴上了某种标签，人们就更倾向于去理解标签而不是去理解这个人的真正个性。

尽管确定心理问题非常复杂，但是心理问题还是有自己的核心特征，即行为不正常且表现出持续性。所谓行为不正常就是指个体的行为和这个社会大多数同龄人的行为之间存在显著性差异，并影响到他人或自己的正常生活及工作等，具体来说就是行为古怪。行为古怪虽然是一种主观判断标准，但它一般和特定的情境或场合结合在一起，我们通常都可以利用常识来认定某些行为是不是古怪。例如，一个成年人在自家院子里给花浇水没有什么古怪，但当这个成年人在暴风骤雨中给自家院子里的花浇水就是行为古怪了。因此，判断行为古怪必须认真考虑行为或行为模式发生时的场合或情境，以及有没有影响自己或他人的正常生活。

古怪行为并不都是心理问题，我们每个人都曾有过疯狂的时候，一个人有可能偶尔表现出古怪行为，但不一定就意味着这个人的心理有问题。例如，当你正在街头行走时，你突然收到了一个意想不到的好消息，这时你可能会在街头跳舞并大声歌唱。虽然这种行为比较古怪，也在一定程度上影响了他人或自己的生活，但这并不表明你的心理异常。除非你一直这样持续下去，每天、每周或每年的大部分时间都是如此。因此，对于心理问题的确定来说，古怪行为模式的持续性也是一个非常重要的指标。

2.心理治疗中会出现安慰剂效应:很难和你说再见

心理学家博克(Bok,1974)和拉索(Russo,2002)的研究表明,大约35%的心理疾病患者吃了安慰剂后,其病情会得到满意的缓解。鲍尔(Bower,1996)曾对常用的抗抑郁药氟西汀(Fluoxetine)进行了研究,结果发现药本身的安慰剂作用是药效的2倍,不过许多医院或医生似乎在有意隐瞒这个事实。一项研究发现,有30个抑郁症患者,被随机分为三组:第一组什么药也不吃,第二组吃安慰剂(如维生素片),第三组吃氟西汀。结果半年之后,第一组有2个人痊愈了(因为人都有一定的自愈能力,即使医生什么也没有做,有一部分病人也会感到病情有所好转),第二组有6个人痊愈了,第三组有8个人痊愈了。你认为是安慰剂的作用大还是氟西汀的作用大?你可能会认为氟西汀的作用更大,其实,安慰剂的作用更大。在这里安慰剂治愈的人其实是4个(因为6个治愈的人中间有2个是自愈的),同样,氟西汀治愈的人应该是2个(8减去4再减去2),现在我们清楚了,这个例子中安慰剂的作用应该是氟西汀的2倍。

安慰剂有时甚至可以强到让人(包括病人和正常人)上瘾。曾有美国心理学家做过这样一个研究:他们在电视上做了一个广告——清晨击头治疗法。广告宣称,一个人如果每天早晨起床后用经过医学和心理学测试的特制橡胶槌子敲打自己的头10分钟,就会整天精神百倍,这种槌子的邮购价是10.95美元一个。实际上,这些槌子就是从普通杂品店里买来的便宜货。研究人员发现,在广告刊出后不久,他们很快就收到了许多来自全国各地的邮购订单,并且许多人出现了槌子综合征——这些人如果早晨起床不用这种槌子敲打头10分钟,他就会整天没精打采。更有意思的是,许多人还一定要用邮购的这种槌子敲打,如果用其他的槌子敲打就觉得没有用,这就是典型的安慰剂上瘾效应。

正是因为目前的心理治疗太依赖安慰剂的作用,所以生理精神病学和心理学现在似乎已经放弃了治愈心理疾病的念头。有关研究还表明,缓解治疗只有65%左右的疗效。再以抑郁症为例,有人对缓解抑郁症的两种方法——认知疗法与精神性药物(如氟西汀等)疗法——进行了比较。在考察了这两种缓解方法的效果之后,研究者发现,这两种方法大概只有65%的缓解率,而这其中又伴随着45%～55%的安慰剂效应,这意味着这两种方法的实际缓解效果仅在10%～20%之间(Seligman,2010,PP1-3)。

基于以上两个方面的原因,积极心理学提出,保持心理健康的重点应在于预防而不是治疗,只有预防才是去除心理问题的最有效方法。但预防和治疗完全是两回事,其原理和机制完全不同,正如我们要预防感冒不能采用治疗感冒的方法(预先服用抗生素)一样(刘一村,2013)。2009年,世界各地流行甲型H1N1流感,也许甲型H1N1流感疫苗的研制过程会对心理问题的预防有某些启发作用。

(二)促使个体回归正常生活:我们的治疗观

目前生理疾病的治疗思路主要有两条:一条是治愈,另一条是缓解症状。与对待生理疾病一样,人们对待心理疾病同样也有两条思路,即治愈和缓解症状。事实上,从目前来看,人一旦患上心理疾病,治愈将是一件非常困难的事情。弗洛伊德有一个假设:那些被压抑到潜意识中的记忆或思维就是病人产生心理问题的根源。因为只有患者内心的冲突才会迫使这些内容进入病人的潜意识,所以心理治疗最有效的方法就是把那些被压抑的记忆或思维带到患者当前的意识觉察水平,让治疗者和患者自己充分了解。当这些被压抑到潜意识中的东西得到暴露以后,患者的病源就会被消除。其实,弗洛伊德心理治疗的核心就是把患者那些隐藏在内心深处从来没有见到过阳光的东西拿出来晒晒,让阳光来对这些东西消消毒,这样病人就会被治愈。

积极心理学认为,心理治疗的核心应该是帮助对象在不良心理状态下发挥正常的心理功能,而不应该把重点放在消除其不良心理状态上面(因为目前根本没有有效的办法来消除导致这些问题产生的根源)。具体来说,假如一个个体患了抑郁症,那么心理治疗的重点在于帮助这个个体怎样在抑郁的状态下正常地生活、正常地工作、正常地认知、正常地交往,而不是把精力花在怎样帮助这个个体消除抑郁症上面。

冬季奥林匹克运动会有一个项目叫冬季两项,是由越野滑雪和射击两种特点不同的竞赛项目结合在一起进行的运动,要求运动员既要有由动转静的能力,又要有由静转动的能力。这个项目要求运动员必须在长距离越野滑雪过程中,用不同的姿态先后进行 4 次射击。射击的距离大约为 50 米,靶子只有一个高尔夫球般大小。如果运动员在射击时脱靶一次(没有击中目标),就必须额外多滑雪 150 米,因此射击的准确性对比赛的结果来说相当重要。当运动员经过几公里的越野滑雪后,早已精疲力竭,而整个比赛中的 4 次射击又是在不同的时间、不同的地理环境下进行的,因此,冬季两项比赛实际上比的是谁能在疲劳不堪的条件下发挥好自己的水平。参加冬季两项比赛的运动员在经过多年的专业训练之后,在平时正常条件下的射击几乎都可以做到百发百中,但只有那些在非常艰苦、非常疲惫的条件下能发挥平时正常水平的运动员才能最终获得冠军。在冬季两项的整个比赛过程中,运动员没有办法消除影响自己射击精确的各种不利因素,如疲惫(生理因素)、环境干扰(环境因素)、被罚时的沮丧(心理因素)等,他们只能通过常年的训练来提高水平。

在军队特种兵的训练过程中,训练者总是会有意地给学员设置各种险恶的情境,如缺乏食物、没有合适的工具、让学员疲惫不堪等。这些训练项目的目的是什么?其实特种兵训练的核心就是教授特种兵如何在极其险恶和困难的环境条件下发挥自己正常的功能,也就是通常所说的应对消极处境的能力。因为训练者知道,险恶环境是客观的,你不可能改变它或消除它,你所能做的就是在这样的环境条件下发挥你应有的能力。特种兵必须具备坚强的人格特质,在任何情况下都不能慌乱,但面临紧急情况时,即使是有着最坚强人格的人,也会有一定的恐惧。因此,特种兵训练就是要让学员学会:即使很恐惧,也要顽强地控制自己的行为,并发挥自己应有的能力。

三、福乐通道模型——意志力强不见得能克服心理问题

"福乐"概念最早由奇克森特米哈伊(原意大利,理学家,现定居于美国)于20世纪60年代在其写博士论文时提出。奇克森特米哈伊在20世纪60年代提出"福乐"概念之后,又于1975年系统地构建了福乐的理论模型,他指出个体所感知到的自己已有的技能水平与外在活动的挑战性相符合是引发福乐体验的关键,即只有技能和挑战性呈平衡状态时,个体才可能完全地融入活动,并从中获得福乐体验。由于外在活动是不断变化发展的,亦即个体所从事活动的复杂度会不断增加,所以为了维持福乐体验,个体就必须不断发展出新的技能来应对新挑战,这也促使个体的身心得到不断的发展(任俊;施静;马甜宇,2009)。为此,奇克森特米哈伊提出了福乐通道分割模型,该模型试图说明技能和挑战间的所有可能性关系,在其中起中心作用的是技能和挑战间的适合度。福乐通道分割模型具体有三种模型。

(一)福乐三通道模型

早期的福乐三通道模型(见图1-2),这种模型将个体所感知的技能水平和挑战水平相适配时所产生的情绪体验看作福乐体验,因此,高技能水平和高挑战水平、低技能水平和低挑战水平相适配时个体都会产生福乐体验。当活动挑战水平要求很高而个体的技能水平较低时,个体会产生焦虑感;反之,当个体的技能水平较高而活动挑战水平要求很低时,个体则会产生厌倦感(任俊;施静;马甜语,2009)。然而,有研究者发现,低技能水平与低挑战水平所呈现的平衡状态不仅无法让个体获得福乐体验,反而会使个体产生无兴趣感。所以奇克森特米哈伊等人又将原始理论修正为福乐状态仅发生于高技能水平与高挑战水平二者呈现和谐状态之时,并在此基础上修订了原来的三通道模型而提出四

通道模型。

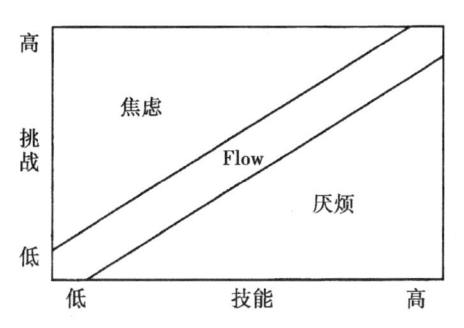

图 1-2 福乐三通道模型（Nakamura，2002）

（二）四通道模型

四通道模型（见图 1-3）是后来心理学界应用最广的福乐理论模型，它是在早期三通道模型基础上分离出第四种状态而得到的（Pearce，2004）。依据这一理论模型，奇克森特米哈伊认为个体所感知到的活动挑战水平虽然很高，但如果仍在个体的技能所能控制的范围之内，个体便会产生福乐体验。也就是说，四通道模型存在四种可能性：活动的高挑战水平和个体的高技能水平相结合时会使个体产生福乐体验；活动的低挑战水平和个体的低技能水平相结合时会使个体产生冷漠体验；活动的低挑战水平和个体的高技能水平相结合时个体会产生厌烦体验；活动的高挑战水平和个体的低技能水平相结合时个体会产生焦虑体验（李仪凡，2009）。不过这一模型仍然存在一些缺点，如：它没有说明如何评估挑战和技能，也没有对所谓的高挑战水平和高技能水平进行明确的定义；另外，挑战水平与技能水平的平衡到底如何操作也需要进一步明确（任俊；施静；马甜语，2009）。

（三）八通道模型

为了进一步增强理论的科学性，奇克森特米哈伊和他的研究小组在 1997 年又进一步把四通道模型中的四种心理状态细分为八种不同的心理状态（见图 1-4），并用同心圆对它们各自的程度进行了区分。这一模型在保留了技能水平和挑战水平相适配这一中心观点之外,又确定了四个额外通道:觉醒、控制、放松和担忧(Nakamura,2002)。按照奇克森特米哈伊研究小组的最新观点,当活动的挑战水平过高时,个体可能不会产生焦虑体验,反而会处于一种无所谓的觉醒状态;同样,当活动的挑战水平只是稍高于个体的技能水平时,个体也可能不会产生焦虑体验,只是出现担忧等心理体验;当个体的技能水平远远高于他所面临的活动的挑战水平时,个体能毫不费力地应对挑战,就可能不会产生厌烦体验,而会产生轻松感和控制感等焦虑体验。因此,八通道模型在某种程度上比前面的两种模型更科学,也更符合人的实际状况。

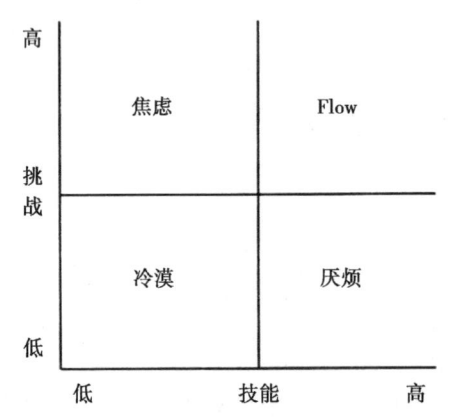

图 1-3 福乐四通道模型(任俊,2019)

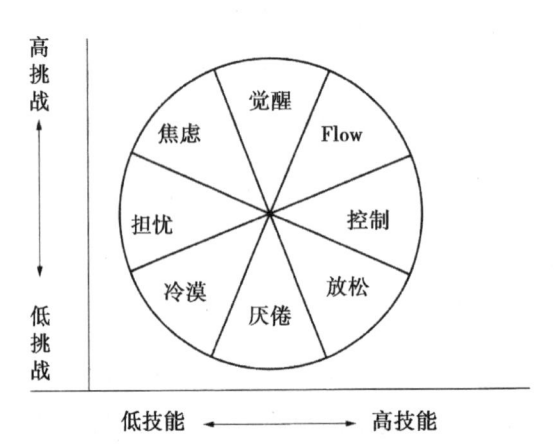

图 1-4 福乐八通道模型(任俊,2019)

以上只是福乐结构的一般理论模型,目前随着对福乐研究的进一步深入,在某些应用领域也出现了一些新的福乐结构模型,如人机交互中的福乐因果结构模型等(任俊;施静;马甜语,2009)。

第二章 教师心理健康

时代飞速发展,社会日新月异,知识经济方兴未艾,市场意识深入人心。随着生活节奏的加快,职业压力的增大,人们正面临着前所未有的心理困惑与心理挑战。据世界卫生组织估计,全世界约有4亿人经受着心理异常的痛苦,其中抑郁症患者达2亿人,有30%~40%的求医者有精神卫生问题,20%的人口存在心理卫生问题和精神障碍,全世界完全没有心理疾病的人口比率仅占9.5%。在我国,教师群体的心理健康问题尤为突出,已引起全社会的关注。然而,什么是心理健康?什么是教师心理健康?教师心理健康的标准又如何确定?以及怎样才能对教师心理健康的现状有一个科学的判断?对上述问题,需要我们有一个全面的认识与了解,这是开展教师心理健康教育工作的必要前提。

第一节 心理健康概述

健康是一个动态发展的综合概念。在古代社会,人们对健康的理解强调的是身体缺陷和疾病,即大部分人会认为"身体无病就是健康"。但是,随着医学水平的提高和人们对精神世界的认识逐渐加深,人类对健康的认识也发生了质的变化。1989年世界卫生组织(World Health Organization, WHO)将健康的定义修改为:"健康不仅仅是身体没有缺陷和疾病,而是身体上、精神上和社会适应上的完好状态。"这一定义不仅拓展了健康的内容,更将健康的范围扩展到个体和群体的各个方面。

第二章　教师心理健康

人的身与心是一个统一体,两者相互作用、相互影响。一个人的身心健康直接影响着生活的质量,健康的身心有力地捍卫着人生的幸福。

一、心理健康的含义

(一)国外心理学界关于心理健康的定义

由于研究问题的角度不同、对心理健康含义的看法不同,对心理健康的标准也就不可能完全一致,但是,彼此之间的观点并不存在本质上的区别。

1929年,第三次全美儿童健康及保护会议在美国召开,会议上学者们提出:心理健康指个人在其适应的过程中,能充分发挥其最高的智能而获得满足、愉快的心理状态,同时在其所生活的社会中,能谨慎其行为,并具有敢于面对现实人生的能力。

1946年,第三届国际心理卫生大会上,心理健康被定义为:心理健康是指在身体、智能以及情感上与他人的心理健康不相矛盾的范围内,将个人心理发展成最佳的状态。

1948年,世界卫生组织对心理健康的界定是:人们在学习、生活和工作中的一种安宁平静的稳定状态。

(二)国内学者关于心理健康的观点

王建平(2001)等将判断一个人心理健康的标准概括为四个方面:(1)有完善的人格。具体表现在自我感觉与观察是积极的,有客观而公正的自我评价体系。(2)有成熟而稳定的情绪。能较好调节控制自己的情绪,使内心保持一种正常平衡状态。(3)有较强的安全感和归属感。能保持积极的人际关系,能够面对现实,并得到周围人的欢迎和信任。(4)有远大的理想和目标,勇于并乐于接受生活和事业上的挑战。

叶一舵(2009)对心理健康的界定:所谓心理健康,是指个体在与各种环境的相互作用中,在内外条件许可范围内,能不断调整自身心理结构,自觉保持心理上、社会上的正常或良好适应的一种持续而积极的心理功能状态;是个体与其存在的内外环境能保持一种正常或良好的适应,适应就是心理健康的本质。

胡凯等(2010)认为,心理健康的人应该具有基本符合客观的认知、良好的情绪情感、坚强的意志品质与健康的个性心理。

二、心理健康的标准及确定依据

(一)心理健康的标准

关于心理健康的标准问题一直是人们普遍关心的问题,然而,心理健康标准并不像身体健康标准那样具体、详细,社会历史、经济、政治、文化、时代上的差异决定了心理健康标准只能是相对的、笼统的。

1. 中国古代的标准

(1)经常保持乐观心境;
(2)不被物欲所累;
(3)不妄想妄为;
(4)意志坚强,循礼而行;
(5)劳逸结合,有规律地生活;
(6)心神宁静;
(7)热爱生活,人际关系好;
(8)善于适应环境变化;
(9)不急不躁,有涵养。

2. 西方心理学家的标准

西方许多心理学家都提出过心理健康的标准。

波肯(W.W.bochm)认为,心理健康就是合于某一水准的社会行为,一方面能为社会所接受,另一方面能为自己带来快乐。

美国心理学家杰何达(Jahoda)将心理健康分为两个层次。她认为,一个人即使没有任何行为问题或情绪紊乱,也仍可能是一具没有目的的躯壳。这样的人至多只能说是"消极的心理健康"。由此,她提出"积极的心理健康"概念,即不仅没有心理疾病,而且能充分发挥个人潜能,发展建设性人际关系,从事具有社会价值的创造,追求高层次需要,追求生活的意义。

3. 中国心理学家的标准

中国许多心理学家或心理学工作者曾提出心理健康的标准。

我国心理学家林崇德认为,心理健康主要有以下十条标准:(1)了解自我,对自己有充分的认识和了解,并能恰当地评价自己的能力。(2)信任自我,对自己有充分的信任感,能克服困难,面对挫折能坦然处之,并能正确地评价自己的失败。(3)悦纳自我,对自己的外形特征、人格、智力、能力等都能愉快地接纳认同。(4)控制自我,能适度地表达和控制自己的情绪和行为。(5)调节自我,对自己不切实际的行为目标、心理不平衡状态与环境的不适应性等能做出及时的反馈、修正、选择、变革和调整。(6)完善自我,能不断地完善自己,保持人格的完整与和谐。(7)发展自我,具备从经验中学习的能力,充分发展自己的智力,能根据自身的特点,在集体允许的前提下,发展自己的人格。(8)调适自我,对环境有充分的安全感,能与环境保持良好的接触,理解他人,悦纳他人,能保持良好的人际关系。(9)设计自我,有自己的生活理想,但理想与目标能切合实际。(10)满足自我,在社会规范的范围内,适度地满足个人的基本需求。

俞国良、宋振韶认为,心理健康是一个人整体的适应的良好状态,是人格健康的全面发展,即人的心理是知、情、意、行的统一体。

王登峰、张伯源认为,心理健康的指标有8条:(1)了解自我,悦纳自我;(2)接受他人,善与人处;(3)正视现实,接受现实;(4)热爱生活,乐于工作;(5)能协调与控制情绪,心境良好;

(6)人格完整和谐;(7)智力正常,智商在80以上;(8)心理行为符合年龄特征。

(二)确定心理健康标准的依据

国内外心理学界提出了各种心理健康标准,由于确定心理健康标准的依据不同,造成对心理健康标准看法的差异。综合有关文献,可将确定心理健康标准的依据归纳为如下几种(胡凯,2010)。

1. 统计学标准

这种标准以正态分布理论为基础,根据个人的心理行为是否偏离某一人群的平均值来区分心理健康与否。即利用统计方法确定心理健康常模,与常模相近为正常,偏离常模越远异常越严重。这种标准的优点在于可使心理健康状态客观、具体、量化,便于比较和分类,易于操作,反映了心理健康标准的相对性。但并非所有的心理健康现象都是正态分布的,也不是所有对平均值的偏离都意味着心理健康有问题。

2. 社会学标准

这种标准以每个社会都有某些被大多数人所接受的行为标准为前提,认为行为符合公认的社会行为规范为健康,反之则被视为异常。但由于社会规范本身存在地域性、历史性,因而衡量一个人的行为是否符合社会标准也就随之有异,并且随着社会的进步而发生变化。

3. 医学标准

这种标准认为,没有心理疾病症状者为心理健康的人,凡表现出心理疾病症状者为心理不健康的人。比如,医学上有对各种身心疾病的生理症状的描述,这些症状有的可经由精神病医生凭借临床经验观察所得,也有的靠医疗仪器检测得出。凡经测试,符合某一身心症状者就会被认为心理异常(见本章第二节)。这种医学标准相对其他标准而言,较为客观也较少争议,然而由于偏重于病因与症状而使得其适用范围较窄。

4.心理学标准

这种标准诊断个体身心两方面成熟和发展相当者为正常,心理发展水平及行为举止不能和同龄人相符者为异常,说明他的心理发展出现了问题。以这种标准来判定心理健康与否具有一定合理性,但会面临这样一个问题:智力超常者是一种异常,这种异常又该如何解释呢?

(三)理性认识心理健康的标准

在探讨一个人的心理是否符合健康的标准时,首先要对心理健康的标准有正确的认识。

第一,心理健康是个动态的概念。它是通过定性的观察,从优秀的心理品质中总结出来的有代表性的特征,一时的心理不适,不能证明一个人的心理不健康。心理指标是不断发展、不断提高的,不能简单地把人分为"健康"与"不健康"。

第二,心理健康有其整体性的特征。心理素质是人的心理过程和个性心理所体现的心理品质的总和,也是智力因素与非智力因素所体现的品质的总和。智力因素不仅包括与学习直接相关的能力,还包括一些特殊能力,如表达能力、社交能力和组织能力等;非智力因素主要指智力活动以外又对智力活动起影响作用的心理要素,包括需要、动机、兴趣、态度、情绪、情感意志、理想和信念等。人的心理在以上各方面都会表现出不同的状态,某些方面好一些,某些方面薄弱一些,所以,不能用某一或某些方面的问题对人的整体心理健康与否进行评定,而应以整体的眼光来看待人的心理健康状态。

第三,心理健康不是终极性的概念,根据年龄阶段的不同,它的含义也会发生变化。

三、保持心理健康的方法

（一）学会乐观

乐观是对事物好坏在时间和空间上的解释风格。如果将好事解释成永远的和普遍的，即是乐观。譬如，路边开满了带刺的蔷薇花，有两个人同时路过这里。第一个感慨万端，叹了口气："天呐！花中有刺。"第二个却眼睛一亮："不！应该说刺中有花。"第一个人表现得很悲观，在他的眼中只有消极的事物；第二个人则能从消极中发现积极，能发现美好的真谛。快乐是一种选择，你想选择快乐，你就能找到快乐的地方，即使遇到最糟糕的事情，你也可以从中找到值得庆幸的理由。对一个悲观的人来说，即使事情再好，他也会"瞄准"事情不好的一面，自我痛苦、自作自受。所以说，有什么样的态度，就决定你有什么样的人生。

（二）学会放弃

人活着，有许多责任和欲望，这些东西背在身上，要是拿掉了，人生就会变得轻飘、无意义。可老背着它们，一样也舍弃不了，最终有可能累死在生活的路上。生活中，人们总是单腿立地的，因为这是一种奔跑的姿势。一个人身上背负着许多东西，单腿立地，这人说："我实在坚持不住了，怎么办呢？"方法很简单，把腿放下来不就行了吗？生活原本是非常纯朴、简单的。学会舍弃自己不特别需要的东西。学会放下你的另一条腿，保持一颗简单和明朗的心，你会觉得其实在奔跑中也可以走得很沉稳。人，正因为不懂得舍弃，才会有多少纠结无解的痛苦，甚至陷于深深的而又无法自拔的困境中。当能懂得舍弃和清扫自己的艺术及智慧时，你就会豁然开朗，生命也会马上向你展现出另外一种截然不同的景致。倘若蝌蚪总是炫耀自己的尾巴而舍不得放弃，那它将始终长不成能自由跳跃的青蛙。请别忘记，放弃是为了更好地拥有。

(三)学会通达

我国古代儒学和道学的精华可以用《易经》中的两句来概括。一是"自强不息",其意是人有蓬勃的生命力,永远努力,永不停息。体现了儒家倡导的执着进取的精神,即为"达"。二是"厚德载物",其意为胸怀广大,不拘泥于一种倾向,喻人之自由包容一切,正可谓道家所弘扬的思想主张开阔弘通,即为"通"。通达是个体摆脱困境实现健康人格的手段,通达的境界使人不受历史、环境的羁绊,不受生活带来的烦恼的局限而客观认识自己与世界的关系,做到自然地表达、充分地发挥,保持信心和勇气。让我们充满希望,伴着良好的心境,伸开你的双臂,寻找人生最美丽的风景,拥抱最真实的生命吧!

第二节 教师心理健康

社会心理学的研究表明,职责的大小与人的身心健康息息相关,一个对他人高度负责的社会角色,内心常常承受着更多的焦虑与冲突。教育工作是一项对学生、对家长、对社会高度负责的工作,教师除了体力与脑力高强度消耗之外,精神上常常处于紧张与焦虑的状态,因此,教师是较易出现健康问题的职业群体。

对于不同职业群体,心理健康标准既有共性,又有特殊性。教师职业的工作性质和特点,决定了教师心理健康标准的内涵,也决定了他们应该是社会大家庭中一个心理健康水平较高的群体。然而,我国教师心理健康的现状不容乐观。这种状况不但影响了教师的生涯发展,而且影响了儿童青少年的成长与发展。因此,有必要从教师心理健康问题的类型与成因入手,逐步破解这个"难题"。

一、教师心理健康研究的重要性

关注教师的身心健康,使教师更好地履行教书育人之责、获得人生的幸福,是对教师群体应有的人文关怀。一名教师身心健康,不但有利于个人的生活、学习和工作,更有利于学生的成长与发展。我们常用"蜡烛"和"春蚕"来比拟教师的奉献精神,如果这种奉献是不健康的,奉献越多,风险越多。培养身心健康的学生,发展优质的教育,首先要关心教师,尤其是关心教师的身心健康。

什么是教师心理健康?教师心理健康有什么表现?如何开展教师心理健康教育?首先,让我们回顾心理健康的定义。世界卫生组织曾提出,心理健康不仅指没有心理疾病或变态,还包括个体社会生活适应良好、人格的完善和心理潜能的充分发挥。因此,我们认为教师的心理健康教育应包含两方面的内容:一是指提高教师的心理健康水平,即培养教师的优良心理品质,训练他们的自我调节能力;二是对教师可能存在的心理障碍和疾病的防御治疗问题。

从已有的研究来看,国内多采用精神症状自评量表 SCL—90 调查中小学教师的心理健康状况,研究结果表明:中小学教师普遍存在一定的心理问题,因此教师心理健康状况不容乐观。我国学者徐富明 2003 年在对我国中小学教师的工作压力和职业倦怠的研究中发现,当前我国中小学教师所承受的工作压力强度已超过西方国家中小学教师。我国教师工作压力和职业倦怠成为教师心理研究的核心内容之一。国内外的众多研究都表明教师属于高压力的职业。由此可见,教师心理健康问题同样是一个严峻而不可忽视的现实问题。

众所周知,教师处于积极、健康的心理状态,才能主动、积极地投入工作,充分发挥其潜能,从而取得令人满意的教学效果。教师心理健康问题之所以不容忽视,与教师职业的特殊性有很大关系。首先,教师这一职业特点以及教师所承担的社会责任,本来就容易使教师处于压力的包围中,从而造成各种心理与行为问题。国内外大量的调查研究表明,在现代各类不同的职业中,教师出现心理健康问题的比例较高。教师肩上所负载的使命,关系着国家未来发展之命运,教师的心理状态、言谈举止会以一种直接或间接的潜移默化方式,对儿童、青少年造成深刻的影响,其影响面的深度和广度是其他行业所不能比的。此外,教师心理健康问题直接关系教师的生活质量和幸福感,关系到教师自身职业发展的需要。教师也是普通人,除了要对社会、家长和学生负责,满足各种各样学生的需要外,他们也有自己的生活、自己的需求。教师自身的幸福感和教育事业是相辅相成、互相促进的。

因此,深入理解教师心理健康问题,对教师、学生以至整个学校教育教学质量的提高都有着极其重要的意义。

二、教师心理健康问题的类型与成因

(一)教师心理健康问题的类型

1. 生理—心理问题

据调查,很多教师存在不同程度的心理行为问题,有的已出现了明显的生理—心理症状。这些症状主要表现为情绪低落、精神不振、过分担心、不安全感、睡眠障碍、内心冲突和过于敏感等方面,严重的甚至出现了强迫、抑郁等症状,以及各种伴随心理行为问题而出现的躯体化症状。

2. 情绪问题

研究表明,情绪问题是教师的心理健康的一个主要问题。许多教师存在不同程度的焦虑、抑郁、恐怖等情绪困扰。一些常年从事中小学教育的教师,被繁杂、持续、竞争的工作状态所影响,表现出情绪不稳定、易怒、压抑等负性情绪。

3. 人际关系问题

教师容易在人际关系中表现出适应不良。一方面，与他人交流时沉溺于倾诉自己的不满，不能耐心听取他人的劝告或建议，拒绝从另一个角度去看问题或表现出攻击性行为，无法用一种理智的、无伤害性的、对后果负责的方式表达自己的意见或对他人做出反应，如发脾气、打骂孩子、出口伤人，对学生采用惩罚或打骂的教育手段，与学校其他教师和领导缺少交流、沟通等；另一方面则是指向内部的，如交往退缩、避免与他人接触、对家庭事务缺少热情等，有时会出现自责、自我诋毁的现象。

4. 职业适应问题

随着科学技术的迅速发展以及电子产品的广泛使用，教师的职业压力越来越严重，如教师的专业知识水平、现代教学手段的应用、新技术水平的提高等等，都会导致教师不同程度出现价值失落感、自信心丧失、适应不良等问题。

（二）导致教师心理不健康的因素

1. 社会因素

时代的发展，使得教师的权威意识日渐失落，教师的社会地位和社会作用受到了严峻的挑战。尤其是当前我国素质教育的全面推行，更是对教师素质提出了全新的要求，冲击着教师的心理。教师劳动的复杂度、繁重度、紧张度比一般职业的就业者大，教师的社会地位依然较低，教师被侮辱、被殴打事件仍不断发生，时有耳闻。

随着信息技术的发展，当今青少年学生获取知识的渠道越来越多，教师已不再是学生知识获取的唯一来源。因此，教师在学生成长中的影响力有所下降，或者说，需要教师有更强的能力和更高的知识及素质来满足青少年成长的需要，在这种情况下，有相当数量的教师感到知识能力不足，为此惶恐和紧张，内心

第二章 教师心理健康

压力增大。

第一,社会对教师的要求和期望不断提高的影响。很多人认为,教育质量低、学生问题多,要归罪于教师。这种现象,近些年来在我国也有类似的表现。由此,直接和间接地减少了社会对教师的物质资助和精神支持,从而导致教师心理压力的产生。

第二,社会文化及传统观念的不良影响。例如,文艺作品和媒体常将教师比喻成"春蚕""蜡烛""园丁""人梯"等得到一些启示,毫无疑问,这种非正常的价值取向和文化意蕴,也是教师心理不健康的潜在诱因。

第三,社会提供给教师的资源有限。世界各国,教师的工资待遇、劳动报酬相对其他职业都较低,工作条件和环境较差,我国也不例外。这进一步给教师带来心理压力和冲突,产生心理问题。

第四,社会现实问题及不良风气的冲击。王加绵通过问卷调查的方式对辽宁省2292名中小学教师进行调查发现,教师感到心理不平衡和压抑的社会事件依次是:没有文化的人赚大钱;学生家长不尊重教师;官员贪污受贿、公款吃喝;行业乱收费;司法腐败;公事私办;豆腐渣工程;婚外恋等。

第五,教育改革力度不断加大的压力。面对急剧变化的教育发展形势和新的要求,教师需要不断提高自我、完善自我,尤其是在提升自己的学历、能力及知识方面要付出极大的精力和财力,由此难免产生心理负担以及紧张焦虑的情绪。英国拉夫堡大学特拉弗斯(C. J. Travers)和曼彻斯特大学库珀教授(Cooper)的调查表明,许多教师认为教育改革的内容、方式和步伐都对他们构成强大的冲击,使他们感受到了前所未有的压力。

2. 家庭因素

家庭是避风港、是温馨的地方、是人情感放松调整的归宿,也是维系亲情、享受愉悦的场所,一定程度上也是治疗人的心理和精神的地方。然而,由于教师职业工作的特殊性,家庭中的有关因素对教师的心理健康造成更多的压力。

首先,家庭牵累较多,缺少闲暇消遣时间。有些教师对工作和事业高度投入,夫妻之间缺少沟通,亲子之间缺少交流,家庭气氛紧张。也有些教师只知道工作,不知道娱乐和休闲,缺乏兴趣爱好,生活非常单调。课余饭后以及节假日除了工作,就是备课、学习,很少进行娱乐和文体活动,所以紧张的情绪、疲惫的身体得不到休整,从而使心理压力越积越多,越来越大。

其次,一部分青年教师已进入大龄青年行列,但由于多种原因未能找到称心伴侣,甚至因为早读、晚点名、补课等延时工作,没有时间相亲、约会,婚姻问题不如意,父母着急,同事催促,他们内心也深感焦虑。这在城市的中小学男教师和乡村女教师身上表现较突出。

再次,教师子女的升学与就业压力较大。由于每个教师都曾教育过或多或少的优秀学生,这些优秀学生的诸多优点组合,就成了教师潜意识中的一个标准,因此,他们常用这个标准去要求自己并教育自己的孩子,其结果当然不会令自己满意。为此不仅与孩子的关系紧张,自己也因此而沮丧和焦虑。再加上多数教师很少有精力和时间去辅导自己的孩子,孩子不能考入理想的学校而自觉惭愧、内疚、懊恼和内心痛苦。

最后,由于教师地位和影响,使家庭在住房、工资收入、医疗等方面都不尽如人意,因此教师的家庭生活相对贫困和艰难,整体生活质量不高,这些都对教师的心理健康产生了消极影响。

3. 个人因素

面对教师这个特殊的职业,许多教师都承载着来自不同方面的压力,但工作和职责所赋予教师的使命,绝大多数教师都表现出积极的工作热情和良好的精神状态,有效完成工作任务,为国家和社会培养出一代代建设者和接班人。一些教师表现出心理状况不佳,在相同的压力下,或同样处境不利,有些教师可能会出现心理问题,而有些教师则能维持健康的心理,这不能不说是由于具体的个人内在因素在发挥作用。造成这些差别的个人因素主要有:

（1）自我期待。教师的职业特性使大多数教师有完美主义心理倾向,因此对学生的期望值较高,而这又成为教师心理压力的来源之一。因为期望值越高,与现实的冲突就越激烈,因此而遭受的挫折也就越来越多,于是产生的失望、烦恼、痛苦也就越多。近些年来,出现的一些教师对学生采用过火甚至变态的教育方法和手段,其中大多数教师说是"为学生好""恨铁不成钢"。

（2）人格因素。研究发现,不能客观认识自我和现实,目标不切实际,理想和现实差距太大的教师或有过于强烈的自我实现和自尊需要的教师更容易出现心理问题。同时,教师中的外在控制源者,即认为事情的结果不是决定于自己的努力而是由外界控制的教师,比内在控制源者更难应付外界的压力情境或事件,因而心理健康水平也较差。

（3）生活事件。在人的一生中,经常会有生活的变化,无论这些改变是积极的(如结婚、升迁)或是消极的(如亲人死亡、离婚),都需要个体做出种种心理调整以适应新的生活模式。在这种调整时期,心理问题容易发生。

（4）敏感多思。一些常年从事教学的教师都具有过强的感受力及领悟力,这也为其带来不必要的烦恼,可谓多愁善感。多数教师特别注重精神享受,他们的内心世界丰富而复杂,对外界变化敏感,因而也极易受到心理感染,常为不必要的、无关的琐碎小事而烦恼、不安、多虑、多思。

三、教师心理问题及异常表现

教师心理问题及异常表现是多种多样的,但主要集中在四个方面,即人格异常、人际关系、职业心理和身心健康。

（一）人格异常问题

依据《美国精神疾病诊断与统计手册》第三版修订版（DSMII-R）的分类,使用"人格异常"一词来解释部分教师的人格问题比较合适。人格异常,一般是指个体人格发展的内在不协调而导致人格特征显著偏离正常人群,并与社会规范相悖的,一种持久的、牢固的、极端化的行为模式,在情绪反应、动机和行为活动上发生异常,从而影响了个体社会交往和职业功能,造成社会适应不良。

人格异常的特点:紊乱不定的心理特点和不良的人际关系,把自己的困难和问题归咎于社会和他人,把社会与他人对自己不利看作是不应该的,会产生报复或怨恨心理;对自身的心理缺点没有察觉,不会修正自己的行为和观点;在任何环境中都表现出猜疑、仇视和极端;认为自己对别人是可以不负责任,对不道德的行为没有罪恶感,对伤害别人的行为不后悔,对自己的一切行为都执意维护和辩解等。

人格异常的类型很多,其中教师较为明显的有以下几种。

1. 强迫

强迫型人格的人做事要求完美,甚至妨碍工作的完成。喜欢按部就班,特别注意细节、规则、次序或时间表。容易忽视全局和重点,会不合理地要求他人应完全遵照自己的方式来做事,不信任别人而拒绝让别人做。过分严肃、认真和谨慎,常犹豫不决,过度投入工作,不善享受人生,墨守成规,缺乏应变。缺乏体贴柔软的情感,没有幽默感。

2. 偏执

偏执人格的人固执刻板,喜与人争论,敏感多疑。对他人没有信任感,过度自我保护和警惕,过分自负,夸大自己的重要性,很难接受他人的意见,缺乏热情和同情,对艺术类业余活动少兴趣,喜迁怒于他人,心胸狭窄,忌妒心强,固执、难以改变。

3. 暴躁

暴躁人格也称冲动型人格,其行为情绪极不稳定,具有明显的冲动性。表现为忍耐性差,易激怒,情绪诱发后强度大,其行为有不可预测性和不考虑后果的倾向,并失去自控能力,有短时间的暴力、谩骂和伤人毁物现象,也可能自伤,事后后悔。平时人际关系、工作等无明显异常或基本正常。

4. 人际适应不良

良好的人际关系是个体心理健康的标准和外在表现,同时也是个体心理健康的重要条件之一。一般来说,教师在人际关系方面的障碍和适应不良主要表现为:

其一,缺乏交往意识和欲望,很少交往和与人沟通;

其二,缺乏必要的交往技能和手段,交往容易受挫;

其三,不良人格和个性特征,如自闭、自卑、自负、偏执、强迫等影响正常交往。

人际适应不良的具体表现为:

(1)自闭,不愿展示自己的真实思想、情感和需要欲望,试图掩盖一切,与世隔绝,孤僻、不合群。不想与人进行交往,更难以与人进行心灵的沟通。

(2)冷漠,过于严肃和认真,对学生缺乏热情和爱心,孤芳自赏,不愿与人为伍,讲究师道尊严,过分追求权威,对周围的人常有厌烦、鄙视或戒备心理。

(3)自卑,一方面是对个人的能力和品质评价偏低,看不起自己的职业和工作,缺乏信心,悲观失望,无进取心,即便是普通的工作和任务也自感无能而放弃,意志消沉,无所作用,喜欢独处,不喜欢与人交往;另一方面是极为自尊,稍有伤害和不满,就会暴怒或自责不已。

(4)怯懦,胆小怕事,懦弱退缩,容易屈从他人,不敢坚持自己的观点和大胆独立地行事,逆来顺受。另外,意志薄弱,害怕困难,感情脆弱,经不起挫折。再就是谨小慎微,刻板固执,甚至自我折磨。

(二)职业枯竭问题

教师职业心理枯竭是指教师在处理教育教学事务中表现出

的由于工作的压力、紧张的心情及较低的成就感而导致的情绪低落、身心疲惫的心理状态。教师的心理枯竭具有消极性，常常影响教师的身心健康和工作。心理枯竭的教师常伴随着失眠、头痛、食欲不佳、抑郁、焦虑、易怒、无助等身心问题。心理枯竭对教师的工作也带来不良影响，如心理枯竭的教师与同事冲突增加、工作满意度降低、工作效率下降、时常迟到早退甚至离职等；也使教师失去耐心和爱心，对学生冷漠、急躁、指责、训斥，甚至打骂。

教师的心理枯竭通常表现在以下几个方面。

1. 生理枯竭

有些教师由于常年起早贪黑地工作，经常性地产生疲劳感、耗竭感，缺乏精力，对疾病抵抗力差，常感冒、头痛、眼花、失眠、喉咙嘶哑及身体感到不适，女教师还会出现生理紊乱、月经不调等症状。

2. 情绪衰竭

一些教师在管理学生工作中，因实际上从事琐碎的管理，会经常表现为烦躁、失望、焦虑、易怒、神经过敏，对教育教学工作感到厌倦，情绪波动大。一遇到不顺心的事，就发脾气、沮丧、抑郁、苦闷，嫉妒心强，缺乏热情和活力，精神萎靡。

3. 心智枯竭

部分教师由于长期从事单一课程的教学，常会感到自卑、厌烦，自我评价过低，常常怀疑自己，自尊心弱、退缩，成就感差，失败感强，工作热情减退，感到前程无望，一有机会就想调动工作岗位。

4. 价值枯竭

有的教师因长年从事中小学教育工作，对自己工作的意义和价值评价逐渐下降，自我效能感低，认为自己的教育教学毫无意义，毫无价值，工作敷衍了事，备课不认真或不备课，缺少创造性，教学效率差，教学质量不高。

5. 非人性化冷漠

由于教学工作绝大部分时间是教师独立完成的，长期下去形成了独立、孤僻的性格,对领导、同事、学生麻木冷漠、悲观,不信任他人,对他人再无同情心可言,甚至冷嘲热讽,开始疏远学生,甚至自己的家人和孩子。

6. 行为问题

教师不良行为表现为冲动、言语过激、易激怒、好发脾气,人际摩擦增多,有时会体罚、打骂学生,对刺激物依赖性强,不愿意参加集体活动,极端的心理枯竭状态会出现自伤或自杀行为。

(三)身心健康问题

由于教师工作的压力和强度较大,使教师的心理健康受到了损害,出现了一些心理问题,如抑郁、焦虑、烦躁、愤怒、偏执、强迫等,这些不健康的心理还严重影响了教师的身体健康,导致一些生理疾病,如失眠、神经衰弱、咽喉肿痛、头疼头晕、高血压、心悸、胸闷、呼吸困难。除此之外,还有一系列心、脑、肺、胃、肝、性等方面的严重疾病。

教师的常见身心健康问题有以下几种。

1. 焦虑

这是一种内心紧张不安、预感到似乎将要发生某种不利情况而又难以应付的不愉快情绪,它往往指向未来实际并不存在的某种威胁或危险。焦虑是一种普遍现象,只有焦虑过度才会成为心理问题。由于教育工作和教师职业的特殊情况,教师的焦虑程度较大。焦虑有两种:持续广泛的和急性短暂的。教师的焦虑以前者为主,表现出心理障碍的症状具体有担心、不安、害怕、易激怒,注意力不集中、记忆力差等。有时还伴有躯体症状:口干、恶心、胀气、腹泻、心悸、胸闷、尿频、失眠、做噩梦等。

2. 抑郁

抑郁常表现为沉默寡言、情绪低落、沮丧、压抑、孤独、郁郁寡欢、闷闷不乐、胡思乱想、精神萎靡、悲观失望。对一切事物都缺乏兴趣,对学校的各种活动都不热心,不愿参加社交,对学生、同事冷淡,对自己和学生的未来发展没有信心,常感到沮丧和懊悔。躯体上的表现为食欲下降、入睡困难、精力疲乏,常有头痛、头昏、耳鸣、口干、便秘、多汗、失眠、胃部不适等,甚至会出现自杀想法或行为。

3. 神经衰弱

教师由于长期情绪紧张和精神压力,使大脑的精神活动能力减弱,表现为容易兴奋、容易疲劳、睡眠障碍、头痛等,伴有情绪烦恼和躯体不适症状。这是神经症中最多见的一种,也是精神疾病中目前"名声"最好听、最易被患者和社会接受的一种疾病。教师是一般人群中患病率最高的群体之一,其症状表现为以下几个方面。

(1)虚弱症状:精神疲乏,反应迟钝,注意力难集中,记忆困难,工作或学习不能持久,效能减低。

(2)兴奋症状:精神易兴奋,回忆及联想增多,且难控制,对声光敏感。

(3)情绪症状:易烦恼,易激动,工作或学习伴有焦虑、苦闷。

(4)紧张性疼痛:紧张性肌肉痛,紧张性偏头痛。

(5)睡眠障碍:入睡困难,噩梦多梦,易醒,醒后感到疲乏。

(6)其他:神经功能紊乱,如心动过速、血压波动、多汗、厌食、乏力、便秘、尿频等。

不良的社会心理因素是导致教师神经衰弱的重要因素,如工作紧张,压力过大,工作、学习和生活环境较差,人际关系紧张,以及各种不良的刺激等。

四、教师心理健康状况的影响

早在1996年,联合国的专家就预言:"从现在到21世纪中叶,没有任何一种灾难能像心理危机那样给人们持续而深刻的痛苦。"现在这种痛苦已经在教师和其他群体中体现出来了。

教师身心健康不良,直接影响个人生活和工作。长期处于亚健康状态的教师,一方面限制了个人工作水平的提高,同时这种不良的状态可能会像情绪一样传染,影响到教师人际关系和谐。事实也证明,有很多教师因工作压力大而导致心理健康问题的产生,危及了个人及家庭的正常生活,严重的还促使其婚姻和家庭破裂,也带来了一系列的社会问题。

一个人所显现的心理现象常常会影响到身体的健康,教师健康的心理有助于身体的健康。教师职业除了要应付日常教育、教学工作的负担外,还要处理好与学生、家长、同事、领导等的人际关系,是一种脑力高度负荷、精神高度紧张的职业。健康的心理可以提高机体的免疫水平,增加抗病防病的能力。教师要通过提高心理健康的水平,促进生理健康,增强体质,只有健康的心理才能培养健康的身体。

从人的一生来看,健康的心理是幸福人生的起点,心理健康是一个人工作积极性、创造性和持续性的源泉,只有处于积极、健康的心理状态,教师才能积极地投入工作,充分发挥出主动性和创造性,充分发挥个人潜能,从而以积极的态度面对工作中的矛盾和问题。对教师而言,健康的心理会使一个人在智力、情感、意志、个性等方面正常、健康地发展,有助于形成健全的人格,有助于个人与个人、个人与团体、个人与社会之间关系的平衡,帮助个人获得良好的情感关系,实现自我价值。

一般来说,教师心理健康对学生的影响表现在以下几个方面:

第一,教师的心理健康影响学生健全人格的形成。教师的职责不仅仅是教书,更需要做好育人工作,教师在指导学生成长的过程中,需要通过个人的人格魅力引导学生,教师具有良好的人格特质,学生就能更好地接受和效仿,形成健全、积极人格。

第二,教师心理健康影响学生乐观情绪的建立。当教师一脸阳光地走进教室时,学生们的心情就会很舒展、很轻松;当教师一脸怒气地走近学生时,学生们则心有恐慌,生怕自己撞到老师怒气的枪口上。另外,心理不健康的教师不善于协调与控制自己的不良情绪,在平时的教育教学中经常宣泄自己的不良情绪,学生成了他们泄愤的替罪羊,其身心健康容易受到很大的伤害。

第三,教师心理健康影响学生价值观和人生观的形成。心理健康的内容包括了社会适应良好和有道德,教师具有良好的道德修养,就会正能量培养学生的价值观和人生观,鼓励学生积极向上,做个有道德的人。教师对学生态度的影响,小而化之,就是影响他对一件事、一个人的看法;大而化之,就关乎学生人生观、价值观的形成。

第四,教师心理健康会影响学生良好人际关系的形成。人际关系不和谐的教师,易导致孤僻、压抑、焦虑等心理疾患,这容易造成师生关系紧张,对学生形成厌恶、憎恨、歧视等反面态度。人际关系良好的教师与学生相处时,对学生信任、欣赏、以诚相待、关爱有加。这样的师生关系不仅会帮助教师树立自己的威信,而且能指导学生健康地成长,尤其在促进学生的团结与合作方面起到楷模作用。

可见,教师的心理健康问题不仅关系到教师个人,也关系到学生的身心健康发展,关系到教育事业的成败与发展。

为了学生的身心健康发展,努力做一个心胸开阔、健康快乐的教师吧!

五、维护教师心理健康的措施

维护和促进教师的心理健康,必须综合考虑,从多方面着手。为此,整个社会、学校及教师个人都应积极努力,共同致力于提高教师的心理健康水平。

(一)优化社会环境

1. 提高教师社会地位,改善教师生活条件

全社会开展尊师重教活动,真实理解没有教师的存在,教育就成了无本之源,学生的成长就成了没有航标的小船,家庭就失去了希望,所以,提升教师地位,要重视教师职业的重要性。改善教师工作和生活的条件,让教师愉快工作,无忧上班,发自内心地热爱这份崇高的职业;吸引更多优秀的年轻人进入教师这个行业。

2. 改变评价机制,忽略升学指标

学校单纯、片面追求升学率,不仅给学生造成了身心的巨大压力,也给教师带来了同样大的心理压力。因为,影响升学率的因素很多,并不是一个教师所能决定的,过度强调升学率,会打击一部分兢兢业业工作的教师,使他们受到心理上的伤害。要深化教育改革,减轻教师心理压力,使教师积极参与社会的改革,融入时代生活之中,从而轻松愉快地投身教育事业。

3. 全员性地接受专业技能和管理水平的培训

参加各类培训活动,不仅仅局限在一线教师应该接受高质量的培训,而且教育行政人员也需要相关的训练。不仅要培训教师从事教学工作的技能和技巧,增加他们的知识和能力,而且应唤起他们对教育事业的热爱,对教师工作的责任感和兴趣。同时,还要培训和传授人际交往等必要的社会生活技能和知识。对未来新教师培训时,还要高度重视他们对教师职业特性的认识,使他们对未来可能面临的压力及困难有必要的心理准备及认识,这样可以使他们避免压力的重负,能在实际工作中坦然面对和处理各种压力,从而在教育教学工作中体验成就感和幸福愉快,增强职业满意度。

4. 坚持正确舆论导向,重塑教师形象

长期以来,媒体在宣传报道教师时,经常为了歌颂教师的无私奉献,对教师带病坚持工作、废寝忘食的工作情景大加褒扬,这本身无可厚非,确也取得了很好的宣传效果和教育效果。但同时也使教师产生了一系列心理压力,个别教师还会产生逆反心理。另外,社会大众对教师的期望和要求越来越高,但相应的理解和关心不够,于是教师的心理压力越来越大。因此,要坚持科学的舆论导向,正确引导公众对教师进行认识和评价,改变某些不科学的、错误的印象。另外,要通过教师职业素质的提高和团体有效性的发挥,提高教师的社会地位,重塑教师的形象。教师良好的形象,有助于获得社会支持,而这又进一步减轻教师的心理压力,增进其心理健康。

5. 开展教师心理健康教育,优化教师心理素质

教师的健康心理不仅影响着教学效果和自身身心发展,在一定程度上也影响着学生有效学习和健康发展。因此,加强教师心理健康的学习和教育,有助于教师和学生的共同成长。可以在心理学、教育学等必修基础课中加入心理健康和教师心理健康的内容。同时,开展科学研究,通过多种途径和方式对教师心理健康教育工作进行指导,使教师心理健康教育科学化、规范化。

(二)完善学校管理

1. 优化学校环境

学校应全力做到尽可能消除容易发生挫折和压力的各种因素,使教师始终置身于愉快和谐的集体氛围之中。优化学校环境,涉及学校工作的方方面面,是一项细致而艰难的过程,不能忽视任何一方面,否则极有可能发生损害教师身心健康的事件。

2 鼓励教师积极参与学校发展

教师作为知识分子的主体队伍,平均受教育程度较高,民主意识、参与意识相对较强,因此在学校的管理中实现广泛而真实的民主,不仅是必要的,而且也是可能的。学校领导要端正领导作风,杜绝管理的专横、独断,以及粗暴和严厉,要以廉洁、正直、善良、友好去感染每一位教师,避免因不良的管理方法、方式伤害到他们的身心健康。

3. 健全教师激励机制

学校也应建立合理的适度的竞争机制,让教师通过竞争获得发展和提高。在这一过程中,应让教师真正体会到竞争不仅仅是压力,也有乐趣,认识到竞争是公平的,机会是均等的。建立健全学校的竞争与激励机制,要注意不能把市场经济的一套做法完全引入学校管理之中,要充分考虑到学校作为一个文化场所,教师作为知识分子的特点,避免动辄与金钱利益联系在一起。另外,也不宜方方面面都搞竞争,应多鼓励协作,这才有利于缓解教师心理压力,提高他们心理健康水平。

4. 密切人际关系

密切学校的人际关系,首先,要求学校领导和管理者要注意改善干群关系,加强自身修养,深入教师生活之中,虚心听取教师的意见和批评;还要求学校领导能常以普通教职工身份,与教师进行平等的情感与思想交流,不断调整自己与教师在地位、兴趣爱好、生活习惯等方面的差异和距离,取得教师的心理认同。其次,学校还要通过营造良好的舆论环境,促进教师与教师之间,特别是教师与学生之间的正常交往,建立良好的人际关系。除此之外,学校管理者还要注意改善学校中的人际沟通,帮助教师清除人际交往的消极因素,及时处理和化解各种人际冲突和纠纷,使每个教师都拥有良好的人际关系环境,从而心情舒畅地工作、生活和学习。

5. 开展健康休闲活动

由于教师劳动强度大,业余兴趣和课外生活单调,因而对教师的心理健康产生了诸多不利影响。首先,开展丰富多彩的文艺、体育、娱乐等健康休闲活动,是缓解教师心理紧张、焦虑和忧郁等的重要途径;其次,还应设有教师心理宣泄渠道,使教师的不良情绪获得必要疏导;再次,可以定期从校外聘请一些心理辅导专家来校接待教师,为他们提供一定的心理咨询服务;最后,积极倡导丰富的校园文化活动,丰富教师业余生活,发展教师高雅情趣,从而优化心理素质。

(三)注重自我维护

维护心理健康离不开个体自身的重视和努力,教师要提高心理健康水平,应做到以下几个方面:

1. 树立科学的健康观念

教师的职业和工作既丰富又复杂,充满了紧张和压力,心理问题的发生可能性较大。因此,要树立科学观念,拥有积极的自我保健意识,不可忽视心理健康的自我维护。为了树立科学的心理健康观念,可以利用业余时间多了解和掌握一些心理健康及维护的知识与技能,这对提高认识、增强健康意识均有直接意义。

2. 积极进行身体锻炼

健康的身体是健康心理的前提和物质基础,每一个教师要想拥有健康的心理,就要注意积极锻炼身体,以塑造健康的体魄,为此要积极参加体育活动。体育活动能使人产生愉快感,可以消除压力反应中产生的荷尔蒙、葡萄糖等物质,还可以提高人体神经系统的功能。教师通过体育活动可以使自己从情感或身体的紧张中放松下来,消除烦闷和焦虑。总之,体育锻炼对教师心理健康的维护具有重要意义。

3. 参加丰富业余生活

一个教师如果能够培养和发展自己多方面的兴趣爱好,进行多方面的自我娱乐活动,保持积极广泛的人际关系,业余生活充实和丰富,他就能在寂寞、孤独、烦闷、抑郁时,很快获得解脱和调整,使紧张的生活得到调剂,并消除疲劳,解除苦闷,松弛情绪,焕发精神,陶冶情操。教师的业余爱好可以很多,如打球、旅行、读书、钓鱼、摄影、书法、音乐、美术、烹饪、雕刻、收集、写作等,只要其中一两种能发展为中心兴趣就会有益于身心健康。

4. 善于调适消极情绪

稳定而积极的情绪状态,使人心情开朗、轻松、安定、精力充沛,对生活充满乐趣与信心,工作热情、主动,并富有效率。但是生活毕竟不会永远一帆风顺,常有困难和挫折,也会产生烦闷、悲怨、焦虑、恼怒、紧张和恐惧等消极的情绪,这些消极的情绪不能得以及时化解和调适,时间持续过长,就会导致心理失衡和心理危机,甚至精神失常。因此,要维护保持心理健康就必须要学会情绪的自我调控。当出现消极负面的情绪反应时,教师可以试着告诫自己和提醒自己制怒,或者尝试用一些合理的方法来调适不良情绪,避免过于冲动而酿造恶果。当然,善于调适情绪,不仅只有自我调适,还包括寻求他人帮助来调适抚慰自己的不良情绪。总的目的就是减少心理问题的发生,促进心理健康。

5. 学会科学合理用脑

研究表明,如果长时期处于脑力劳动这一状态,脑的血容量剧增,脑细胞负担过重,脑的用氧量也大大增加,这时大脑的工作效率下降,脑细胞和机能受到损害,从而导致头痛、头晕、健忘、失眠、神经衰弱等。所以要学会适度用脑,合理安排生活和工作,劳逸结合,使大脑得到必要的休息。

6. 建立良好人际交往

良好人际关系需要尽力维护,如何维护呢?戴尔·卡内基的经验和技巧是:①避免争论;②学会批评;③勇于承认错误等。

第三节 幸福从心开始

人活着不是为了痛苦,追求幸福是人类永恒的目标,培养出幸福的学生是教师的最高境界。没有人能将自己不具备的东西奉献给别人。教师要给学生以幸福,自己首先应成为一个幸福的人,一个懂得如何创造幸福生活的人。那么我们怎样才能成为幸福的教师呢?

一、幸福是什么

人的一生,是追求幸福的一生,没有人会拒绝幸福,也没有人会放弃幸福,每个人都喜欢幸福,追求幸福。但是每个人对幸福的理解、要求和看法却有所不同。那么究竟什么是幸福?

幸福是什么?相信每个人都曾不止一次问自己这个问题。记忆中,小时候能得到老师和家长的表扬就是幸福,生日的时候收到礼物是幸福,有好吃的零食是幸福;再大一点的时候,自己独立解出一道难题是幸福,跟同学朋友一起郊游是幸福,阅读了一本好书是幸福,被朋友惦记也是幸福;工作后,发现能偶尔睡个懒觉是幸福,周末双休是幸福,父母身体都健康是幸福,看到学生进步了是幸福。

在工作、生活中,也可能时常听到同事、朋友们这样说:一位工作了数十年即将退休的老教师说"对凭实力能够显示水平的人来说,早点进入绩效考评奖励是幸福";一位孩子病危的母亲说"我的孩子能健康活着就幸福";临近中、高考,非毕业年级的老师见到毕业年级的老师说"你们真幸福,可以有长长的假期";一位经常加班的公司员工说"今天终于不用加班,真幸福"。

社会上不同的阶层对幸福也有不同的理解。可见不同的人有不同的幸福,不同的人追求不同的幸福。幸福是不能全部描写出来的,它只能体会,体会越深就越难以描写,因为真正的幸福不是一些事实的汇集,而是一种状态的持续。

二、选择积极,感受幸福

很喜欢毕淑敏的一段话:真正幸福的人,不仅仅指的是他生活中的每一个时刻都是快乐的,而是指他的生命的整个状态,即使有经历痛苦的时刻,但他明白这些痛苦的真正意义。他知道这些痛苦之后,依然指向幸福。甚至可以说,这些痛苦也是幸福的一部分,他在总体上仍然是幸福的。正如同很多母亲谈及自己生育的过程,没有一位是不痛苦的,但是这种生产的痛苦并没有成为阻挡女性生育的理由,因为她们相信这种痛苦之后,当看到自己孩子的那一刻起,一定是幸福的。有时候,我们经历的痛苦的分量更能够加深对幸福的感受,更容易让人更加珍惜这份生命的感动。

当然,幸福不幸福,不是说看我们生命中经受了多少痛苦和喜悦,而是我们对待生命的态度,对待生活的态度。如果我们执着于生命的痛苦,我们的生命就会痛苦不堪;如果我们专注于生命的喜悦,我们的生命可能就会充满愉悦。重要的是我们的关注焦点集中在哪些方面。

通常情况下,对一个要上台演讲或者参加重要考试感到紧张的人,我们会对他说"不要紧张",有时候我们也会这样安慰自己,我们以为这样自我暗示可以缓解紧张。但是神经语言学的研究发现,往往这样的自我暗示不会有任何效果,反而这种暗示会让我们更加紧张,因为在我们说"不要紧张"的时候,大脑接受的核心信息是"紧张",这样反复说"不要紧张"只会强化紧张的感觉。所以神经语言学家提出,我们要进行积极的暗示,其实就是要关注积极的方面。这样说来,"心想事成"其实也不无道理。

追求理想,选择所爱,一名教师也会成为收获幸福和传递幸福的人。2012年9月,一篇名为《特教杨小玲:无声世界的幸福使者》的新闻稿,报道了这样一位选择特教岗位的舞蹈教师。从事特教工作22年来,杨小玲老师收获了一位教师应有的职业幸福:学生的爱、学生的信赖、学生的发展。孩子们在杨老师的教导下,收获了关爱,收获了自信,收获了成长。在生活与工作中,积极选择,尊重选择,每一个人都会收获到属于自己的幸福。佛家常说人生是苦的,但我们可以选择面对的方式,选择积极,选择苦中取乐的态度,我们也可以成为一个幸福和传递幸福的人。

三、做一名幸福的教育工作者

教育工作者是一个以教书育人为职责的特殊职业群体，教育工作者的幸福不仅关系到其自身的生活质量，还关系到对学生的培养、教育。体验不到幸福的教育工作者，也不可能培养出有幸福感的学生。因此，与一般职业相比，教育工作者的职业对幸福有着更高的要求。教育的终极目标就是幸福，教育工作者也理应在教育领域找到自己的乐土，幸福的教育工作者是培养幸福学生的前提。

从精神层面看，幸福的人心境很平和，他们用一颗"平常心"来看待世界。做一名幸福的教育工作者，必须使自己具有平和的心境。教育工作者心境在很大程度上与教育工作者行为归因有关。归因就是个体对自己或他人行为原因进行推测、判断的过程。个体的幸福感存在差异，其根本原因在于他们归因风格不同。另外，教育工作者要使自己能够以一种审美的态度来对待职业生活，教育工作者的职业生涯就提升到了一种境界，教育工作者和职业生活才有意义，这是教育工作者所向往的，也是教育工作者这个职业应该追求的。教育工作者应重新审视教育工作者职业价值，发现教育工作者职业之美，从中找到自己的立足和生长点，享受教育工作者职业带来的幸福和满意。只有当教育工作者意识到：教育工作者职业的使命不是"蜡烛"——照亮别人、毁灭自己，而是在照亮别人的过程中体验创造性的工作带来的充实与幸福，获取人生价值的永存和人格的升华；教育工作者也不是"苦行僧"，而是安贫乐道的积极进取者，是美好生活的创造者。如此，教育工作者才回归了生命的尊严，才能过上有意义的教育工作者的职业生活。

第三章　教师角色与心理适应研究

随着社会的不断进步和发展,现代教育也需随之进步和发展,这样教育才能跟上社会发展的潮流,更好地为社会服务,这就对教师提出更多角色要求。新时代的到来,要求教师不仅要成为人类文化的传递者、新生一代灵魂的塑造者、学生心理健康的保健医生、知识的学习者和专业的学者,同时,还要成为善于处理人际关系的艺术家以及教学的领导和管理者。

在社会过高期望和不同角色任务的冲突之下,教师承受着无以言喻的沉重压力。这不仅会影响教师自身的身心健康,也会影响教师日常的教学管理工作,影响教师自身价值的实现。因此,重新审视并定位教师的角色,不论对社会还是对教师本身,都是一项重要的任务。本章以教师的职业角色为基础,探讨现代教师职业角色的特点,关注教师职业角色认知与塑造的过程,为解决教师职业角色冲突提出可资参考的管理策略。

第一节　教师角色的内涵

"天下不可一日无政教,人类不可一日无教师。"教师是一个以传递文化、造就人才为宗旨的专门职业,是联系古人与今人的桥梁,是沟通过去和未来的中介。随着社会的发展和新一轮基础教育课程改革的急剧变革,教学内容和教育目标都在发生巨大的变化,教师的角色也相应发生了重大变化。

一、教师角色的含义与演化

（一）教师角色的含义

"角色"这一概念最先源于戏剧,指舞台上演员所扮演的人物。1935年由美国社会学家米德引入社会心理学的研究之中。角色,亦称社会角色,是指个人在特定的社会环境中对应的社会身份和社会地位,并按照一定的社会期望,运用一定权力来履行相应的社会职责的行为。具体地说,教师角色就是教师在从事教育活动时表现出的一种身份以及相应的行为。它从某种程度上限制了教师的职能、责任、权利和义务等。

（二）教师角色的演化过程

在教育不同的发展阶段,教师的身份是不同的。根据教育在不同的历史发展阶段所表现出的组织形式的不同,研究者朱永新、袁振国(2004)将教育划分为如下三个阶段:第一阶段是教育与生活合一的不定型教育发展的阶段,这一个阶段相当于历史学的原始社会阶段;第二阶段是形式化教育的产生阶段,其标志是学校的产生,但此时的学校由于兼有习射和养老的功能,还不是专门的教育组织形式;第三阶段是制度化的教育系统的建立阶段,这一阶段自封建社会中后期至今。在我国,这一阶段始于近代,而在西方,这一阶段始于近代稍前的某一时期。这一阶段的标志是系统的学制已经形成,形式化的学校教育发展得相对成熟。由于受生产力水平和文化发展水平制约的教育组织形式所提供的条件的限制,教师在教育发展的不同阶段承担着不同的使命,并相应造成了教师群体构成的不同。

美国学者费斯勒(1985)认为,教师角色的发展是一个动态的、发展的、变化的过程。他将教师角色的发展分为以下八个阶段。

1. 职前教育阶段

这个阶段是为特定的教师角色做准备的,是学习成为一名教师的必要知识和职业素质,通常是指师范类学校进行的专科学习的时期,也就是获得教师资格证的前期学习阶段,也包括在职教师从事新工作和新角色的再培训。

2. 引导阶段

这个阶段是教师任教的最初几年,是一名新登上讲台的教师要接受老教师的指导和帮助阶段,是每一名教师进入学校教师系统而进行的每日例行教学工作的时期。这一阶段的新教师,通常都会努力寻找与学生、同事的接纳点,积极融入学校教学工作中,设法在处理事务和问题时获得被肯定、被接纳的信心。

3. 能力建立阶段

此阶段的教师努力充实和教育相关的知识,设法提高教学技巧和能力,通过不断向前辈学习和自我总结的方式,不断改进教育教学方法和措施,建立一套适合自己、属于自己、学生接纳的教学体系,成为一名教育教学有特色的教师。

4. 成长阶段

教师在此阶段,已经具有较高的教学水平,但是追求上进的教师,会继续发挥热爱教育的工作热忱,通过培训、学习、进修等不断寻找新的方法来丰富其教学活动,提高教学水平。

5. 挫折阶段

在此阶段,教师的工作满足程度会逐渐下降,产生教学上的挫折感;因长期的单一教学方式,会产生职业倦怠感;会因部分学生不好管理,工作成效受到影响,而产生对教师职业的厌烦心理。教师职业倦怠大多出现在这个阶段。

6. 停滞阶段

这一阶段教师只做分内的工作,由于工作年限长、资历深,对发展没有了更多的要求,因此,出现不求教学专业上的成长突破,只求无错、无过;不求有功,但求平安退休,缺乏积极进取心。

7. 低落阶段

这是准备离开教育岗位的低潮时期。在此阶段,有些教师能功成身退;有些教师被迫中止工作而感到不平。

8. 退出阶段

这是教师离职以后生涯寂寥的时期,一生只占三尺之地,没有惊天功绩,一辈子平平淡淡做着一名普通的教师。一些老师退休后,会发挥知识和经验的作用,寻找兼职教书工作,有些则颐养天年,在家过着休闲自得的退休生活,退出了教师职业岗位,结束了教师职业生涯。

二、教师角色的分类

教师作为一种职业,具有三个方面的价值:维持生存、发展自我和贡献社会。在这三方面职业价值的指引下,可以将教师角色分为三种类型。

1. 以谋生为目的的教师

这种教师把教书看作谋生的手段。教书是一种赚钱的、用以养家糊口的职业。早期的职业目标,导致教师们更注重收入与工作的价值,没有把教师职业作为崇高的事业。这种工作动机肯定不会带来好的教学效果,因为"以谋生为目的"的教师,有的只是外在压力,没有内在动机。

2. 以发展自我为目的的教师

这一职业目标不仅仅把教师职业当工作来干,更希望通过个人努力证明自己的社会和人生价值。教师工作会很努力,可能会很出色,他们追求的是证明自我、发展自我,从成就感中得到满足。

3. 以贡献社会为己任的教师

这类教师把教书看作自己的社会责任,他们注重用自己的人格力量去影响学生、去感化学生。他们不仅向学生传授知识,更重要的是,他们试图告诉学生怎样做人,他们以能影响、改变学生的生活轨道为乐趣。如果能做到这一点,无疑是一位好教师。

三、教师角色对学生的影响

教师是集许多角色于一身的特殊职业,这一特殊职业在很多方面都对学生产生着深远影响,主要体现在教师的教学风格、言行举止、人格特征以及教育期望等方面。

1. 教师教学风格对学生的影响

教学风格是指在相同教学目的的前提下,教师根据各自的特长,采用不同教学方式的特点。研究证实,教师的教学风格对课堂气氛、学生学习、师生关系均有不同程度的影响。通常,放任型的教学风格,学生不仅学习差,道德也差;强硬型的教学风格,学生易激怒,教师一离开课堂,学习就明显松垮;民主型的教学风格,学生工作的质和量都很高。

2. 教师言行举止对学生的影响

"以身立教。为人师表"是教师职业道德的主要特征。教师言行举止对学生的影响,就是采用这种"身教"的方式。在大量师生之间无意识的日常交往中,"身教"对学生起着潜移默化的作用。教师对学生的影响既有积极的,也有消极的。

3. 教师人格特征对学生的影响

教师的人格特征对学生的学习情绪、学习效果、品德形成等都会产生深远的影响。研究表明,优秀教师比一般教师情绪更稳定,更为外向,也就是说优秀教师往往更有活力,对学生更加热情。他们能够控制自己的情绪,同时关心体谅自己的学生。此外,教师对待教育事业积极的态度和认真负责的精神,也是影响学生的重要人格品质。

4. 教师期望对学生的影响

教师的期望是影响学生的学业成绩和人格品质的重要因素之一。如果教师对学生抱有较高期望,学生就能感受到教师的关怀和信任,会更加自信、更加积极,因而也就容易取得教师期望的效果。反之,如果教师对学生期望较低,学生也能感受到教师的偏心和失望,结果常常真的如教师预期的那样,学习成绩和道德品质天天变坏。

因此,教师应该关心每个学生,对每个学生给予合理的期望和要求,给他们以公平的支持和鼓励。

四、教师的职业角色

随着科技的进步和社会的变迁,教师与学生之间再也不是单纯的施与受的关系。在新兴的教育理念下,学生成为学习的主动建构者和参与者,教师的角色也从单一走向丰富。新形势下,教师应该承担以下五大职业角色。

(一)沟通无限的交流者

"交流者"角色是教师五大职业角色中最接近传统的知识传递者角色的一个,但二者又有明显的不同。当作为知识的传递者时,教师是起点,学生是终点,作用是单向的。而作为一个交流者时,教师和学生的地位平等,信息在二者之间互动循环,除了知识传达的意义之外,还大大增加了角色的弹性和交互性。此外,交流的内容不局限于知识,还包括与学生的日常交流。交流的对象也不仅仅是学生,还包括教师—教师交流,教师—家长交流等。所以,作为一个交流者,其内涵和外延较之知识传递者都得到较大的拓宽和扩展。

（二）灵活有序的组织者

虽然"教师是辛勤的园丁"这一比喻并不十分恰当,但仅就课堂这一亩三分地来说,教师的确需要有如园丁一般的规划设计能力和组织管理能力。作为组织者的教师要根据教学目标和学生的特点,选择教材和教具,设计教学过程,进行教学活动的控制和管理,组织课堂教学,处理教学过程中的偶发事件。组织者的最大目标就是确保课堂教学、班级活动的有序进行,取得实效。

（三）点燃火把的激发者

古希腊学者普罗塔戈拉说过:"头脑不是一个要被填满的容器,而是一支需要被点燃的火把。"教师要成为那个点燃火把、激发学生热情、帮助学生发光发热的人。

作为激发者的教师要尊重差异性、多样性和创造性,通过激发学生的动机,为学生提供必要的辅导、支持和示范。促进学生学习进步、能力发展和个人成长。激发者的目标是使学生学会自主学习,增强学生对知识的好奇心,找到学习的乐趣,从而最大限度地发挥自身的特长,发挥其创造性。

（四）温暖知心的咨询者

都说"少年不知愁滋味",其实不然。随着社会的发展,学习、工作、生活的节奏加快,人际关系日益紧张,各种压力不断增加,心理问题越来越趋向低龄化,并迅速成为影响学生成长的主要原因之一。普通教师虽然不是专业的心理咨询师,但掌握一些心理健康教育与咨询技巧的基本知识却大有裨益。咨询者的任务是成为学生心理健康的维护者,形成维护学生心理健康、随时对学生进行心理健康教育的意识,并将这种意识融入日常的教育教学活动中去,为学生提供理解和宽容;减少学生对学习和考试的过度紧张;满足其心理需求,予以情感支持。咨询者的最终目标是提高学生的身心健康水平,培养全面发展的个体。

(五)主动省思的研究者

未来的教育是一种个性化的教育,这给教师提出了多方面的挑战。为了应对这种挑战,教师既不能太过依赖自己的习惯和经验,又不能坐等专业的研究人员提供教育的新理念和新方法。只有把自己定位在研究者的位置上,才能成为教学改革的积极参与者和主动适应者。

作为研究者的教师要不断对自己的教学进行反思和评价,分析其中的不足,提出改进方案。另外,教师还要从事一些与自己的教学有关的科学研究。从理论上提高自己的业务水平。研究者的目标是成为专家型的教师,不仅要具有有效的经验行为,还要有理性的思考能力和促进教学的科研实践能力。

第二节 教师职业角色的认知

一、教师职业角色的认知与承诺

教师是一个神圣的职业,许多教师对自己所从事的职业有着强烈的社会责任感和使命感。他们非常敬业,唯恐在工作中有半点闪失。

(一)教师职业自我概念

社会往往对教师有较高的期望:在古代,教师被神化为至高无上的圣人、贤者;在现代,则无限制地放大了教师的社会责任。种种过于理想的高期望被教师内化为理想的职业自我概念,这给教师带来许多无谓的压力。

在教师对教师职业进行认知的过程中,职业自我概念是一个

第三章 教师角色与心理适应研究

较全面、贴切地反映人格的概念。美国职业心理学家苏泊尔（D. Super）认为，一个人的职业自我概念包括个人的自尊，对自己职业认识的明确性、和谐性、发展性、切实性，以及个人的兴趣、能力与潜能的发展状况，等等。关于教师职业自我概念，目前并没有一个很清晰的表述。我们只能从一些相关的表述中对它进行界定。我们认为，教师职业自我概念可以界定为教师对自我与教育教学活动有关的一系列自我图式的总和。在教师职业自我概念中融合了个人的兴趣、能力、情感和态度，它发端于教师的职业认知，发展于职业认同，成型于职业价值观、对教育活动的兴趣，个人职业潜能的发挥。教师职业自我概念是教师素质的核心，对教师职业心理健康有重要的影响。研究发现，通过提高教师职业自我概念可以有效地缓解教师的职业倦怠程度。

在教师职业自我概念形成过程中，对教师职业角色的认知是一个关键的阶段。角色认知是指个体在角色占有后到角色实践之前，个体按照其独特的社会文化类型，对于自己所处地位有关的社会角色规范和角色评价信息进行不断加工和处理，在心理上确定相应的社会反应模式的过程。由于教师需要扮演多种角色，因此，教师能否对教师职业角色有良好的认知，对教师是否可以正确地把握自己的身份、地位以及相应的行为模式有重要的影响。职业认同也是职业自我概念发展与形成过程中的重要影响因素。苏泊尔指出，职业认同主要是指一个人对所从事的职业在内心认为它有价值、有意义，并能够从中找到乐趣。它包含在职业自我概念中，与职业道德的发展、职业工作的态度、职业工作的感受联系紧密。

教师职业自我概念的形成，不仅需要教育行政管理部门对教师成长的关注，包括对教师在职培训内容和方式的调整，也依赖于日常教学活动中学生和同事对教师的评价。教师应该关注日常教育、教学互动中，他人评价对自己职业自我概念的影响。通过师生之间的互动，加深师生双方情感的交流，最终达到对职业的认知，形成良好的教师职业自我概念。

（二）教师的职业承诺

从职业心理角度考察教师的成长，对促进教师的发展具有十分重要的意义。教师职业承诺及其发展是教师职业心理发展中一个重要的理论和实践问题。在心理学研究中，承诺可以划分为对职业的承诺和对组织的承诺两个方面。对教师而言，就是对教育的承诺和对所服务学校的承诺。如教师为了教好一门课程，为了传递知识和技能，为了学生的成长和发展而乐意付出，愿意从事教育工作，属于对教育的承诺；若教师并不是很喜欢教育工作本身，而是因为非教育工作原因而愿意继续留任教职，就是教师对学校的承诺。对学校的承诺可能是因为学校待遇好，或者学校地位高，或者是学校地理位置优越等。对教师而言，职业承诺和组织承诺是驱动教师从事教育教学行为的心理动力。在教育活动中，教师的职业承诺与组织承诺对工作的成败起到关键性的作用。对大多数教师而言，选择教师职业可能两方面的原因都有，但从关注教师发展的角度出发，职业承诺对教师从事教育工作有着极为重要的作用。

教师的职业承诺是基于教师对自身职业的认识与情感依恋，对自身职业的投入程度和对教师规范的内化程度而形成的是否忠于职守的态度。从结构上看，教师职业承诺包括情感承诺、继续承诺和规范承诺三种成分。情感承诺反映教师从事教师职业的强烈愿望和喜爱程度；继续承诺反映教师从事教师职业的一种义务感；而规范承诺是指教师对离开自身职业的代价的认知。教师职业承诺对教师教育工作具有重要意义，良好的职业承诺有助于提高教师教育的积极性和责任感。

徐富明等人于2005年通过对776名中小学教师进行职业承诺问卷调查发现：当前我国中小学教师职业承诺的程度属于中等水平，其中规范承诺的程度较高，情感承诺次之，而继续承诺相对较低；不同性别、不同学历和不同教龄的中小学教师在职业承诺的三个维度上存在显著差异；小学教师在情感承诺和规范承诺上高于中学教师。

研究发现,年龄和教龄与教师职业承诺呈正相关关系,即年龄越大、教龄越长,教师的职业承诺越强。女性教师的职业承诺高于男性教师。此外,收入与教师职业承诺的相关较高,收入越高越能强化职业承诺的强度。教师职业承诺还与工作满意感有较高的正相关;教师对自己所从事的职业越满意,他们对职业的承诺就越高。有鉴于此,相关的管理机构需要加大对教育的投入,有效利用教育资源,切实保障教师的经济待遇;同时,学校有必要开展各种教育科研活动,建立良好的教学氛围,倡导优良的学风和教风,采取各种形式增加教师之间的沟通与交流,使教师可以及时提高自身的教学水平,在教学过程中获得愉快的体验,提高教师的工作满意度。这些都对培养教师良好的职业承诺具有积极意义。

二、教师职业角色的塑造与适应

(一)教师职业角色的塑造

教师职业角色的塑造是一个心理角色发生转化的过程,即个体按照教师职业角色规范表现相应的角色行为,把这种角色规范内化成为自己的角色人格,并一贯地在社会群体中表现出符合教师职业角色行为特征的社会行为。教师职业角色的塑造,既是一个学习过程,也是教师个体的社会化过程。作为学习过程,通过对教师职业规范的认知,明确教师职业角色的行为规范和行为模式,对自己应该做什么、不应该做什么、能够做什么和不能够做什么等有清醒的认识,从而了解自己的行为方向。作为社会化过程,教师职业角色的塑造是对自己的角色与周围人的种种角色关系,以及自己在社会群体中的地位和作用能正确感知和理解。教师可以在扮演教师角色的过程中对自己的身心活动加以自觉地调节和控制,处理好各种角色关系。正是这种角色活动,使教师在角色扮演中,既能够有意识地维护自己的角色身份,又能够站在他人的角色位置看待自己、评价自己,使自己成为一个能够自我评价、自我认识、自我控制的能动的角色扮演者。

国内对于教师职业角色塑造的过程,有不同的划分方式。对这些划分方式进行总结,我们可以把教师职业角色的塑造过程划分为三个阶段。

1. 角色认知

在这个阶段,教师通过各种学习、培训以及教学实践,对教师的行为规范有正确的认识和了解,知道哪些行为是恰当的,哪些行为是不合适的。在这一阶段,人们了解教师角色所承担的社会职责,能够将教师所充当的角色与社会上其他职业角色相区分。

2. 角色信念的形成

教师通过亲身体验,接受教师职业角色的规范要求和承担的社会职责,不仅能够在思想认识上了解教师角色的行为规范,而且能够在情感上有所体验,并愿意接受这一职业角色。对教师角色的认同,是个体正式开始履行教师角色后才真正开始的。随着教师对教师职业的认同,一部分教师越来越坚信自己对教师职业认识的正确性,把对教师职业理想的追求作为自己行动的指南,形成教师职业特有的自尊心和荣誉感。

3. 教师行为的训练与形成

教师通过课堂的教学活动、与其他教师的交流等活动,逐步学到与教师职业角色相适宜的行为,使自己能够自觉地按照角色规范练习和巩固适宜的角色行为,从而形成教师的角色行为技能、习惯和方式等。

经过教师职业角色塑造三个阶段的历练,一个成熟的教师需要具有以下行为特征:(1)能够主动地为教育教学工作确定目标、选择方法,能主动地发现问题、解决问题,进而改进工作、提高成效。(2)能够独立地完成教育教学工作,也具有独立完成工作的要求,不希望别人过多地干预。(3)对教育教学等各种与职业有关的活动具有稳定的兴趣,体现在关心学生,关心学科发展,在工作中有长远的目标。(4)具有明确的职业角色意识,能正确认识教师充当的各种角色,明确教师工作的职责。

(二)教师职业角色的适应

教师作为一种职业,有其独特的职业角色特征。对于教师而言,各种职业要求和社会责任,带给教师的不仅有受人尊重的社会地位,还会带来使命感和巨大的压力。因此,如何适应教师的职业角色,也成为教师职业心理健康的焦点。

教师必须自主扮演好教师角色,适应社会对教师的职业形象期待,充当好教育者的职业角色,达到教师形象的内化、人格化与理想化。为达到这一目标,教师必须从以下三个层面的形象适应去塑造好教师职业形象。

1. 适应社会大众期望的职业形象

一方面包括适应学生对教师的角色期待;另一方面包括适应社会大众对教师的角色期待。

2. 适应职责赋予的职业形象

教师的社会职业角色是教育者。一方面教师应适应教师职业的要求;另一方面,教师必须以完成社会赋予的职责与任务的程度来随时评判自己的职业形象。

3. 适应自我期待的职业形象

教师必须从自身的人格或个性方面进行改造与锻炼,培养起适应教师职业教育活动特征的教育气质或教育人格。

三、社会发展与教师职业角色期待的转变

教师职业角色期待是指社会公众和学生期望的教师表现的行为模式,或教师期望自己应具备的行为模式。它包括他人对教师的期望和教师自己对自己的期望。其中,"他人"包括领导、学

生、家长、社会公众等不同身份的人。对教师影响较大的角色期待主要来自于以下四个方面。

（一）教育管理者对教师的职业角色期待

教育管理者包括学校领导和其他教育部门的管理工作者，他们关注教师群体的成长与发展，对教师常常有较高的期望。研究人员发现，由于教育管理者特殊地位和工作的需要，他们对教师角色的期待较为全面，但最为强调的是教师的职业道德和教学能力；在教师的人格素养方面，教育管理者更为强调的是教师的人际交往能力。

（二）学生对教师的职业角色期待

由于学生是教师工作的对象，学生对教师的职业角色期待对教师的影响也非常重要。很多研究的结果显示，学生最为关注的是教师职业道德与教师的人格特征。阙兴芳将自己的研究结论同国内查有梁和谢千秋在20世纪80~90年代所做的研究比较后发现，两例研究中，学生对教师的职业角色期待不变的是对教师职业道德的重视程度都很高；而学生对教师人格素养的重视程度在提高。这表明现在的学生更加关注教师人格的影响，对教师的良好个性提出更高的要求，如要求教师要有幽默感，要平易近人，要敢于承认自己的失误，等等。

（三）家长对教师的职业角色期待

关于家长对教师的职业角色期待的相关研究较少。研究者发现，家长把教师的责任感排在首位，充分显示了家长对教师责任意识的要求。与学生相比，家长对教师人格的重视程度要低些，而更重视教师的教学能力和文化知识。

研究发现，家长对教师的专业素质、教育学生的过程、教育活动的组织等方面的认识不够，家长对教师对待学生的角色特征有很高的期望。

(四)教师对教师职业角色的期待

相关的研究发现,教师对自己的职业角色有较高的期待,这种期待主要表现在"传道、授业、解惑"上,即对教学能力和文化知识的期待要高于他人对自身的期待。

宋凤宁(2006)认为,在新课改背景下,教师对职业角色的期待主要体现在以下五个方面:一是自我提高性期待。教师为适应教学改革,希望通过自我反思、借鉴学习等方式使自身在科研能力、教学管理水平等方面得到提高。二是教学性期待。教师希望通过使用一定的教学方法和教学策略来促进学生的进步和发展,同时教师希望校方为他们提供一定的条件以促进教学工作,教师还希望自己的教学水平和教学方法等得到同事、领导的肯定,从而形成成就动机。三是人际交往性期待。教师希望在与学校领导、同事、学生以及学生家长的交往中,以恰当的方式进行交往,能保持和谐的人际关系。四是生活期待。教师希望自己的收入、住房条件等得到改善,希望能在工作之余与家人共享幸福生活。五是评价性期待。教师作为被评价的主体希望社会、学校、学生以科学的评价方式评价他们。

毋庸置疑,教师怀着较高的职业角色期待,背负着重要的社会责任,在复杂的教育教学实践中,当他人的期望和教师自己的期望不一致时,会产生角色冲突。不同的期望,可能会使教师感到无所适从,产生不同程度的教师角色冲突。

第三节 教师职业角色问题的积极应对

一、教师的职业角色冲突

教师不能同时满足对其有意义的多种角色期望而履行不同的角色时所出现的矛盾,即教师的角色冲突。作为社会成员,教师在社会生活中拥有多种社会身份,同时扮演着多种社会角色。即使在学校生活和教育情境中,教师也要扮演诸多的角色,本来这是很平常的事,但如果因此感到力不从心、顾此失彼、左右为难,便会又将冲突转变成紧张,角色紧张有损教师的身心健康。

(一)教师的角色冲突表现

通常情况下,教师的角色冲突表现在以下几个方面。

1. 知识传授者与知识汲取者

教师是知识传授者,这是教师权威得以树立的知识基础。现代的学生生活在广播、电影、电视、报刊、杂志,特别是网络等大众传播媒介迅速发展的时代,这些大众传播媒介以其内容丰富、形式多样、传递迅速、生动形象等特点,传播着各种知识、规范及行为方式,而学生具有对世界充满好奇、接受新事物快的特点,他们常常以自己得到的新信息嘲笑老师所传授的旧知识,这种状况减弱了教师所传递的知识对于学生的吸引力,甚至在一定程度上改变了教师与学生在知识占有上的地位关系,动摇了教师的知识权威地位,迫使教师不断汲取新知识,处于知识传授者与知识汲取者的冲突中。

2. 被领导者与班级管理者

处于学校管理最低层次的教师与担任班级管理最高领导的教师是每一名教师必须承担的两种角色。这两种角色集于一身往往造成扮演者的心理冲突。"在所有职业中,教师对于他所处的机构控制性最低。"班级是学校的最基层单位,学校的各项制度、政策、规定都要靠班级管理者——教师的传达和贯彻。然而,学校的政策规定与学生意愿之间常常发生矛盾。

3. 多种角色行为规范互不相容产生的角色冲突

主要体现在:社会代表者与家长代理人、管理者与朋友、知识高位者与朋友之间的冲突。社会代表者往往以社会的价值观进行判断,而家长代理人角色则要求教师站在学生家长的角度看问题;教师作为管理者,意味着具有一定的权威,教师作为学生的朋友不是完整意义上的私人朋友,师生之间的基本关系毕竟是一种制度化的支配和从属关系,是以公务情感为基础的朋友,因而教师不能过于热衷于扮演朋友角色,不能失去教师的理智和原则。对于很多教师来说,很难同时扮演好这两种角色,常常处于两难的境地;传统意义上知识传授是一种自上而下的有方向性的活动,教师是知识高位者,拥有由知识所赋予的权威地位。而作为学生的朋友,教师必须平易近人,知识高位者的权威意识,阻碍了师生间的平等交流,有的教师视学生为无知的孩子,有的教师心中承认甚至暗暗惊叹学生思维的活跃、个性的鲜明,但是表面上往往采取不屑一顾、压制的态度,以维护自己知识高位者的形象。

4. 单一角色内部的冲突

一是教师角色责任要求与个人事业成就的冲突。这种冲突的实质是教师自我利益与他人利益之间的矛盾。由于教师重大的社会责任和角色行为的表率作用以及教师劳动成果的无形性等原因,教师很难感到自我追求的满足感和个人事业的成就感。二是心理调节者。作为学生的心理辅导者,教师有着太多的冲突,表现在时间紧、学生多、缺乏心理辅导的知识技能等方面。虽说在师范院校都要学习心理学,但那些知识面对纷繁复杂的学生心理现状显得苍白无力。三是教师自身存在各种各样的心理问题。

5. 模范公民与现实生活中的人

社会期望教师成为学生的师表、公民的楷模,但许多教师不愿意扮演这样的角色,因为要求严、限制多、难度大。这些心理冲突尤其在青年教师身上经常发生、表现突出。

(二)角色冲突的原因

对于造成教师职业角色冲突产生的原因,综合国内研究者的观点,主要是受以下五个原因的影响。

1. 互不相容的多种角色行为规范和角色期待产生的角色冲突

从教师扮演的角色中,我们会发现几种主要的互不相容的角色行为规范和角色期待。

2. 楷模角色与普通人角色冲突

教师的社会角色常常受到广泛的关注,社会、家长和学生期待教师不仅是教师,还应是人师;不仅做学生的榜样,而且做社会的榜样。有些行为表现在其他角色身上被社会视为适当,而表现在教师身上则会使人侧目。因此,不少教师深感当教师"心累",失去真我,陷入模范公民与自由个体相冲突的境地。

3. 社会对教师职业的理想化要求与教育现实的冲突

教师历来承载着多重角色期待。在我国目前的教育变革中,教育理论和教育政策提倡培养学生的个性与能力,要求实施素质教育,而教学实践中,社会对教师的评价又是考试分数与升学率,教师要应付各种考试、考查,给教师心理带来很大的压力。从教育内部来看,班级容量越来越大,每个家长都希望教师重视他们的"独生子女",教师要最大限度地满足学生、家长及学校的需要,又不能表现出烦躁、沮丧等情绪。在社会转型时期,教师的角色冲突更为激烈。

4. 社会变革对教师的角色挑战

社会变革对教师的知识和能力结构提出了巨大的挑战。在传统与现代的学习环境与学习方式的变革中,原有的确定性消失了,取而代之的是课堂中的种种不确定性。面对开放的课堂以及丰富的教学资源,一些很少接受课程理论学习与培训的教师,突然变得不会上课了;有些教师始终难以摆脱传统课堂教学的模式,采用老方法来教授新教材;甚至也有很多教师对于改革抱有抵制态度。

第三章　教师角色与心理适应研究

5.现实的角色行为水平与理想的角色要求之间的冲突

教师角色要求教师有较强的专业能力和多方面的才能。但是,每个教师个体总有力不从心的时候。如面对一个班风很差的集体,面对调皮捣蛋的学生,需要教师有较强的组织管理能力和较高的教育艺术,有足够的耐力。不少教师虽然主观上很努力,工作也积极热情,但常常带不好班,面对"后进生"往往束手无策。这种个人能力与角色需求之间的冲突致使教师内心冲突和不安。

(三)角色冲突的作用

教师的角色冲突作为一种客观存在,有破坏性的一面,也有相对积极的作用。

国内研究者认为,角色冲突对教师有两种不同的影响。角色冲突的正面积极作用:①适当的冲突有助于教师适应角色要求。②适当的角色冲突可以促进教师进修学习、提高从业能力。③冲突的积极解决能够使教师体验成功的乐趣。

角色冲突的负面消极作用:①冲突可能影响角色扮演者——教师的心理健康。②冲突可能影响教师工作的积极性。③冲突可能影响教师的职业稳定,诱发部分教师职业角色转变的行为。

(四)教师职业角色冲突对心理健康的影响

一方面,教师作为人类灵魂的工程师,职业的神圣感和实际社会地位间存在较大反差。这样的反差容易造成教师社会角色和自然角色之间的冲突。角色冲突实质是一种心理冲突,它会增加角色扮演者的心理压力,使其产生紧张的情绪。另一方面,为了做到"为人师表",常常无意识地压抑和否定自我的正常欲求以满足职业需要。如此一来,职业的无形心理压力相对增大。长期的心理负重和矛盾冲突,是教师群体出现心理问题的主要原因。许多研究者对角色冲突进行了研究。凯恩(R.L.Kahn)等人的研究发现,角色冲突与较高的个体紧张水平、低工作满意感、低信任感、低自信心密切相关。其他的实证研究发现,角色冲突与个体消极的状态有关。李冬梅(2005)在中小学教师群体中发现,教师的角色冲突是教师职业倦怠的重要预测源。教师角色冲突对教师心理健康的负面影响是许多学者都认同的结论。

二、教师职业角色冲突的管理

职业压力对人的身心健康、行为以及工作效率等都有重要的影响。国内外的相关研究都发现,在教师群体中的职业压力是普遍存在的。国内学者的研究也发现,社会、学校和教师本人对教师的过高角色期望,往往会带来角色冲突的问题,从而加大教师的职业压力,给教师职业心理健康带来种种不利的影响。对教师的职业角色冲突进行管理,能够有效地缓解教师的职业压力,因此具有重要的意义。

(一)社会的管理策略

对教师职业压力的管理,许多研究者曾提出宏观的策略,这对教师职业角色冲突进行管理具有借鉴意义:①通过培训提高应对压力的技能。对教师进行培训时,不仅应培训教师的教学技能,唤起他们对本职工作的责任感和热情,还应传授人际交往的技巧;特别是对教师培训时,应让教师对教师职业特征有充分的认识,使他们对未来可能面临的职业角色冲突有充分的心理准备。②提高教师的社会和经济地位。③降低社会对教师的期望值。社会赋予教师太多、太高的期望,要求教师要扮演的角色太多,致使教师的压力重重。因而,要让全社会了解教师的工作,减少对教师过多、过于理想化的期望。④帮助提高教师的形象。一是通过媒介对教师进行积极的正面报道来改变公众对教师的印象;二是通过职业素质的提高和团体有效性的发挥重塑教师职业形象。良好形象有助于取得社会的支持和理解。

（二）学校组织的管理策略

教师日常工作的场所是学校,学校的环境对教师有重要的影响。学校层面上的管理策略可以从以下三个方面进行：①改善教师的工作条件。具体表现在：优化学校的人员配置,减少教师在教学任务之外的事务性工作内容；通过管理机制（减少行政会议与事务）为教师提供更多的时间、增设必要的教学条件等。②为教师提供心理咨询和治疗的机会。在教师面对较大职业压力的时候,学校应该为教师提供校内外心理咨询服务,以减少教师的心理压力。③完善学校日常的管理工作,为教师提供良好的人际交往环境和社会支持系统。

（三）教师个人的管理策略

如何管理职业角色冲突带来的压力,是每个教师都必须面对的问题。职业角色的冲突可以通过科学的压力管理和自我提升得到有效的缓解。

1. 正视职业角色的特点,建立合理的职业期望

教师往往会对自己所从事的职业有理想化的认知,认为自己从事的是"太阳底下最光辉的职业"。殊不知,正是这样理想化的期望,往往带给自己过大的压力。一个目标达成,一个更高的目标又在向我们招手,直到有一天我们终于发现,那个目标可能永远无法达成。很多人就是在压力与成功架起的钢索上漫步而不自知。教师应了解自己事业发展的可能性与局限性,不能一味强调专业的自主性与为社会培养人才的重大责任；教师应将社会需求与自身的幸福与快乐结合起来,并在此基础上制定合理的发展目标。只有这样,教师才会最大限度地发挥自己的才能,获得心理上的满足感。

2. 承认自身优势,接受自身不足

当一个人能正确认识自己,自身的优势才能被很好地利用,

真实了解自身的优势,充分发挥自我潜能,有助于教师展示自我,形成特色教学风采。了解自己的教师比不了解自己的教师更具有解决压力的能力。当然,人无完人,无论是谁,都存在一些缺点和不足,教师不应过于苛求自己,要学会接纳自身的缺点和不足,允许存在失误。教师应该学会接受自己无法改变的事实,充分发挥自己的优势,接纳自己的不足。

3.学会时间管理,有序安排时间

教师平日的工作任务繁多,不同角色之间容易出现冲突。因此,合理地安排和高效地利用时间对教师来说非常重要。

(1)教师应注意安排工作的先后顺序,以保证"在正确的时间内做正确的事"。教师应该准备并制作工作备忘录,对自己每天需要做的事情进行分类和排序。教师可以把自己一天的工作分成几大类,如紧急而重要的工作、常规性的工作和无关紧要的工作。从工作备忘录中删去已经完成的工作,让工作越做越少,这样可以体验到充实感与满足感。

(2)尽量减少"疲劳战"。当教师为完成一项任务而长时间工作时,记忆能力和工作效率会随之下降。即使有一项工作必须要连续进行,也最好安排一系列小小的休息。注意将工作的尽责和对身心健康的重视这两种情况协调好。

4.协调教师工作与生活角色的关系

教职人员在学校是"教师",回到家中又要成为"妻子""丈夫"或者是"父母"。教师往往需要扮演许多不同的角色。然而教师的工作和生活不会有一个严格的时间界限将它们划分开来。因此,教师应努力保护自己的家庭生活,尽量使它免受工作的干扰。不仅要获得家人的理解和支持,还需要安排一些与家人一起参与的家庭娱乐活动,如每个周末同家人一起外出游玩、一起看电影等。

5. 和谐人际关系,积极寻求社会支持

从同事、领导、家人、朋友和其他人那里寻求支持是管理压力有效的方法之一。社会支持可以给教师提供宣泄消极情绪的机会;可以改善教师自我价值和自我概念的认识。自尊心的增强有助于提高应对压力的能力。社会支持通过提供信息来帮助教师重新解释和理解压力源,从而摆脱压力的困扰。当教师了解到面对压力的不只是自己,许多人与自己面对一样的压力。有助于教师缓解对压力的体验。

除此之外,充足的睡眠、休息,适量的体育锻炼,健康的娱乐放松和丰富的营养饮食对缓解教师职业角色冲突也是十分重要的。

(四)教师角色适应的内容

调整自己以适应变动的社会,就是角色适应。教师角色适应,是他们从事教育教学活动的心理前提。因此,教师要依据社会的期望与职业活动的要求以及特定的教育情境,随时调整自己的心理与行为,以适应教师这个角色。

近年来,家校合作受到国家的高度重视。教师本身在社会生活中拥有多种社会地位和社会身份,相应地也扮演着不同的角色,在家校合作视域下,教师被赋予了更多的角色。家校合作主要包括"以家为本"的家校合作和"以校为本"的家校合作两种形式。

"以家为本"的家校合作是指以家庭作为家校合作中心的家校合作模式,在这种模式下,对于学生的教育以家庭为中心向学校辐射,教师需要与家长进行深入的沟通交流,倾听家长关于家校合作的声音,帮助家长形成正确合理的教育方法,积极回答家长对于家校合作等方面的问题,促进家长和学校的良好合作,据此,教师在家校合作中要扮演倾听者、沟通者、家长教育者和被咨询者角色。

"以校为本"的家校合作是指以学校作为家校合作中心的家

校合作模式,在这种模式下,对于学生的教育、家校合作活动等应该是以学校为中心向家庭辐射的,教师需要支持家委会相关工作、与家长通力合作、周密详细地计划家校合作活动、接受家长群体对于自身的监督,据此,教师在家校合作中应该扮演支持者、合作者、组织计划者和被监督者,使学校教育辐射到家庭,家校融为一体,共同促进学生发展。

第四章 教师情绪与心理适应研究

情绪是个体行为的动力源泉。积极情绪能促进工作效率,提高身体免疫力和主观幸福感(Subject Well-Being, SWB)水平;消极情绪则瓦解个体的斗志,降低身体免疫力和主观幸福感水平。

情绪伴随人的生命活动的始终,参与人们的一切活动,影响人的活动效率和生活质量。同时,各种各样的情绪障碍,如焦虑、抑郁、易怒、嫉妒、冷漠、压抑等还会严重影响人们的身心健康。近年来,有关教师的研究发现,教师的情绪困扰越来越多,这严重影响着教师的生活和工作;在教育教学工作中,教师因情绪不良或情绪失控而造成的教育教学事件也时有发生。因此,关注教师的情绪健康和提高教师的情绪调控能力有极为重要的现实意义。

第一节 情绪的内涵

一、情绪的含义

情绪是人对客观现实是否符合自己的需要所产生的一种态度体验。它与认识活动不同,具有独特的主观体验形式、外部表现形式和独特的生理基础。认知过程是产生情绪的基础,同样的事物对不同的人或在不同的时间、情景等条件下出现,就可能被做出不同的评价,从而产生不同的情绪。例如,面对重病,有的人情绪平静,有的则激动不安、忧郁焦虑。情绪是人类自然属性和社会属性的综合反应。

人的情绪有积极情绪和消极情绪之分。积极情绪是指由于体内外刺激和事件满足了个体需要而产生的伴有愉悦感受的情绪,包括快乐、满意、兴趣、自豪、感激等。消极情绪是指由内外因影响而产生的不利于学习、工作和生活的情绪,包括焦虑、恐惧、愤怒、憎恨、紧张等。

情绪具有适应功能、动机功能、组织功能和信号功能,它不仅是人的主观体验,还伴随着相应的生理唤醒和外部表现。与其他的心理过程不同的是,在情绪活动中总伴随着一系列的生理变化,即某种情绪产生时,会引起自主神经系统的反应。同时,肾上腺素和去甲肾上腺素分泌会增多,从而导致心血管系统的一系列变化,如血压升高、血糖增加、心跳加速,呼吸系统为获得更多的氧气也会做出调整,呼吸加快;为了输送给大脑、骨骼和肌肉更多的血液,消化系统的供给减弱、唾液分泌受到抑制,还可能会有瞳孔放大、代谢异常、能量供给激增等异常状况。我们感觉欣喜若狂、悲痛欲绝、满腔怒火时,这些生理变化已经在发生了,而生理的唤醒又会强化我们的情绪体验和情绪的表达,为我们应对当前的状况调动了足够的能量。

不同的情绪,生理反应模式不同,满意、愉快时心跳正常;恐惧或暴怒时,心跳加快、血压升高、呼吸频率增加,严重时出现间歇或停顿;痛苦时血管容量缩小;焦虑、郁闷时可能出现内分泌及消化系统的功能紊乱等。

教师情绪既反映人的自然属性,又受教育教学要求的影响和制约,表现出教师的职业特点,教师情绪具有稳定性、激动性、感染性和暗示性等特点。

二、情绪的表达

情绪表达是个体将其情绪经验通过行为活动表露出来,从而显现其心理感受,借以达到与外界沟通的目的。情绪表达的方式很多,主要包括面部表情、身体姿态表情和语言表情等表达方式。

(一)面部表情

情绪表达以面部的肌肉活动为主。有关描写情绪的很多成语,如喜笑颜开、眉飞色舞、愁眉苦脸、大惊失色、怒目而视等,都是指面部的表情,表达了不同的情绪状态。这些成语一方面表示情绪表达者的心理状态,另一方面也表示别人据此可了解当事人的心理状态。因此,由面部表情所表达的情绪具有双向沟通的作用。

(二)身体姿态表情

身体姿态表情是除面部之外,身体其他部位表达情绪的方式。头、手和脚是表达情绪的主要身体部位。人们常用鼓掌表示鼓励和兴奋,捶胸顿足表示痛苦、悔恨,垂头丧气表示失望,坐立不安表示烦躁。小品和哑剧演员常常将身体姿态表情作为表现情绪的艺术表达方式。

(三)语言表情

语言表情主要是指言语的声调、音色、音量、节奏速度方面的变化。例如,喜悦时语调高昂,语速较快,语音高低差别大;哀怨时语调低沉,语速缓慢,断断续续。当前研究表明,言语表达所传达的情绪信息比言语本身含义更多、更复杂。

三、情绪的功用

作为知情意当中的情,情绪是人的心理活动的重要组成部分,对人的学习生活等各个方面都起着非常重要的作用。

（一）情绪有激发心理和行为的动机作用

情绪可以驱使人们从事活动,提高人的活动效率。研究发现,适度的情绪兴奋会使人的身心处于最佳活动状态,能促进主体积极地行动,从而增进行为的效率;情绪紧张度的维持有利于行为的进行,过于松弛或者过于紧张对行为的进程和问题的解决不利。

（二）情绪有促进个体生存发展、适应环境的作用

研究发现,每个人都能够通过情绪所引起的生理反应,发动其身体的能量,从而使自己处于适宜的活动状态,便于适应环境的变化。随着当前社会变化的速度加快,情绪调节也成了适应社会环境的重要手段。人们在处于不良情况下往往会产生挫折感,导致焦虑和紧张。通过适当的情绪调节,降低焦虑和紧张,就能让人更好地适应环境,克服困难。

（三）情绪对心理活动起着组织和协调的作用

情绪对其他心理过程而言是一种监测系统,是心理活动的组织者。已有研究表明,积极情绪对活动起着协调和促进的作用,不良情绪对活动起着瓦解和破坏的作用。如在行为方面,当人处于积极的情绪状态时,容易看到事物美好积极的一面,因而态度变得和善,也乐于助人,勇于承担责任;在消极情绪状态下,人看问题容易悲观,行为懈怠,也更容易产生攻击性的行为。

（四）情绪有着传递信息、沟通情感的作用

我国民间有句俗语叫"出门看天色,进门看脸色",说明情绪在信息交流中起着重要作用。虽然情绪和语言一样,具有服务于人际交流的功能,但是从发生学上来说,人类情绪的交流比言语的交流出现得要早;从效果上来说,情绪通过独特的无声的交流手段,即由面部肌肉、语音语调和身体姿态等多种形式,来表达和

第四章　教师情绪与心理适应研究

传递出由语言不能完全准确传达的信息。由此可见,情绪作为信息交流的手段,其作用非常重要。

情绪是情感的窗口,情感具有内隐性,要想了解和理解一个人的情感,可以通过外显的情绪状态感知到,情绪在很大程度上反映了人的内心情感。积极的情绪包括三个基本标准:

(1)情绪的目的性明确、表达方式恰当;
(2)情绪反应适时、适度;
(3)积极情绪多于消极情绪。

四、情绪对教师教学工作的影响

情绪对教师尤其重要,因为教师的情绪不但会影响自身,也会影响学生及周围的教师。教师将自己的情绪作为与学生深入交流的工具,也依赖于学生的情绪,掌握学生的学习状况以便获得反馈的信息。学生可以从教师的表情中体会教师对教学信息的反应以及教师对学生学习的认可程度。

鉴于情绪的强大功能,保证教师良好的情绪调节系统就成为达到全面发展教育目标的关键一步。教育要达到的最终目的是促进学生的全面发展,包括生理和心理发展,也就是集认知领域、情感领域和动作技能领域为一体的完整的体系,情感本身也是教育应达到的目标之一。

不管是积极情绪还是消极情绪,教师的情绪对学生造成的影响是很明显的。有关的教学实践和研究说明,如果教师在教学过程中情绪积极饱满,学生学习的积极性就可以更好地被调动起来,这是因为教师运用丰富而形象的语言和优美正确的示范,激起学生大量的联想、想象或记忆表象恢复。这些心理变化,对加快学习进程在一定程度上起着关键作用。所有的积极情绪表现能够让学生对学习乐此不疲,也可以让学生感受到教师的尊重、信任和重视,减少和消除学生心不在焉的状态,提高学习知识的信心。一般来说,如果教师的组织控制比较得当,就能够起到事半功倍的效果。相反,如果教师以消极情绪对待教学,就会给学生在心理上造成压抑和紧张感,容易使学生形成学习情绪障碍。学习情绪障碍是指在学习活动中,影响个体正常学习行为和活动功效的消极情绪状况。一旦学习情绪障碍形成,学生便会在课堂上表现得没有信心,缺乏热情,过分紧张,对学习的内容不屑一顾,甚至产生恐惧的心理,不愿意参与学习活动或者故意躲避学习。有学习情绪障碍的学生一开始可能是请病假、事假,最后可能发展成逃课甚至旷课或找借口休学。这种学习情绪障碍还会"感染"其他同学,使很多其他的孩子受到严重干扰。除此之外,教师的消极情绪还可能抑制学生大脑皮层的思维活动,使他们的想象力、思考能力降低,进而影响学生对所学知识的掌握。

情绪除了直接影响教学效果之外,还通过影响身体健康间接影响学习和工作的效率。

作为教师,要学会调控自己的情绪,这既是为了自身的健康,又是为了培养健康的社会所需人才。增强教师的情绪调控能力有利于转化和缓解不顺利的挫折、冲突与压力,也可以减缓个人的情绪化行为,促进教师掌控教育对象的情绪事件,也有利于增进察觉周围人情绪的能力,有效地进行学生家长和教师之间的沟通,满足彼此的需求,并保持心理平衡。

因此,在教师培训的过程中要注意以下三点。

第一,要注意培养教师应具备的情绪品质和情绪自我调节能力。一个忠诚于教育事业、热爱教育工作的教师,必然会对教书育人产生浓厚的兴趣,随时随地关心学生的身心发展,津津乐道地钻研所教的学科,精益求精地研究和改进教育教学方法。除此之外,教师还需要尽全力去认识和理解青少年,关心学生,要从细微的地方和生活的点滴看到他们身上的火光,用自己的满腔热情积极地、始终如一地去促进他们茁壮成长。

第二,学校的管理者要重视培养教师的积极情绪。学校管理的目标在于调动教师的积极性,最大限度地发挥教师的潜能。这就需要不断地对教师进行培训,让他们认识到教育工作的社会价值。

第三,教师应注意培养学生的积极情绪。学生的情绪和情感处在不断发展变化之中,对客观事物及其社会的认识比较肤浅,知识经验贫乏,所以容易造成他们的情绪具有冲动性、易变性、盲目性、自我调节差等特点。教师应根据学生的情绪特点,在长期的教学过程中与学生建立起一种平等、信任和相互理解的师生关系,因势利导,培养学生深刻、稳定、积极的学习情绪。

第二节 教师常见的情绪问题

情绪和情感发生时,总是伴随着某种外部的表现,包括面部、体态、语言和手势的变化,为人们提供非语言的信息和感觉的反馈。通过这种反馈信息,可以增强情绪和情感的体验。良好的情绪有利于促进身心健康,而不良情绪则会带来多方面的问题。

一、教师产生不良情绪的因素

概括来说,导致教师产生不良情绪的因素主要有以下三个方面。

1. 教师自身的原因

个人的身体状况会严重影响他的情绪状态。试想一个疲惫无力的教师,怎么能够激发学生学习的兴趣。女教师的生理周期,也会影响当时教师的情绪调节能力。

教师的人际交往能力会影响他们的情绪管理水平。如果教师缺乏和学生、同事进行沟通的技巧,就很难把情绪作为一种激励手段来提高自己的教学效果。

教师自身经验的局限会影响情绪调节的能力。很多教师是从学校毕业后直接走上教学岗位的,从一个校门直接走进另一个校门,使他们缺乏独立生活的社会经验,挫折耐受能力较低,所以走上讲台之后难免会遇到一些不尽如人意的地方,处于这个阶段的教师容易产生不良的情绪。

2. 社会大环境的因素

激烈的竞争和紧张的工作环境是社会上很多教师产生情绪或者心理问题的重要原因。随着岗位竞争机制的推行,广大的教师都已经认识到要想继续在这个行业生存和发展,必须不断地提高自己的教学水平,竞争意识已经成为教师工作的主要压力源。

3. 家庭和学校因素

教师除了要在学校指导学生学习之外,还需要在家庭中扮演丈夫、妻子、孩子、父母的角色。所以,一般家庭中的问题也会困扰教师。比如,赡养老人问题、家庭经济问题、子女培养和教育问题。教师若能够很好处理这些问题,会觉得很舒心;但是,如果没有处理好以上的问题,教师的情绪就会受到影响。

学校内部的人际互动也会影响教师的情绪,包括与主任、校长等行政人员的相处融洽与否,与同事相处的好坏,以及师生关系的质量,等等。

对教师而言,生活中的很多消极事件都会致使教师产生不良的情绪,下面将就教师常见的情绪问题进行简要的阐述。

二、教师不良情绪的类型

(一)焦虑

1. 焦虑的表现及产生原因

焦虑是一种类似担忧的反应,是个体主观上预料将会有某种不良后果产生的不安感,是紧张、害怕、担忧混合的情绪体验。焦虑的症状及表现:主观的焦虑体验,即焦虑者无缘无故地紧张、不安,总是担心什么事情要发生,心情沉重,似乎压着一块石头;外显行为,注意力不集中,无特定目标的不安和惶恐,反应迟钝。

由于教师工作和教师职业的特殊情况,焦虑是教师职业中常见的情绪困扰,常因工作任务繁重、社会期望值太高、自身条件受限所带来的精神压力而产生；也可能因工作压力大、领导及同事的错误评价而产生；或因自身身体健康状况欠佳、子女升学与就业不如意、自身婚恋状况不满意而产生；甚至同事关系紧张、业绩平平都会让教师体会到焦虑。焦虑虽然具有适应功能，它向个体发出危险信号，让人采取有效措施应对危险，但过度的焦虑会影响教师的正常工作和生活。遭受焦虑情绪困扰的教师，会表现出心理障碍的症状，具体有担心、不安、害怕、易激怒、注意力不集中、记忆力差等；有时还伴有躯体症状，如口干、恶心、胀气、腹泻、心悸、胸闷、尿频、失眠、胃部不适等。

比如有一位年轻教师本来平时上课都挺好，很受学生欢迎，可一到公开课的时候就会出问题：看到下面的领导或老师时，他就会感觉自己头皮发麻，大脑随即一片空白，说了上半句却忘了下半句该说什么了。最后糊里糊涂地把剩下的内容对付完了。领导提的意见是：课的设计还不错，就是有点紧张了。其实这种紧张就是一种过度焦虑。很多年轻老师更容易在这样的场合产生焦虑情绪。

但是更多的教师出现焦虑情绪都是因为工作压力大，不能应付自认为必须要完成的工作。还有的教师由于感觉工作难度大，不能胜任，不能取悦于学生，或不能令领导满意等原因而产生焦虑。

焦虑本身并不是一种病态的反应，适当的焦虑反而有利于发挥潜能、解决问题和有效学习。但若反应过于强烈或持续的时间过长，即过度焦虑，就会引发个体身心不良反应。

2. 调节焦虑情绪的方法

如果意识到自己的焦虑已经超出了正常的范围，就要想办法进行调整和控制。

（1）驳斥焦虑。经常焦虑的人有一些错误的观念，如："我的身心状况不应该有任何的不适和危险，如果有了，那就太糟糕了，我一定难以忍受。"情况往往是，人们所担心的大多数事儿根本就没发生。针对你的焦虑提些问题：它会发生吗？有很多情形都是空担忧一场。事实上，想象的远比实际情形糟。

（2）后果重估。后果重估是一种常用的用来调节焦虑的策略。焦虑情绪往往伴随着个体产生一种把事物的可能后果想象、推论到非常可怕、非常糟糕，甚至是灾难性结果的非理性信念。因此，可以通过后果重估，让教师认识到后果并没有想象中那样严重，从而没必要那么紧张。

（3）学会放松。放松训练的技术非常多，包括肌肉放松、呼吸放松、想象放松等。下面主要介绍想象放松，开始训练前，要让对象明确自己在什么情景中最感到舒适、轻松，如常见的情景是在一望无际的大海边、果实累累的田野旁或视野开阔的绿草地。放松训练开始时首先请对象坐好，闭上双眼，然后教师用轻柔舒缓的语气叙述，"我仰卧在水清沙白的海滩上，沙子细而柔软。我躺在温暖的沙滩上，感到舒服，能感受阳光的温暖，耳边听到海浪的拍击声，我静静地、静静地聆听着这永恒的波涛声，微风吹来，使我有说不出的舒畅感觉。微风带走我的思想，只剩下一片金黄阳光。海浪不停地拍打海岸，思绪随着节奏荡"，同时要求对象配合深呼吸，展开想象，达到放松的效果。

（4）积极心理暗示。心理暗示具备不可思议的巨大能量，而积极的心理暗示可以给学生带来缓解焦虑的良好效果，具体包括积极的言语暗示和积极的意象暗示。积极的言语暗示可以是每天早上默念十遍"我可以很好地完成这件事情，我一定能做到"，积极的意象暗示可以是想象"自己顺利地完成了某项学习任务，同学和老师对我投来赞许的眼光"。

（5）系统脱敏。系统脱敏疗法，主要是诱导来访者缓慢地暴露于导致神经症焦虑的情境，并通过心理放松的状态来对抗这种焦虑情绪，从而达到消除神经症焦虑或恐惧状态的目的。具体可以包括三个步骤：建立焦虑事件层级、放松训练、实施脱敏。在进行系统脱敏的时候，应该先从最轻的交流事件开始，然后由弱到强逐级脱敏，直至最严重一级的焦虑事件脱敏成功。

除了上述方法，还可以采取其他措施帮助来访者缓解焦虑，比如音乐调节法、认知重组法等,也能起到减轻焦虑的作用。

(二)抑郁

1. 抑郁的表现及产生原因

抑郁是精神受到压抑而产生的较持久、消极的情绪状态。一般而言,性格内向孤僻,多疑多虑,不爱交际,生活遭遇挫折,长期努力得不到报偿的人易陷入此状态。具体表现为:情绪低落、思维迟钝、郁郁寡欢、兴趣丧失、食欲减退、失眠等。现在的教师由于工作任务繁重,没有多余的时间和精力,所以除了工作以外,很少有业余的娱乐活动,忙的时候,亲朋好友都没时间在一起聚一聚,同事之间也无外乎谈谈学生,谈谈教育上的问题,因此教师的人际圈相对来说较小。这样就很少能和更多的人进行心灵的沟通和交流,加之社会的期望与自我的现实之间存在的差距所产生的无力感,使得教师更容易产生压抑的状态,产生抑郁倾向。

抑郁产生的原因是多方面的,从主观方面来看,主要来自自我。生活就是一面镜子,你笑,它也笑;你哭,它也哭。有些人对社会、对他人的期望值过高,对实现美好愿望的艰巨性、复杂性估计不足,当愿望与现实之间出现巨大落差时,失落感剧增,失望、失意或忧虑的情绪也更甚。抑郁还与个人的调适能力有关,也与个人的消极个性特点有关。个性消极的人性格不开朗、拘谨、封闭自己,有时过分认真,经常是沮丧的、灰心的。

如有的人总觉得"生不逢时",有一种"怀才不遇"的感觉,于是抱怨生活对自己不公平,将个人的利害关系、荣辱得失看得太重,为了一些微不足道的小事忧心忡忡;有的人甚至"庸人自扰",整日担心这个、害怕那个,自寻烦恼。从客观方面来看,季节交替、人际关系不佳、工作处于低潮、身体健康状况不良等也容易使人陷入抑郁状态。

教师由于每天要面对繁重的工作、复杂的学生群体以及家庭生活等,不可避免地会产生一些不良情绪,如失落、无精打采。但是如果教师在教育教学和生活中常出现以下9项中的4项,并持续两周以上,那么应该关注一下自己的抑郁情绪,主动进行调整,或寻求帮助。

· 对日常生活丧失兴趣,没有愉快感;
· 精力明显减退,无原因地持续疲乏;
· 精神运动的迟滞或激越;
· 自我评价过低,自责或有内疚感;
· 思维、联想困难,自觉思考能力明显减退;
· 反复出现想死或自杀的念头;
· 失眠、早醒或睡眠过多;
· 食欲不振,体重明显减轻;
· 性欲明显减退。

2. 调节抑郁情绪的方法

作为教师,一旦染上抑郁情绪,则会对教师整体生活产生很大的影响。调节抑郁情绪主要有以下几种方法:

(1)学会倾诉。如果你已经陷入了抑郁的情绪中,不要一直憋在自己的心里,找一位你最信得过的人,把你的烦恼、你的彷徨、你的痛苦痛痛快快地倾诉一场。

(2)转移注意。很多烦恼是来源于"触景生情",如果想办法及时变换一下自身的处境,主动避开令你烦恼不已的场景或事物,转移一下自己的注意力,会使烦恼远离你。所以,如果发现自己正为某个情境所困,别再继续待在那个情境中;如果在单位待得实在太烦,就找个时间出去转一转。

(3)运动宣泄。人们在生理上极度劳累疲乏的时候,就不会再去胡思乱想了,这时候需要的是睡眠。

(4)降低期待。也许你眼前的处境真的不太乐观,但也不要逃避,试想一下最糟糕的结局可能是什么,做好最坏的打算。这时你就会发觉,其实眼前的这些不如意没什么大不了的,很多担忧也是没有必要的。这样心情也就自然而然地舒畅起来了。

（5）换个角度看问题。如果陷入抑郁，不妨转过身，换个角度看一看，有没有令自己感到高兴的一面。

（6）合理应对。很多情况下，抑郁情绪的产生是因为对外界任务难以应付，这样就需要自己根据现实情况，找出适合解决问题的方法，不过于为难自己，适当放宽对自己的要求，减轻自己的工作压力。

（三）愤怒

1. 愤怒的表现

愤怒是喜、怒、悲、恐四大基本情绪之一，是对不愉快刺激的自然反应，是一种反抗准备。一件不愉快的事、一句不中听的话、一场输掉的比赛，都可以引发愤怒，甚至强烈的攻击行为。常言说："愤怒是以愚蠢开始，以后悔结束。"教师在课堂上遇到学生不服从管理，或与教师争辩，往往会自然产生愤怒的情绪，有时这种愤怒不但不能起到作用，反而会使教师在学生面前丧失地位。

愤怒是一种常见的负性情绪，是人类演化的产物。愤怒是个体在遭遇攻击、羞辱的刺激下，感受到愿望受压抑、行动受挫折、尊严受伤害时所表现出的一种情绪体验。在体验到这种情绪时往往伴随着攻击、冲动等不可控制的行为反应。一般愤怒有三种类型：主观愤怒、客观愤怒和人际愤怒。主观愤怒是指对自己生气；客观愤怒是指对某一情境或对一群与自己没有直接关系的人生气；人际愤怒是指对某一特定的人生气并存在直接冲突的可能性。

教师在工作中感觉到自身的权威和自尊被冒犯时会发怒，如当你准备上课时，有个学生竟然大摇大摆地走出教室，你的第一感觉是"火！如此无视教师的存在！"显然该同学"连个招呼都不打"的表现冲犯了你的权威与自尊。教师在工作中遭遇挫折，如遇到难以教育的学生、同事关系不融洽等也会引发愤怒；教师在被伤害、被利用时同样会发怒；全心地付出没有回报，每日辛苦地工作，却得不到领导的赏识与学生的认可，学生不听老师的话依然我行我素，都令教师火冒三丈，这是由于缺乏关注与社会认同感引发的愤怒。有时教师的愤怒可以起到管理和控制学生的作用，教师借生气来让学生知道某些行为是被禁止的，往往非常有效。凡教师大发雷霆之后，学生无论哪方面的表现都会好几天，这样一来有些教师便学会了用生气或者发怒的方式来控制和管理学生。然而，愤怒也会带来伤害，甚至在愤怒情绪之下会采取过激行为，造成灾难性后果。

2. 调节愤怒情绪的方法

（1）注意力转移法。当愤怒发生时，注意力转移是比较有效的处理方法。因为愤怒的情绪与某些特定刺激情境有关，当愤怒情境或刺激出现时，可让其转移注意力，脱离这种情境或刺激，可以避免愤怒情绪的爆发。按照条件反射学说的理论，在发生情绪反应时，会在大脑皮层上出现一个强烈的兴奋灶，此时如果另外建立一个或几个新的兴奋中心，便可以抵消或冲淡原有的兴奋中心。也就是说，只有当我们注意某一事件时，这一事件对我们才会产生影响。当我们把注意力放在其他事情上时，原来的事件对我们的影响就会降低或消失。旅游观光和欣赏艺术作品便是使注意力转移的有效方式。游历风景名胜，登高远望，可以使人心胸豁达，忘却个人得失。听歌、看小说等，可以使人舒缓情绪，减轻愤怒对人的副作用。

（2）言语暗示法。当一个人被愤怒情绪控制的时候，可以通过言语的暗示作用来调节和放松情绪。只要是在松弛平静、排除杂念、专心致志的情况下进行言语自我暗示，往往对情绪的好转有明显的促进作用。

（3）合理宣泄法。愤怒情绪是身心能量的聚集，这种能量如果不发泄出去，会造成个体身心系统暂时混乱。因此，当愤怒情绪出现时，可参加一些感兴趣的体育活动或参加一些劳动，这有利于生理能量的发泄，使其较顺利地度过由于愤怒而出现的危机。另外,当预感到即将爆发愤怒时,也可通过痛哭、倾诉、书面表达等方式,将聚在心中的痛、忧愁、委屈等发泄出来,以控制爆发愤怒情绪。当然,宣泄要合理且适度,要避免毫无控制的破坏性宣泄的出现。

（4）运用升华法。愤怒有着强大的破坏力,但我们也可以利用愤怒作为一种行为的内部动力,来帮助和促进个体的发展。运用升华法就是指当个人出现愤怒情绪时,将其原有的动力以社会可以承认、接受、允许的方式,转变为追求有利于社会和个人成长的活动的力量,使其具有建设性和创造性,减少愤怒带来的不良后果。这是一种最为积极的情绪自我调节控制方法。

（四）自卑

1. 自卑的表现

自卑是因对自己过低的认识和评估而产生的自惭形秽之感。自卑者以消极的眼光看待自己,轻视自己或看不起自己,对自己的能力或品质评价过低,担心失去他人的尊重。教师如果长久地陷于自卑不能自拔,必将导致性格和教育行为的异常,如教学畏首畏尾,唯命是从,缺乏创新和活力。自卑的教师可能会觉得自己被人小瞧而对学生滥施淫威,不愿让学生发现自己的弱点而表现出傲慢,一旦学生触及其弱点,就会暴跳如雷,加倍惩罚学生。自卑的教师性格难以开朗,缺乏朝气;逃避现实,对自己不擅长的学科采取逃避态度。

自卑心理的形成,源于不良的家庭环境和不当的家庭教养方式。如从小生活在破裂家庭或不完整家庭,父母对子女要求苛刻等,这是导致自卑心理的直接原因;挫折的经历也会导致自卑心理的形成,一个人屡遭挫折,就可能会怀疑自己的能力,过多地否定自己,心存自卑;性格内向的人多愁善感,习惯于拿自己的短处与他人的长处比较,越比越觉得不如人从而产生自卑;自卑还与当事人的身体缺陷有关。

当今我国中小学教师,普遍存在着与其职业相联系的自卑感。这种自卑感,不仅有损于人民教师的崇高形象,降低教师人格对学生的感召力,而且有损于教师的心理健康,异化其教育行为,进而损害学生的心理健康。

2.调节自卑情绪的方法

(1)重新认识自我,悦纳自我。认识自我就是对自己的长处和短处有清晰的认识,能正确地自我评价。有自知之明,才能避免因自高自大而盲目行事,或因自卑自怜而压抑自己。在新课程改革中,教师只有重新认识自我,清楚地了解自己,才能正确地评价自己,才能为自己确立适当的奋斗目标,提高成功的可能性,从而达到自我价值的实现,而不至于目标脱离实际,以致因为无法实现预期目标而产生无谓的紧张、焦虑、失望,更加自卑。同时也形成合理的自我评价,能够使自己正视自己的弱点,对真实的自己持一种悦纳的态度。这样,面对人才辈出的教师集体,教师就能坦然接受别人的优点,虚心向别人学习,在承认与别人差距的情况下,依然保持自信心。

(2)积极认知,增强自我效能感。积极认知就是在看到事物不利的同时,更看到事物有利的方面。这种看待问题的方式,容易使人看到希望,增强信心,始终保持愉快乐观的情绪。增强自我效能感的途径主要有以下几点。

第一,要学会称赞自己、奖励自己,要多关注自己成功的点点滴滴,哪怕是一丁点的成绩,也要积极地进行自我肯定。肯定有外在的肯定:来自同事、朋友、领导、社会等,这种肯定是有限而短暂的,因而是浅层的。有内在的肯定:自我肯定,这是一种持久而强劲的肯定,是使人的生命永不枯竭的动力,因此它是一种根本的生命元素。

第二,重新调整期望值,也就是给自己确定一个适合实际情况的工作目标,避免因目标不切合实际而导致无谓的挫败感。

第三,注意从积极的体验中积累和增强自我效能感。新课程的改革要求我们既要重视结果,更要重视过程;既要重视知识技能的学习,更要重视情感、态度和价值观的培养,对于学生如此,对于教师个人来说更应如此。

(五)嫉妒

1. 嫉妒的表现

嫉妒心理是指自己以外的人获得了比自己更为优越的地位、荣誉,或是自己认为宝贵的物品、钟情的人被别人掠取,或将被掠取时产生的生气、难过、别扭甚至藐视、自怨等情感,是主体感到不如别人而产生的一种痛苦或不满自责的情绪体验。嫉妒总是在一定的条件下产生的,对于教师而言,由于工作特点导致教师耻居人下,把别人获得的成绩看成是对自己的威胁。教师嫉妒的对象多为与自己的身份、地位、年龄、能力相近的同事。嫉妒的事物种类很多,如学生成绩、职务、职称、外表服饰、物质条件、家庭等。不可否认,嫉妒是竞争、进步、向上的动机之一。但过分的嫉妒心理会影响教师的人际关系,造成同事之间的疏离甚至敌对,同时使自己处于羞愧、怨恨、愤怒的情绪中,因而需要及时调节。

教师一旦产生嫉妒之心,就可能在言语上对被嫉妒者冷嘲热讽,在行为上疏远被嫉妒者,甚至采取极端的贬低、报复的做法。嫉妒心理强的教师一般有强烈的占有欲,以自我为中心,他们觉得自己的朋友、自己的荣誉与物品只能属于自己,如果别人得到就嫉妒;过分自我感觉良好的人,觉得天下的优势只能由他一人占有,别人占有了,就会产生嫉妒心理;具有自私、虚荣、爱面子、自卑性格特征的人,对别人的优势特别敏感,易产生嫉妒。一般来看,嫉妒心强者心胸都比较狭隘,缺乏修养,"我不行,你也别想行"是他们心理的最好写照。反映到现实中,就是自己无所作为也不让别人有所作为,一旦发现别人在某些方面超过自己,就产生羡慕而又不甘心,恼怒、憎恨别人的嫉妒心态。

2. 调节嫉妒情绪的方法

(1)提高道德修养。封闭、狭隘的意识使人鼠目寸光,因此,教师要不断地提高自己的道德修养,不断地开阔自己的视野,胸怀大志,与人为善。

(2)正确认识嫉妒。嫉妒心的产生往往是由于误解所引起的,嫉妒其实并不会使自己比别人好,而只会损害别人的利益,又损坏自己的形象,同时还侵蚀自己的心灵,于人于己都没有好处。

(3)客观评价自己。当嫉妒心理萌发时,能够积极主动地调整自己的意识和行动,从而控制自己的动机。这就需要冷静地分析自己的想法和行为,从而找出自己的差距和问题。

(4)向优秀的同事学习。一个人不可能在任何时候都比别人强,人有所长也有所短。应该见贤思齐,向对方学习,化嫉妒为竞争,提高自己。

(5)看到自己的长处。聪明者应当扬长避短,寻找和开拓有利于充分发挥自身潜能的新领域,这也会在一定程度上补偿先前没能满足的欲望,达到减弱乃至消除嫉妒心理的目的。

(六)其他常见的情绪问题

1. 压抑

压抑是由于个体心理需求得不到满足或不完全满足时而产生的情绪状态,其特点是目标难以实现而带来的心理重负伴随着忧郁而深沉的情感体验。这种感觉有些是由自己意识到的原因引起的,而有些则是自己也不知道压抑究竟来自何方,只觉得自己有一种不满、烦恼、空虚、寂寞、孤独、苦闷、疑惑的感觉。这种困扰无法宣泄时,就会日积月累积淀下来形成压抑。

一个时时感到压抑的教师常会表现出精神萎靡不振,缺乏朝气,缺少活力,成天唉声叹气,感觉活得太累,丧失广泛的兴趣,失去敏感的知觉,失去灵活的思维,与人交往总是缺少热情,逢人好发牢骚,对他人的喜怒哀乐缺少共鸣;长期的严重压抑会诱发胃溃疡、高血压等疾病,往往还会导致心理异常,甚至厌恶人生而自杀。

以上仅仅列出了教师几种较为常见的不良情绪,现实生活中,教师还可能遇到更多的不良情绪体验。各种不良的情绪体验在教师的人际交往中,尤其是师生交往中会成为可怕的危机源,给交往双方造成严重的危害,因此必须学会积极面对,努力加以调控。

2. 过度紧张

紧张是由特定环境中一些威胁性的或者不愉快的因素对个体产生的压力而引发的情绪反应。过度紧张的情绪经常发生在年轻的新教师身上。当教师遇到凭借自己的能力难以应付环境中的各种要求,解决不了需要解决的问题或任务时,这种矛盾就会导致生理和心理上的不适症状。适度的紧张可以帮助教师更好地完成教育工作,但是过度的紧张或者持续的紧张会损害教师的健康,影响教育工作的效率。

3. 冷漠

冷漠是一种对人对事冷淡、漠不关心的消极情绪体验。教师情绪、情感丰富,富有热情是其基本心理特征之一。但有的教师却表现出对一切漠不关心,上课情绪低迷,对学生成绩好坏满不在乎,对集体漠不关心,对学生冷漠无情,对环境无动于衷,日本心理学家把这种冷漠状态称为"三无",即无情感、无关心、无气力。

冷漠情绪既不利于身心健康,也不利于教师工作的开展,更不利于学生的全面发展。因此,作为教育工作者要努力探讨克服冷漠情绪的方法,改变冷漠情绪状态。

尽管情绪的产生有时候可以看成是个体的心理或生理功能的一种自我防御和保护,但是如果消极情绪的持续时间过长或者强度过大,会对个体的神经系统功能造成影响。过度的情绪困扰会导致大脑皮层神经中枢的控制失去平衡,这是一个危险的信号,所以,教师掌握一些基本的情绪调节和管理技能十分必要。

教师的任何不良情绪,都会影响自己对知识的讲解和学生对知识的领悟,影响教师教学效能、人际互动与行政运作效率。所以,有必要了解影响教师情绪的因素,为培养教师情绪管理技能提供科学的依据。

第三节　教师积极情绪的培养

良好的、愉快的情绪有利于人的身心健康。学会保持愉快的情绪是教师情绪自我调适的首要问题。法国作家乔治·桑认为,心情愉快是肉体和精神的最佳卫生法。

在教书育人的过程中,教师的态度情绪、言行举止都会对学生产生潜移默化的影响,让每一位教师都以积极的心态、阳光般的面容对待工作、对待课堂、对待学生,让掌声在课堂上响起来,让快乐拥抱每一位教师和学生。

一、教师应具备的情绪素养

教育工作是一项富有创造性的工作,教师没有乐观向上的高昂情绪,教育智慧就无法发挥。同时,教师没有一定的情绪调控能力,就难以得心应手地组织教学活动。那么,教师应该具备哪些情绪素养呢?

(一)情绪认知力

情绪认知力是指一个人对自己和他人情绪状况的觉察,以及在觉察基础上形成评价的能力。即一个人通过一定的情绪线索,准确地觉察自己和他人情绪的性质、强度,并预测发展趋势的能力。

一个情绪认知能力强的人能清醒地意识到自己当前的情绪状况及其性质,同时能比较恰当地预测这将给自己造成的影响。而一个情绪认知能力差的人往往跟着感觉走,无法准确判定自己的情绪状况,对不良情绪缺乏必要的防范,对较好的情绪也不能充分利用,到出现不良后果时才反思自己的情绪表现。

第四章 教师情绪与心理适应研究

良好的情绪认知力是良好情绪素养的基础。有了情绪认知能力,个人才会自我完善,才会帮他人完善,有了正确的情绪认知能力,才会对自己进行合理调控,对他人有合理的回应。

(二)情绪调控力

情绪调控力是指有效地调节和控制自己情绪的能力。情绪调控包括对不良情绪的控制与改善和对良好情绪的激发与保持能力。良好的情绪调控能力是教师取得教育教学成功的关键素质之一。

一个人对自身情绪的自我管理能力愈高,低落的情绪就愈少,生命的活力就愈强烈。

教师的情绪调控不当主要存在以下几种情况:

一是情绪失控。面对所谓的"屡教不改"的学生,面对与自己针锋相对的学生,教师容易情绪失控,造成对学生和自己的伤害。情绪失控或许会吓住学生一时,但对于学生的长期发展和今后的教育工作而言,有百害而无一利。

二是情绪调控过度。有的教师在与学生交往过程中,对自己的情绪表现控制过多,过于严肃造成师生交流中的鸿沟是缺乏激情。有的教师对工作缺乏应有的激情,对教育工作更是非常厌倦,声称一看到学生就烦。教师的情绪对学生有潜移默化的影响,对教育工作的激情和对学生的热情是相辅相成的,教师只有对教育工作有了足够的激情,对学生有了满腔热情,才会少一些围追堵截,多一些对话疏导,才能真正把工作做好。

三是虚情假意。有的教师过于控制自己的真正感情,只表现出自己认为正确的情绪。学生的眼睛是雪亮的,他们可以识别教师的真正情感,如果他们一旦意识到教师不真诚,师生的真正交流会马上终止。

(三)情绪沟通能力

情绪沟通能力是指能与他人进行有效的情绪交流,主要包括对对方情绪的理解和正确有效地表达自己的情绪让对方理解的能力。

只"捧着一颗心来"不行,要让学生理解和接受这颗心,还要"换得一颗心回"才行。"真正的教师是一种情感丰富的人,他对欢乐、忧愁、激动和愤怒都有同样强烈的感受。问题在于,要让儿童感到在教师的这些人之常情之中,包含着正直和善良"。如果教师的情绪表达不准确,就会直接导致学生对教师情绪的不解、误解和曲解,这会直接影响他们正确理解教师的意图。

情绪沟通是双向的,要准确表达情绪,也要及时有效地接收来自对方的情绪信息,这要求教师应有一定的情绪理解能力。所谓情绪理解是指能及时注意到学生的情绪变化,并能理解学生的情绪表现以及他们的内心感受。情绪理解是做好教育工作的重要前提,情绪是一个人展现内心世界的重要方式,只有理解了学生的情绪才有可能真正理解学生的全部。有很多教师为了了解学生情况或教育的需要,要求学生反映其他同学的情况,往往遭到学生的抵制,教师此时往往觉得学生没有正义感。

(四)情绪影响力

情绪影响力是指有效地影响或改变对方情绪状态或体验的能力。情绪是可以相互影响的,学生年龄越小,受到情绪影响的可能性越大。教育过程中,教师仅有良好的情绪表现是不够的,还要能向学生传递自己的某种愿望、观点和思想。

(五)情绪教育能力

情绪教育能力指的是把情感素养作为人的发展的重要领域之一,对其施以教育的力量,使人的情感层面不断走向新的高度的能力。在学校教育中,蕴含着丰富的情绪教育资源,教师应该有能力识别出这些情绪教育资源,并且能有效地利用这些资源来对学生进行情绪教育。

二、教师如何拥有阳光心态

作为一名快乐的、自信的、健康的、有追求的"阳光教师",应如何去拥有阳光心态,成就幸福人生呢?

(一)要树立正确的职业观

把教书育人这份职业当作自己一生的事业去做,满怀理想与憧憬,带着对生活的热爱与柔情,以心换心,以爱博爱。教师只有把教书育人当作事业去做,才会有职业的幸福感,才会不断强化自己的教师专业意识,不断提升自己的教师专业素养,才会更加关注教师服务的对象,关注学生身心健康的发展。在我们身边有许多这样的教师:正因为他们热爱自己的这份教育事业,才能和自己的学生同在一片蓝天下共同学习、进步;才能潜心钻研自己的课堂教学;才能将教材用心地进行二度开发;才能坚持不懈,勤勉努力,成为教育教学的佼佼者。三尺讲台上,他们和学生们共同演绎着精彩,收获着快乐与成功。

生命是一种选择,选择别样的人生,活出幸福的分量。给别人带来幸福的人,更能体会幸福的滋味。起始于辛劳,收结于平淡。这是教育工作者的人生写照。幸福与否,全在于心。只有当一个教师能够由衷地感受到生活的美好,心中充满对生活的热爱与柔情,才能自然、真诚地带给学生细腻的关怀和光明的未来。"人生是一项自己做的工程",坚持自己的信念,竭尽全力去做好它,不彷徨犹豫,积极乐观地面对,幸福的人生就在我们手中!

(二)要培养乐观的态度

教师要有良好的心态,这是谁都知道的事情,但怎么拥有良好的心态呢?教师应用积极的心态去对待那些看似"困难"的事物,能从劣势条件中找到优势因素,往往可以获得好的成效。积极的心态包括诚恳、忠诚、正直、乐观、勇敢、奋发、创造、机智、亲切、友善、积极、向善、向上、进取、努力、愉快、自信、自勉和有安全感等。

（三）养成积极学习的意识

要懂得读书学习是给自己补充能量，先有输入，才有输出。成功是不断学习积累的过程。尤其在经济知识时代，知识更新的周期越来越短，只有不断地读书学习，才能不断地摄取能量，才能适应社会的发展，才能生存下来。要善于思考，善于分析，善于整合，只有这样才能创新。学习是积累财富的过程，是创造财富的过程。当今学习就是创收，学习就是创业。读书重在积累，有言道："读书不注意积累，犹如身入宝山空手归。"读书重运用，读了运用才会显示读书的价值。

优秀教师能每天在一点一滴的努力中去实现自己的目标，就可以帮助和影响他人。

（四）做一个快乐的教师

人生其实很简单，就是要学会爱。你对亲人有多爱，就决定你的家庭有多幸福；你对社会有多爱，就决定你的人生成就有多大；你对工作有多爱，就决定你的收获有多少。作为一名教师，当遇到烦恼和压力时，需要一颗宽容的爱心，这是教师保持心理快乐的一项基本功。教师可以多参加集体活动，和同事或朋友一起去唱歌、运动或者旅游。这些活动，一方面可以发泄情绪，减轻压力；另一方面，这种与人互动的活动，可以使人产生一种归属感，对自己的社交技巧也会产生自信。教师还要学会协调人际关系，以达到沟通思想、交流情感、疏导情绪的目的；要扩大人际交往的范围，以求得更多的社会支持，获得更加充足的社会安全感、信任感，减少心理危机。

三、教师不良情绪的自我控制

（一）学会有效表达情绪

每个人都有喜怒哀乐，关键是要学会在不同的情境表达适当的情绪。在发泄消极情绪时，要注意不要将适度的发泄变成抱怨，甚至变成没完没了的唠叨。就像鲁迅笔下的祥林嫂一样，她的唠叨让别人对她的同情消失得无影无踪。但是，抱怨只能暂时缓解消极情绪，而对于问题解决没有价值。如果你对有同情心的人倾诉委屈，而他会跟着一起难过的话，我们的感觉会好一些，压力会减轻。但你可能满足于此，而不去思考如何解决问题。所以，人们应该适度向他人诉说消极情绪，而不要见到任何人都抱怨，试图从每个人身上得到安慰，这会妨碍人们解决问题。

1. 慎选最适当的时机与场合表达情绪

在人际交往中，个体需要表现出符合社会规范和情境的情绪行为。有时我们要真实地表达情绪，有时却需要伪装情绪。选择适当的情境表达情绪，彼此应在比较理性的状态下处理情绪。切勿在极端情绪状态下表达情绪。

2. 清晰地分享情绪，善用"我"进行信息表达

在表达情绪时，一方面应清楚表达出情绪的"程度"或"类型"；另一方面在表达情绪后，加上简单的理由加以说明，即为什么产生了这样的情绪，以帮助双方更好地沟通和相互理解。在表达理由时，要具体、明确、清晰，善用"我"的信息，直接向对方表达情绪，冷静地将情绪说出来，告诉对方你的感受。

3. 善用情绪处理方法

对于有些不适合表达的情绪，可以采用一些间接、正向的方法，来暂时舒缓情绪。例如，找朋友或亲人倾诉减轻压力；从事体力活动也有利于宣泄情绪，如适当的体育活动、游泳、骑车、打

球等。运动可以使你离开或暂时忘记情绪,同时有助于身体健康。通过创造性的活动来消化情绪,如绘画、做手工等。这种活动可以使情绪稳定下来,又可以收获具体成果。当然,也可以通过听音乐、读书等方式舒缓情绪,但切忌采取消极的处理方式,如疯狂购物、暴饮暴食等。

(二)及时调整情绪状态

情绪状态的调适不是强行抑制情绪表现,而是在某些情境下使自己的情绪尽可能适时、适度地表现出来,减少消极情绪对自己和他人的不良影响。尽管情绪这种复杂的身心反应是很难控制的,但是可以通过学习一些有效的方法,使自己能够在情绪来临的时候主动觉察它并调节它,以免被情绪所控制。情绪状态的调适就是要达到情绪健康。心理学家认为,情绪健康是人格健全的必要条件之一。情绪健康应包括:情绪的目的性恰当、反应适度,不带有幼稚的、冲动的特征,符合社会规范的要求。

调控情绪的方法很多,但从根本上说,情绪的调控是依赖于需要的调节和认知评定的改变。人在遇到挫折时,有时候难免会心情不好,有各种不良情绪反应,如忧郁、焦虑、愤怒等。如果运用适当的方法,将能有效地改善不良情绪。下面介绍几种常用的调控情绪的方法。

1. 理性情绪疗法

理性情绪疗法又称为情绪的 ABC 理论,是由美国临床心理学家艾里斯(A. Ellis)提出的。

理性情绪疗法认为,对事件正确的认识一般会导致适当的行为和情绪反应,而错误的认知往往是导致不良情绪产生的直接原因,导致人们对事件发生错误的认识的背后,往往是某些不合理的信念所致,艾里斯称其为非理性观念。非理性观念会使人陷入情绪的逆境中不能自拔。理性情绪疗法的核心是去掉非理性的、不合理的信念,建立正确的信念。

第四章 教师情绪与心理适应研究

非理性信念的特点是绝对化、过分概括化、感觉糟糕透顶。

(1)绝对化,即对什么事物都怀有认为必须或不会发生的信念。这种特征常常表现为日常生活中"应该""必须""一定""绝对"等用语的使用上。具有绝对化非理性观念者,在生活和人际交往中,刻板僵化,总是在苛求完美,很容易陷入不良情绪的困扰。

(2)过分概括化,即以偏概全的思维方式。在这种非理性特征中,世界上的事物只有两类,要么正确,要么错误。一次工作失误,就被认为是不可救药了;朋友的一次失约,就被认为是从来就不可信。

(3)灾难化,常会表现为"一旦出现了……天就要塌了","再没有比这更可怕的了",等等。例如,有的教师因为一次上课不成功,就认为自己已经彻底失败了。

掌握合理情绪的理论和方法,可以帮助我们认识和摆脱不良情绪的困扰,更重要的是,使我们保持一种客观正确的认知心态,尽量减少不良情绪的产生。

2. 合理宣泄

从心理卫生的角度讲,过分压抑自己的情绪,只会使情绪困扰加重,甚至由于情绪淤塞而使自己的心理崩溃,不利于身心健康。而适度的疏泄可以把不快情绪释放出来,从而使紧张情绪得以放松、缓和。所谓合理宣泄,是在不妨碍或伤害他人的前提下,以自己和他人能接受的方式达到发泄的目的。

有很多合适的宣泄方法可以选择,比如:

(1)找人倾诉。心理困扰时,找一个可以信任又能理解你、有耐心倾听的人倾诉,可以减轻心理的压力。

(2)写日记。教师可以养成自己写日记的习惯,在日记里表达自己的情绪困扰。这些行为的主要目的就是不能让不良的情绪一直闷在心里,损害自己的身心健康。

(3)大声呼喊或唱歌,是排遣心中久积的烦闷、懈怠的不良体验的方法。

（4）放声痛哭。在你过度悲伤时，痛哭作为一种情感爆发，是人的一种保护性反应，是释放体内积聚能量、排出毒素、调整机体平衡的一种方式。

（5）强体力活动，如在盛怒愤慨时猛干一阵体力活或进行剧烈的体育活动，亦有助于释放激动的情绪等。

3. 注意迁移法

按照巴甫洛夫的条件反射学说，人在发愁、发怒时，会在大脑皮层上出现一个强烈的兴奋中心。这时，如果另找一些新的刺激，引起新的兴奋中心，便可以抵消或冲淡原来的兴奋中心。如苦闷、烦恼时去听听音乐，看看喜剧；初次登台演讲，心情紧张，就把注意力集中到演讲的内容上；晚上脑子兴奋、失眠，便把注意力集中到默数单调的数字上等，这些方法如运用恰当，都能起到转移注意力、稳定情绪的作用。换一种活动，也换了一种心情，反而有可能茅塞顿开。

4. 放松法

放松法是教师用来克服紧张焦虑情绪的一种简便的方法。紧急的处理方式为，先闭目片刻，咬紧牙关，深吸气，屏气一小会儿，长长地吐出一口气，再深吸气，把紧张和焦虑随呼气一起吐出去。这是最简单的放松方式，是随时随地都可以进行的。或者可以借用音乐来让自己达到放松的状态。

系统的放松训练需要一个比较舒适的环境，比如，在舒适的办公室或者家里。这种放松是通过逐渐松弛全身各部位的肌肉组织，使周身上下消除紧张，达到心情恢复平静、促进身心健康的目的。

5. 行为心理自动调节法

为了打破情绪低落造成的惯性或惰性，心理学界创造了一套行之有效的方法，即行为心理自动调节法。也就是说，通过具体活动来改变自己的心情、处境，重新获得活力。这类运动又称为增氧健身运动,包括长跑(慢跑、散步)、游泳、划船、打篮球、做健身操等。实践证明,积极投身活动,调动全身肌肉,不仅可以增强体质,改善心脑的血液循环和新陈代谢,还可以减少心理痛苦、焦虑、忧愁、烦恼和消除低落失意的情绪。

四、积极心理调整情绪

人的情绪是不断变化的,消极情绪经过适当的调理,也可以转化为积极情绪。这样就会使人生某个环节的"难受"转变为一种"享受"。医学家和心理学家一直在告诫人们,必须重视心理卫生,任何情况下都要做到乐观处世,平衡心态,在气闷难受、创伤太大时,不妨哭笑一番,将"感情势能"释放出来,求得精神上的解脱。

(一)不为昨天流泪

不要为明天的事而忧虑,因为未来有很多不确定性。不要为过去的痛苦与不幸而流泪,不要把时间浪费在回顾过去、自悲自怜上,把握现在、珍惜眼前才是改变命运的关键。

(二)有效利用今天

只为今天的快乐而生活,这是拥有今天的最好方法,让我们用一个每天能产生快乐而富有建设性的计划,来为我们的快乐而奋斗吧!下面就是保证生活快乐的十个要点:

(1)渴望快乐。发自内心地想要快乐,假如林肯所说的"大部分人只要下定决心都能很快乐"这句话是对的,那么快乐是来自内心,而不是来自外界。

(2)适应环境。努力适应周围环境,而不是希望环境适应你。以这种态度接受自己的家庭、自己的事业和自己的运气。

(3)珍惜自己的身体。多运动,注意饮食调节,不有意伤害身体,要知道,身体是取得成功的基础。

（4）每天都不放弃学习。要多学些有用的东西，不要让自己的知识落伍。每天拿出一些时间思考，集中精力看一本有意义的书。

（5）每天做三件好事。每天做三件事净化自己的灵魂。做一件好事，但不让别人知道，做两件自己并不想做的事，只是为了锻炼。

（6）做个讨人喜欢的人。衣着得体，表情恬静，说话低声，行动优雅，对别人的诋毁不必恼怒，不挑别人的毛病，不干涉或教训别人。

（7）只注意今天怎么度过。只考虑怎么度过今天，不想昨天的烦恼，不担心明天将发生什么事情。

（8）做一个每小时做事的计划。订一个计划，写下每小时该做什么。也许你不会完全照着做，但是这样至少可以避免两种缺点——过分仓促和犹豫不决。

（9）安静的半小时。为自己留下安静的半小时，彻底放松。在这半小时里，想一些让自己的生命充满希望的事情。

（10）心中毫无惧怕。欣赏美的一切，勇敢地爱，相信你爱的人和爱你的人。每个人在工作或生活中都会遇到一些不愉快的事情，由此感到压抑，总想发泄一下。适当的发泄对自己的身心健康是有好处的。昨天已经过去，明天还没有到来，无论什么事情都只能在目前这一刹那。因此，只要把握好了目前这一刹那，什么事情都不在话下。成功与否、快乐还是痛苦，都是在今天的这一刹那实现的。只要把握好这一刹那，什么事情都会变得轻松而容易。

（三）对明天充满希望

人们对未来的看法无非是两种：积极的和消极的。积极的看法会给人带来更多幸福，对未来充满希望而不是绝望，会给人带来更多的幸福。但是我们有时候却无能为力，在一些情况下就是会产生一些消极的想法，对未来产生绝望。这一时的绝望是允许的,对未来充满希望,并不意味着盲目的乐观。中国有句名言:"生于忧患,死于安乐。"对未来的忧患并不是绝望,而是合理地担心、积极地预防。

未来是充满希望的,因为未来没有注定好,未来总是未知的。未来如何取决于此刻的你是如何看待的。

第五章 教师人格与心理适应研究

一个人格健全的教师不仅能教给学生知识,而且能对学生健全人格的养成产生积极的影响。在教师的各种心理素质中,对学生成长影响最大的就是教师的人格。良好的教师人格不仅影响教师的教书育人效果、教师自身的身心健康以及教师的专业发展,而且对学生的学业成绩、自我概念以及人格塑造等均有不同程度的影响。

第一节 人格的内涵

日常生活中,我们经常能听到学生谈论喜欢某老师,不喜欢某老师,某老师讲课有意思,愿意上他的课,某老师上课一点意思没有,上他的课总想睡觉。实际上,老师之所以受到学生的喜爱与尊敬,除了因为这位老师课上得好,还源于这位老师的人格所散发的独特魅力。那么,什么是人格呢?

一、人格的定义

对于人格的定义,心理学家们一直争论不休。由于研究价值取向不同,几乎是有多少种人格理论,就会有多少种关于人格的定义。如艾森克(1955):"人格是个体由遗传和环境决定的实际的和潜在的行为模式的总和。"卡特尔(1965):"人格是一种倾向,可借以预测一个人在特定情境中的行为,它是与个体的外显的和内隐的行为联系在一起的。"拉扎勒斯(1979):"人格是稳定的心理结构和过程,它组织人的经验,形成人的行为和对环境的反应。"米歇尔(1980):"人格是个人心理特征的统一,这些特征决定人的内隐行为和外显行为,并使它们同他人的行为有稳定的差异。"等等。这些定义表述虽不相同,但有一个基本相似的看法,都认为人格是一个与"人的行为风格或行为模式"有关的概念。

实际上,"人格"一词的英文"personality"最早出自古希腊语"persona",最初指的是戏剧演员在舞台上带的面具,类似我们京剧中的脸谱,后来指演员本人,一个具有特殊性格的人。中文有时也将"personality"翻译为个性,我国的《大百科全书·心理学卷》就有人格即个性的表述。

心理学上的人格沿用了面具的含义,常常指构成一个人思想情感及行为的特有统合模式,这种模式包含了一个人区别于他人的、稳定而统一的心理品质,包括一个人的气质、性格、认知风格、自我调控等心理成分。

二、优秀教师的人格特征

教师人格是教师以自己的个性为基础,在从事教育活动中形成并表现出的思想情感和行为特征,包括教师的气质、性格、认知方式和自我调控能力等。

许多研究发现,优秀教师人格品质确实优于一般教师,一名优秀的教师首先是一名有相当人格魅力的教师。那么,优秀教师一般都有哪些人格特征呢?

(一)良好的自我意识

良好的自我意识对个体的发展具有调节作用。优秀教师良好的自我意识包括三个方面。一是对自己、对教育活动有正确、客观的认识和评价,能够愉快地接受自己的优缺点,能够深刻地认识到自己职业劳动的意义,具有不断创新和奉献精神以及高度的责任心。二是在教学过程中,在师生互动中具有积极的情感体验。能充分体验到教学成就感和愉悦感,从而进一步促进其自身不断探索学习,提高专业发展。三是具有较强的自我控制能力。优秀教师在教学过程中会根据培养目标、课程标准学制特点、教材难度、学生的年龄特征和学生之间的个体差异,调整自己的教育教学计划、控制和调整自己的情绪,采取最佳教学方法,创造性地开展工作,充分发挥教师的主导作用。

(二)浓厚的职业兴趣

兴趣是指一个人积极探究某种事物的认识倾向。教师对自己职业的热爱,是教师创造性地完成教育工作、进行有效课堂教学和管理的动力,是提高教学质量的重要条件。成熟的教师不仅是一个具有广博兴趣的求知者,还是一个具有专业特长的兴趣专注者,更是一个兴趣较高的课堂组织者。近些年涌现出的专家型教师、科研型教师无不展现出对职业和专业的热爱。

(三)丰富的情感内涵

优秀教师往往具有丰富的情感,善于和学生相处,对学生表现出浓浓的爱意和极大的宽容,这种情感反应可以用"亲其师,善其道""动之以情,深于父母,晓之以理,细如雨丝"来描绘。这样的教师一般具有三个特征:一是心胸豁达,能够容纳与自己不同的思想及情感价值观,并表现出对在身体、智力、感知运动、社会、情绪上存在差异的学生的理解;二是思维敏捷,能够在学生产生某种需要、情感冲突以及困难时及时做出反应,并深刻理解学生;三是有较强的情感调节能力,既理解学生的情绪反应,能体谅学生当时的情绪,又要意识到自己并非学生,能够客观地以事物的本来面目为出发点,避免主观随意性的诱惑。

第二节 教师人格异常的类型及危害

一、人格异常的类型

从行为表现的近似特征来看，教师人格异常可以分为以下三大类。

第一类包括偏执型、冷谈型和分裂症型人格异常。他们具有一些共同的特点：古怪，怀疑别人，很难和别人建立良好的人际关系，很难适应社会。

第二类包括反社会型、边缘型、表演型和自恋型人格异常。其核心特征为不适当的或者极端的行为，他们很难遵守社会的规范，非常自我。

第三类包括回避型、依赖型和强迫型人格异常。他们的共同特征则是过度担忧和焦虑，表现出压抑情感的倾向，对道德规范的要求非常关注。

（一）偏执型人格异常

偏执型人格又称为妄想型人格，他们经常毫无根据地怀疑别人；对人缺乏信任，总认为别人的行为要故意伤害或威胁他们；过于敏感，对侮辱和伤害耿耿于怀；爱忌妒，对别人获得的成就或荣誉感到紧张不安；从来不信任别人的动机和愿望，认为别人存心不良；不能正确、客观地分析形势，倾向于从环境中寻找线索来证明自己受到了不公正的待遇；喜欢寻根究底，而且倾向于把过失归罪于他人，自己不愿意为此承担责任。

偏执型人格异常在一般的群体中患病率为 0.5%~2.5%，因为这种异常的人容易将批评和过错做外部的归因，所以他们都不愿意到诊所和精神科寻求治疗。

（二）冷淡型人格异常

冷淡型人格异常的主要特征是对他人"冷淡",表现出从社会关系中分离的心理与行为模式,情感和其他的社会性接触上都保持退缩的状态,观念、行为和外貌装饰都比较奇特,喜好幻想、独自活动、内省性沉默寡言;很少表达感受和体验愉快,情绪体验和情绪表达的范围有限。

临床诊断需要符合下列四项(或以上)才能被诊断为冷淡型人格异常:

（1）不要求也无法享受与他人(包括家庭成员)亲密的人际关系。

（2）几乎总是选择离群索居的生活。

（3）极少对他人表现出性的欲望。

（4）鲜有活动能引起乐趣。

（5）除近亲外,缺乏亲密的朋友或知己。

（6）对他人的赞美或批评漠不关心。

（7）情绪冷淡、漠然,情感体验肤浅。

从以上的描述中可以看出,冷淡型人格异常的患者严重缺乏温情,不关心他人,也不在乎别人对他的看法与感觉,过着孤独寂寞的生活。这种类型的人在单独的工作环境勉强可以适应,但是在需要人际交往的工作环境中就显得很难胜任。

（三）分裂症型人格异常

分裂症型人格异常的主要特征是思维和情感异常,行为怪异,表面上看与精神分裂症很相似,但是没有典型的分裂症性紊乱和确切的起病原因,他们并不是不同现实接触,他们明确地知道自己是谁,自己在什么地方。分裂症型人格异常开始于成年早期,患病率在普通人群中大约为3%,男性患病的机会略高于女性。从整体上来看,分裂症型人格异常的病人都具有奇特的意念、外貌和行为,人际关系有明显缺陷,而且孤独、沉默、情感冷淡、不合群。

临床诊断满足以下条件中的五项(或以上)即可被诊断为有分裂症型人格障碍。

(1)关系意念(排除关系妄想)。

(2)奇异的信念和想法,或与文化背景不一致的行为,如相信透视力、心灵感应。

(3)不寻常的知觉体验,如看到身体变形。

(4)怪异言语,如离题、用词不妥、繁简失当、表达意思不清楚。

(5)怀疑或妄想性意念。

(6)情感表达失当或表现出有限的情感。

(7)行为或外貌表现奇怪、反常或奇特。

(8)除近亲外,缺乏亲密的朋友或知己。

(9)过度的社交焦虑,增加熟悉性也不能缓解,这种感受更多与幻想的恐惧相关联,而不是由负面的自我评价引起的。

我们需要对分裂症型人格异常的病人给予高度的重视和关怀,以防止他们转成精神分裂症。

(四)反社会型人格异常

反社会型人格异常也称精神病态或社会病态、悖德性人格障碍等。反社会型人格障碍起源于童年期的行为障碍。这些行为障碍以逃学、反复撒谎、偷窃和破坏他人财物等为特点。这种行为会延续到成年,并以攻击他人为主要表现形式。男性多于女性,并常见于贫困、不稳定家庭中长大的个体。

要确诊为反社会型人格异常,个体年龄在18岁以上,排除患有精神分裂症或躁狂症,并且在15岁及以前至少表现出以下行为中的三项(或以上)。

(1)无法遵守社会规范,一再违法被逮捕,如偷窃、破坏他人财产、从事违法活动。

（2）不诚实，经常撒谎，使用化名，为了个人的利益和享乐诱骗他人。

（3）冲动性强，不能依照计划行事。

（4）容易生气且富有攻击性，如经常斗殴或袭击他人。

（5）行事鲁莽，无视自己或他人的安危。

（6）一贯不负责任，表现为总是不能保持稳定的工作或按时履行还款行为。

（7）缺乏自罪感，如对自己受伤、虐待或失窃漠然处之。

(五) 边缘型人格异常

边缘型人格异常是在精神科和卫生保健机构中最为常见的一种人格异常现象，主要以情绪、人际关系、自我形象的不稳定为主要表现，并且伴随多种冲动行为，症状复杂，治疗难度很大。边缘型人格障碍在普通人群中发生率为2%左右，患者多为女性，情绪倾向于抑郁、焦虑和愤怒之间变化，最初的症状一般发生在成年早期，随着年龄的增长可能会趋于缓和或稳定。

一般来说，满足以下条件中的五项（或以上）就很有可能被诊断为边缘型人格异常。

（1）近乎疯狂地努力避免真实或想象中的遗弃。

（2）不稳定且紧张的人际关系模式，在过分理想化与过分糟糕的两个极端之间摇摆不定，如态度明显转变、价值感消失、操纵他人（为了自己的目的持续利用别人）。

（3）身份认同障碍，显著且持久的自我形象或自我感不稳定。

（4）至少有两方面自我伤害的行为，如花钱、性、药物滥用、飙车、大吃大喝、伤害自己身体的行为（不含自杀、自伤行为）。

（5）反复出现自杀的威胁、姿态或行为，或自我毁伤行为。

（6）情绪不稳定，心情明显转移到忧郁、易怒或焦虑，通常只持续数小时，然后恢复正常，很少有超过数天的。

（7）长期感到空虚。

（8）不当的强烈愤怒或无法控制愤怒，如常发脾气、经常发怒、斗殴成性。

（9）短暂的、与压力相关的幻想意念，或严重的分离症状。

(六)表演型人格异常

表演型人格异常的个体常常外表迷人、热心、好交际，但他们总是被人认为是不真诚的、肤浅的。他们似乎想通过在陌生人面前的表演来寻求别人的赞美。一旦建立了某种关系，他们就会变得苛刻，不为别人考虑、自我为中心，并且自我专注。他们可能不专情，爱勾引人，性适应能力不好。表演型人格异常的患病率为2%~3%，女性比男性的发病率要更高一些。和其他的人格异常类型一样，表演型人格异常的人在成年之前就会表现出一些类似的症状。

一般来说，诊断表演型人格异常必须符合以下项目中的五项（或以上）。

（1）在他(她)不属于注意焦点的情境中感到不舒服。

（2）在与他人的互动中常表露出性暗示或挑逗行为。

（3）表情转换迅速，情感体验肤浅。

（4）经常利用外貌来引起他人的关注。

（5）说话喜欢夸大其词，具体的真实细节难于核对。

（6）表现出戏剧化的、夸张的表情。

（7）受暗示性强，很容易受他人或环境的影响。

（8）对关系的认识比实际的亲密程度高。

(七)自恋型人格异常

自恋型人格异常的人认为自己是很了不起的人，认为自己在某些方面是与众不同的，因此需要得到他人的特殊对待。这类人在无限的成功、权力和美貌的幻想中表现出夸大和自我专注。具有自恋障碍的人在评价自己时采用的标准并不像他们在评价他人时采用的标准那样苛刻。他人的批评、漠视以及自尊受到威胁，将会让他们感到愤怒和羞耻。这种人似乎缺乏认识他人感受的能力,他们利用别人满足自己的欲望。当与人建立关系时,他们可能会在对自我的过度理想化和对他人的极度贬低之间摇摆不定。这种自恋的根源可能是源于脆弱的自尊和深深的失败恐惧。

对于自恋型人格异常的诊断标准并没有取得完全一致,一般认为至少要符合以下条件中的五项(或以上)才可诊断为自恋型人格。

（1）过分自高自大。

（2）对无限的成功、权力、荣誉、美丽或理想爱情存有非分的幻想。

（3）相信他(她)自己是"特殊的"或"独特的",只能被那些特殊的或社会地位高的人(机构)理解。

（4）渴望过分的赞美。

（5）认为自己应享有他人没有的特权。

（6）喜欢利用他人来达到自己的利益。

（7）缺乏同理心,如不愿去认可或认同他人的感受或需要。

（8）忌妒心强,或相信他人忌妒他(她)本人。

（9）表现出自大、傲慢的行为或态度。

(八)回避型人格异常

回避型人格异常最大的特点就是行为退缩、心理自卑,他们对他人的观点非常敏感,并因此而回避社交场合和人际关系,而且这种回避带有强迫性、盲目性和非理智性。这种人格异常多开始于成年早期,患病率为 0.5%~1.0%。回避型人格异常的人不但对陌生人表现出疏离,甚至是熟悉的人他们也多采取回避的态度,这并不是因为他们冷漠,而是因为他们内心深处的焦虑和对拒绝的恐惧。

根据临床诊断标准,符合以下四项(或以上)即可被诊断为回避型人格异常。

（1）由于害怕他人的批评、反对或拒绝,回避需要与他人互动的活动。

（2）除非确信受欢迎，一般总是不愿卷入他人事务之中。

（3）由于担心会丢脸或被挖苦，因而在亲密关系中表现十分克制。

（4）在社交情境中总担心被批评或拒绝。

（5）在新的社交情境中因为感到自卑而压抑自己。

（6）认为自己社交能力差，不受欢迎，或低人一等。

（7）非常不情愿冒个人风险参与任何可能引起尴尬的新场合。

（九）依赖型人格异常

依赖型人格异常的患者最明显的特征就是自己不能拿主意，他们总是要让别人为他们做出决定，自己不能为自己的生活负责任。依赖型人格异常的患者常常会感到自己软弱无助，而且会无意识地以别人的看法来评价自己。依赖性人格异常多开始于成年早期，女性比男性更容易患依赖型人格异常。

根据临床诊断标准，只要出现以下症状中的五项（或以上），就可以诊断为依赖型人格异常。

（1）在没有从他人处得到大量的建议和保证之前，很难做出日常决定。

（2）需要别人为自己重大的事情承担责任。

（3）在表达不同意见的时候有困难，因为担心害怕失去支持或肯定（不包括比较现实的）。

（4）很难单独展开计划或做事（因为缺乏对能力或判断力的自信心，而不是缺乏动机或能量）。

（5）过度渴求他人的安抚和支持，甚至甘愿做自己不愿做的事。

（6）独处时有不适和无助感，因为过度害怕自己不能照顾自己。

（7）当亲密的关系中止时急切地寻找另外一段关系作为关怀和支持的来源。

（8）经常不现实地害怕遭人遗弃。

（十）强迫型人格异常

强迫型人格异常是一种在精神科门诊比较常见的人格异常类型，患者的主要特征是过分的谨小慎微，对自己的要求过于严格，有完美主义倾向，内心时常有不安全感，而且做事情必须按照某种既定的规则，结果也必须恰到好处。强迫型人格异常的症状开始于成人早期，患病率大约为1%，男性的几率要比女性高出两倍。根据上海市的青少年心理卫生调查的结果，这种类型人格的人占所有心理异常总人数的5%。

满足以下症状中的四项（或以上）就可以被诊断为强迫型人格异常。

（1）做事专注于细节、规则、表格、次序、组织或时间表，常常失去重心。

（2）做事要求完美，甚至会妨碍工作的完成。

（3）过度投身于工作，所以经常放弃休闲的活动和友谊（不是因为明显的经济需求）。

（4）对有关道德、伦理或价值观的事物，表现过于在乎、谨慎、僵化。

（5）即使已无感情上的价值，仍不愿意抛弃旧东西或无价值的物品。

（6）不合理地坚持别人也要严格地按照自己的方式做事，否则心里很不痛快，对别人做事很不信任，所以不愿授权或与他人合作。

（7）对人对己花钱都十分吝啬，把金钱看作是应对未来可能发生灾难的资源。

（8）表现呆板和固执。

（十一）被动攻击型人格异常

被动攻击型人格异常是比较少见的一种人格异常类型之一。

它是一种以被动式表现其强烈攻击倾向的人格异常现象,患者的症状大都开始于成年早期,表现出的主要特征是性格固执、内心充满愤怒和不满,但是又不会直接将负面的情绪表现出来,而是表面服从、暗地敷衍、拖延、不予以合作,常私下抱怨,却又相当依赖权威。

至少要满足以下行为中的四项(或以上)才可以被诊断为被动攻击型人格异常。

(1)拖延,以及将需要完成的事情放在一边以致超过期限。

(2)如果被要求做违背心意的事情,就会显得闷闷不乐、易怒或过多的争辩。

(3)执行违背心意的工作时,就会故意延缓进程或者做得很差。

(4)不听辩解地抗议他人对自己的要求有多么不合理。

(5)经常以忘记作为遁词以逃避义务和责任。

(6)相信自己工作的成就要比别人认定的要好。

(7)对他人的忠告感到愤恨。

(8)通过不能完成自己分内的工作来诋毁他人的努力。

(9)不合理地挑剔或藐视有权威的人,用被动的挑衅态度对待他人的要求和期望。

二、人格异常的危害

人格是个体在环境中不断适应的产物。如果适应顺利,形成的人格就是积极的,能够接纳自己和他人,能够与他人和睦相处;相反,如果个体在适应的过程中遇到了困难或者说根本就不能适应环境,那么形成的人格就很有可能是异常的,这种异常的人格会导致他在生活中行为处事困难重重。比如,人格异常者的一贯反应和生活风格都与现实世界严重脱轨,偏离了文化背景和大众的一般认知,明显影响他的社会功能和职业功能。当个体的人格特质没有得到很好的塑造、缺乏弹性并达到了显著阻碍社会职业功能或产生了持久的心理困扰时,通常可以判断为人格异常。人格异常与个体早期经验密切相关,患病率为10%~13%。外显异常行为容易引起关注,内隐的心理模式却常常被忽视,但它造成的伤害经常很难弥补。我们看到的人格异常的表现可能是社交能力差、情商较低,实际上这是日积月累的性格问题。如果人格异常一直没有得到有效的缓解和控制,人格异常的患者很有可能在突发的情境下做出攻击或者自戕的行为。

第三节　教师常见的人格问题

日常生活中,有的人脾气暴躁,遇事易冲动,不能与他人友好相处;有的人非常自卑,总觉得自己一无是处,不如他人;有的人心胸狭窄,经常捕风捉影、疑神疑鬼、无端猜疑;等等。这些都是人格缺陷的表现。教师常见的人格缺陷表现为偏执、自恋、强迫、自卑、抑郁、焦虑、表演等,这些人格缺陷不仅影响教师专业发展,妨碍教师正常的人际交往,而且会给教师心理蒙上一层消极、阴暗的色彩。

一、偏执

偏执的人极度敏感又过于死板,在工作和学习上往往言过其实,同时又很自卑,总是过多过高地要求别人,但从来不信任别人,认为别人居心不良,有问题易从个人感情出发,主观片面性大。持这种人格特点的人在家不能与家人和睦相处,在外不能与朋友、同事融洽相处,别人只好对他敬而远之。

1. 行为禁止法

当你对某一件事忍无可忍即将发作时,对自己默念如下指令:"我必须克制自己的反击行为,我至少要忍10分钟。我的反击行为是过分的,在这 10 分钟内,让我当即分析一下有什么非理性的观念在作怪。"采用这种方法后,不久你就会发现每次你以为怒不可遏的事,只要忍上几分钟,用理性观念加以分析,怒气便随之消减。不少你认定对你极具威胁的事,在忍上几分钟后,你会发现灾难并未降临,自己是在捕风捉影罢了。

2. 克服主观臆断心理

有一只鸟在天上飞,一位锄地的农夫叹气道:"它真苦,四处飞翔为找一口食吃。"一位依窗怀春的少女也看见了这只鸟,她叹气说:"它真幸福,有一双美丽的翅膀。"面对同一种境况,不同的人有不同的心情、理解。要学会辩证思维方法,遇事要实事求是地分析而不是凭主观臆断。

3. 认知调节法

偏执的人习惯走极端,这与头脑中一些非理性观念有关,因此,要消除偏激的观念:我不是说一不二的君王,别人偶尔的不忠应该原谅;世界上好人或坏人都存在,我应该相信那些好人;对别人的攻击,马上反击未必是上策,我必须首先辨清是否真的受到攻击;我不敢表示自己真实的情感,这也许正是别人所需要的。每当你产生偏执的观念时,就把改造过的合理化观念默念一遍,以阻止自己的偏激行为。找出当时的非理性观念,然后加以改造,以防下次再犯。

4. 抛弃敌对心理

开阔自己的胸襟,拓展自己的视野,改变原有的自私狭隘的自我观念,经常提醒自己不要陷入"敌对心理"的泥潭而不能自拔。

二、自恋

自恋即自我崇拜并过分关心自己,并认为自己达到完美的一种心理状态。自恋是人自我满足的一面,每个人都有不同程度的自恋,这也是一种自我的认同,但过度的自恋就是自负和自以为是了,做人要谦虚,也要学会听取别人的意见,不要固执地以为自己总是对的。

1. 解除自我中心观

自恋的人总是以自我为中心,而人生中最为自我中心的阶段是婴儿时期。由此可见,自恋型人格障碍患者的行为实际上退化到了婴儿期。朱迪思·维奥斯特(Judith Viorst)在她的《必要的丧失》一书中写道:"一个迷恋于摇篮的人不愿丧失童年,也就不能适应成人的世界。"因此,要治疗自恋型人格,必须了解那些婴儿化的行为。

2. 学会爱别人

对于自恋型的人来说,只抛弃自我中心观念还不够,还必须学会去爱别人,唯有如此,才能真正体会到放弃自我中心观是一种明智的选择,因为要获得爱首先必须付出爱。生活中最简单的爱的行为便是关心别人,尤其是当别人需要你帮助的时候。比如,当别人生病时及时送上一份关心和问候,病人会真诚地感激你;当别人在经济上有困难时,你力所能及地解囊相助,便自然会得到别人的尊敬。只要在生活中多一份对他人的关心,自恋症便会自然减轻。

三、强迫

强迫症属于焦虑障碍的一种类型,以要求严格和完美为主要特点。平时常有不安全感和不完善感,过分认真、过分注意细节、过分自我克制、过分自我关注。比如,虽然成绩已很优秀,却对自己很少有满意的时候。常常过于拘泥于条条框框,缺乏想象,不会利用时机,做事过分谨慎与刻板,事先反复计划,事后反复检查,不厌其烦。因为很难达到自己的预期要求,往往把事情放到最后,致使完成重要任务的时间所剩无几,常常顾虑小事而忽略大事。常要求别人按照自己的方式办事,以至于妨碍别人的自由。

怕犯错误,遇事优柔寡断,难以做决定。

教师要改变这种状况,就应努力寻找生活中的独特事件,让这些独特事件带来新的观念和解决问题的新思路、新方法。

1. 顺其自然法

顺其自然顾名思义该怎么办就怎么办,做了以后就不再去想它,也不要对做过的事进行评价。比如担心门没有关好,就让它没关好;课桌上的东西没有收拾干净,就让它不干净;字写得别扭,也由它去,与自己无任何关系。开始时可能会由此带来焦虑的情绪反应,但由于强迫行为还远没有达到强迫症的无法自控的程度,所以经过一段时间的训练和自己意志的努力,症状是会消除的。

2. 当头棒喝法

当头棒喝法也叫突然中断法。自己可以制造一些"棒喝",当感到将要不能控制某些行为时,对自己大喝一声"停"或"不",都是有效的,这时人的思维、行为的习惯被打乱,自我意识就能起作用了。如自己对他人办事不放心,迟疑着不肯把事情交给手下人去办时,就可以对自己大喝一声"当断则断"。在那一瞬间抛弃所有的顾虑,把任务很快下达给下一级。有时发现自己叫停的力量不足,还可以请自己的好朋友、同事甚至上司在必要时"棒喝"一下。

四、自卑

这是典型的由于身体原因导致的教师心理上的自卑,除此之外,教师自卑心理还源于家庭出身、经济条件、学历、职称,以及所在学校的层次、条件等方面。自卑并不是客观上看来自己不如别人,而是个人主观上认为自己不如别人,认为自己不够好。因此,对于教师自卑心理的矫治重在改变其主观认识,增强自信心。

1. 改善认知法

该方法的重点是认识到自己认知的局限性,建立积极而合理的自我评价观念,修正理想中的自我,降低对自己的期望水平,努力使理想自我状态符合自我所能做出努力的程度。学会对自己做出公正、全面的评价,既不沾沾自喜,也不顾影自怜。不要死盯着自己的短处,背上沉重的包袱,要善于挖掘和发展自己的优势,以补偿自己的不足。

2. 自我暗示法

进行积极的自我暗示、自我鼓励,相信事在人为。当面临某种情况感到自信心不足或者感到极度羞耻和失望时,要主动给自己壮胆,努力抛弃那些错误的想法,改变不合理的信念,得出合理而积极的自我暗示。

五、抑郁

生活中,充满了大大小小的挫折和失败,很多人会经历失业、离婚、失去亲人或其他各种痛苦。最梦寐以求的东西,它再也不存在了,我们最爱的人,再也不能回到我们的身边。每当这些时刻来临的时候,我们都会感到悲伤、痛苦,甚至绝望。通常,由这些明确事件引起的抑郁或悲伤,是正常的、短暂的,有的甚至有利于个体的成长。但是,有些人的抑郁症状并没有十分明确、合理的外部诱因;还有一些人,在他们的生活中发生了一些不好的生活事件,他们的抑郁症状持续很久,远远超过了一般人对这些事件的情绪反应,而且抑郁症状日趋恶化,严重地影响了工作、生活和学习。

据统计,全球大约有12%的人在一生中的某个时期曾经历过相当严重的抑郁症,尽管大部分人的抑郁症不经治疗能在3~6个月时间内结束,但这并不意味着当你感到抑郁时可以不用管它。作为教师,只要我们在日常工作和生活中能适当采取以下措施,就可以预防抑郁的发生。

1. 注意睡眠、饮食和运动

失眠是情绪低落的一种普遍后果,易使抑郁症发作。对于易发抑郁症的人,万万不可依赖酒精之类的东西,只有适度运动,才能较快地提高情绪,缓冲抑郁。

2. 明确人生价值和目标

如果经常处于抑郁状态,应该检查一下自己的人生目标和价值。反复出现低落情绪,就要看看实际做的事情,同自己真正看重的事情相不相符。

3. 将欢乐带入生活

抑郁常导致自尊心的下降,甚至拒绝应有的欢乐。无论工作怎么忙,也必须找时间让自己轻松一下,做一些能使自己高兴的事情。

4. 不要孤注一掷

世上没有一帆风顺的事情,每个人都会遇到工作或生活方面的不顺,最好将情感转移到朋友、家庭、工作爱好和兴趣等方面,以获得安慰和支持。

5. 建立可靠的人际关系

当身处逆境时,有一个可以完全信赖的人,知己或亲朋,是防止抑郁的最重要保证之一。如果没有这么一个人际关系,现在就开始建立。

六、焦虑

焦虑是人大脑中一种固有的"程序",每当人们觉察到某种潜在威胁时它就"启动",提醒自己未雨绸缪,及早防范,避开危险。从这一点看,焦虑反应是有积极意义的,而且绝大多数焦虑都有一定的原因,是可以理解的,属于正常焦虑。所谓正常焦虑是指"合理"和"不过分"的焦虑。所谓"合理"和"不过分"是指焦虑的严重程度与引起焦虑的原因、性质和严重程度一致。而异常焦虑是指"不合理"和"过分"的焦虑,即焦虑的反应程度严重,持续时间过长,与个人和现实的实际情况不相称,有的甚至试图通过服药来解除焦虑,导致社会或生理功能损害,这样的人可能是患上了焦虑症。焦虑症是一种心理疾病,教师群体里很少发现,但一些典型的焦虑症状在教师生活中则普遍存在,不可小视。

适度的焦虑能够促进教师的教学行为,但焦虑过度就可能影响教师的心理健康。面对不可避免的焦虑源和焦虑情绪,教师要学会自我调适。

1. 增强自信,保持乐观心态

一些对自己没有自信的人,常会持怀疑态度,从而忧虑、紧张和恐惧。如果能保持乐观的心态,将很快地化解焦虑与不安,恢复自信。

2. 自我暗示,做深呼吸

当情绪紧张时,不妨做深呼吸,这有助于舒缓压力、消除紧张情绪。当感到焦虑时,人的脉搏加速,呼吸也加快。而深呼吸可迫使自己减慢呼吸速度,使身体相信焦虑已过去,从而使自己平静下来。

3. 学会放松,缓解焦虑的程度

当电话铃响,先做个深呼吸再接听。养成这种有意放松数秒的习惯,可充当有效的镇静剂,控制焦虑,而不是被焦虑掌控。在精神稍好的情况下,去想象种种可能的情景,让最弱的情景首先出现,并重复出现,慢慢体会整个过程,便不再感到焦虑。周末假日,还可到湖边海边逛逛,尽量做些有益身心的活动,抛开工作的烦恼。

七、表演

有表演型人格障碍的人看起来有点夸张且不自信,似乎在演戏。他们常常显得很热情、有魅力,甚至具有挑逗性,但缺乏深度,不真诚。

1. 认知调适

提高认识,了解自己人格中的缺陷。只有正视自己,才能扬其长避其短,适应社会环境。如果不能正视自己的缺陷,自我膨胀,放任自流,就会处处碰壁,导致病情发作。

2. 情绪自我调整法

表演症型人格的情绪表达太过分,旁人常无法接受。所以具有此种人格的人要改变这种情况,首先要做的便是向自己的亲朋好友作一番调查,听听他们对这种情绪表达的看法。对他们提出的看法,千万不要反驳,要扪心自问:这些情绪表现哪些是有意识的,哪些是无意识的?哪些是别人喜欢的,哪些是别人讨厌的?对别人讨厌的要坚决予以改进,而别人喜欢的则在表现强度上力求适中,对无意识的表现,可将其写下来,放在醒目处,不时自我提醒。此外,还可请好友在关键时刻提醒一下,或在事后请好友对自己今天的表现作一些评价,然后从中体会自己情绪表达过火之处,以便在以后的情绪表达上适当控制,达到自然、适度的效果。

第四节 教师积极人格的培养

一、教师健康人格培养原则

(一)促进个性化与社会化相协调的原则

这是在目标上对教师健康人格培养的基本要求。这条原则指的是,在教师人格的培养过程中,既要求教师人格符合教师个性发展的要求,保持其独特性,又要求教师人格符合社会发展的要求,保持其社会性,要做到个性发展与社会发展相协调,从而能够成为一个人格完整统一的教师。这条原则是根据人格既有社会制约性又有个体独特性提出来的。

没有个体独特性的人格不能称为人格；缺乏社会性的人也不是真正意义上的人，因此也没有无社会性的人格存在。所谓个性化，是指随着身心的发展和成熟，一个人越来越显现出与他人相区别的、独特的人格特征；所谓社会化，是指特定社会里通过各种措施使个人形成该社会所规定的具有一定共性的行为模式或人格特征。从本质上说，教师人格是社会关系在教师个体中的产物。由于现代社会是一个多样化的社会，因此，具有独特个性的人更容易受到社会的重视和鼓励。然而，人的个性也必然会打上时代的烙印，没有完全绝缘于时代与社会的人格。教师人格的社会性特征是从教师这一社会群体的无数个体人格中抽象出来的，它作为一种共同的本质，不仅离开了教师个体的人格，同时也对教师人格起规范、导向作用。国家和社会也对教师的素质提出了很高的要求，这些要求中有很多是对教师人格方面的要求。例如，我国的《教育法》《教师法》《教师职业道德规范》等国家法律法规中，就有教师必须热爱祖国、热爱人民、志存高远、爱岗敬业，甘为人梯、乐于奉献，关爱学生、民主公正，知荣明耻、严于律己，循循善诱、诲人不倦，举止文明、作风正派，勤于学习、勇于创新等内容，这些都是现代社会对教师人格方面的要求，也是教师做好教育工作所必须遵循的。而且，个性化和社会化是人格发展过程中的两个方面，它们互为补充，缺一不可。

因此，在教师人格培养的过程中，教师一定要注重个体独立性的发展，如独立的认知风格、教学风格，健康的个人兴趣、爱好特长的发展，同时，要充分考虑到国家和社会的要求，努力培养自己符合时代发展需要的优秀人格品质。

（二）全面养成与重点强化相结合的原则

这是在内容方面对教师健康人格培养的基本要求。这条原则要求教师人格修养既要观照整体，注意人格倾向与人格特征及

第五章　教师人格与心理适应研究

知、情、意的全面培养与协调发展,又要突出重点,加强人格的核心要素如价值观、情感、信念与自我意识的培养。这条原则是根据人格结构的复杂性和人格形成的特殊规律提出来的。

教师人格是教师在扮演教师角色、履行其责任和义务中逐渐形成的、比较稳定的心理倾向和行为特征的总和,它是一个多系统、多层次的复杂构体,包括人格的认知定向系统、动力促进系统、控制调节系统等,由多种心理成分组成。构成教师人格的各种心理要素之间不是彼此孤立的,而是相互联系和制约的。因此,教师人格修养首先要注重其内容的全面性。同时,教师健康人格的发展在不同的发展阶段要有不同的侧重点。因为虽然一般来说一个人知、情、意的发展基本上是同步的,但也有不平衡的状态出现,而任何一方面的落后或者不协调,都可能阻碍教师人格的健全发展。例如,青年教师的人生观与教育价值观尚不稳定,在他们入职时应着重抓好正确的人生观和教育价值观培养,使他们热爱教育工作,确立远大的教育理想,而不仅仅是教学知识和技能的培训。中年教师容易出现职业倦怠感与自我满足感,对他们应着重加强职业忠诚度、教育责任感和使命感、进取精神和创新精神的培养,使他们在教育改革中充分发挥中坚作用。老年教师容易出现对青年人的挑剔感和卸任感、生命终结感和停歇感,对他们要着力培养民主精神、宽容态度及对生活积极向上的品格,使他们继续发挥自己的智慧和力量。此外,真正健康的教师人格在结构上有其核心内容。在不同的场合中教师要扮演不同角色,教师人格要随角色的转换而发生相应的变化,但在总体上又要保持统一,保持相对不变,这是由于教师健康人格有其正确而稳定的教育价值观、教育情感和教育信念等人格内核的作用。因此,教师人格修养还必须重点强化作为教师人格内核的成分。

总之,教师在自我人格完善过程中既应注意人格各方面发展的协调统一,也应有一定的侧重倾向。要及时修补自己人格结构中不适应、不合理的或比较薄弱的成分,同时应重点抓好教师价值观、教育情感、教育信念等教师关键人格特征的培养。

(三)认知学习与行为训练相结合的原则

这是在途径、方法上对教师健康人格培养的基本要求。教师在人格塑造中既要加强对教师健康人格的特征、标准及其形成、发展规律的认知学习,又要重视根据这些特征、标准、规律去进行自身的行为训练,要把认知学习与行为训练有机地结合起来,从而真正形成良好的知行统一、内外协调的稳定的人格特征。这条原则是根据人格形成、发展的规律提出来的。

人格特征既不是单纯的思想观念,也不是单纯的行为方式,而是认知与行为紧密联系的综合体或心理—行为结构。要培养这种内在心理和外显行为表里一致的结构,不仅要从内在思想观念入手进行认知学习,而且要从外在行为方式入手进行行为训练。只有把两种人格教育方式有机结合起来,才能有效地促进教师人格特征的形成。过去在人格教育中常常出现两个偏差:一是单纯强调人格观念和正确思想的认知教育,而忽视教师的行为方式的训练;二是强调具体人格行为的训练,而忽视对人格的认知教育,结果往往是使教师知、行脱节,难以形成完善的人格品质。一个人只有将自己的认知运用于实践,并形成具有一定倾向性的行为特征,才算是具备了某种人格品质。而目前有不少教师在人格的认知方面较好,而在践行方面较差。例如,有的教师也知道对学生要民主、平等,要尊重、关心的道理,但在教育学生的过程中极不尊重学生的情况仍然存在。

因此,在人格修养中教师首先要对教师健康人格的特征、标准及自身人格状况有较准确的认识,并懂得教师健康人格的生成规律,然后根据这些特征、标准及自己的人格状况,遵循规律,加强人格修养。同时,教师人格的提升还应紧密结合教师的本职工作进行。教师应积极投身于教育科研工作,在实践中发现自身的不足与缺陷,并努力在实践中加以克服和纠正,进而不断完善自身人格。

第五章 教师人格与心理适应研究

(四)外部促进与自我修炼相结合的原则

这是在动力因素方面对教师健康人格培养的基本要求。一方面,社会应为教师良好人格的形成提出要求和提供条件,起到良好的支持和促进作用;另一方面,教师自己也要努力,要在充分利用外部条件的情况下加强自身的人格修炼。这条原则是根据教师人格形成的社会制约性与主体性特征提出来的。

教师人格是一种职业或专业性人格,在形成过程中总会受到社会的影响。这种影响包括社会对教师人格修养提出的要求和提供的条件。这种外在的动力因素是必要和重要的,但教师自身的主观努力更重要。人格修养说到底是一种终身的自我教育,如何将社会要求转化为自我需要,不断地加强自我修炼和自我完善,这是教师健康人格修养成败的关键。马斯洛认为,机体是由环境的性质塑造的,环境是达到自我实现的手段,完美的健康需要一个完美的世界。然而,它又是根据内在发展倾向从内部发展的,虽然不太可能有完美的条件,但是在我们的社会中的确有可能找到我们所设想的完美人物。因为这个健康的人有超脱周围环境的能力,他靠的是内在法则生活,寻求自我肯定,而不是外界压力。提高教师人格健康水平实际上也是在增强教师内在的精神力量,提高精神力量的导向性和生发性,这就要求教师要充分发挥自我人格修养的主体性。

因此,教师人格修养应该坚持外部促进与自我修炼相结合的原则。只有这样,教师才会根据人类社会的发展进步,并根据自我生存系统中各要素的改变,主动地进行观念更新、知识更新、态度更新,积极地做好心理与行为的自我调控,从而更好地为社会的进步、科学的发展、民族的昌盛而奋斗。

(五)职场扮演与职后言行相协调的原则

这是在专业伦理上对教师健康人格培养的基本要求。这条原则要求教师在教育场景中所展示的人格与日常生活中所表现的人格基本一致，对面具人格的使用与发展不要过度，不要言不由衷，言行不一。这条原则是根据教师工作任务的特殊性提出来的，也是符合人格形成、发展的规律的。

教师人格特殊的育人性功能是通过榜样示范、心灵感应、人格暗示等得到实现的。教师人格完善的过程必然通过教师的言行表现，在日常的教学和生活中对学生的人格塑造产生示范效应。"随风潜入夜，润物细无声。"教师身教重于言教。一个有着健全人格的教师在课堂上或在平时与学生的交往中，会用自己诚实、敬业、严谨、务实、坚强不屈的毅力等品质去影响学生；学生受到这种潜移默化的影响，其人格特征也会向美好的方向发展。因此，为人师者首先自己就应该正直坦荡、言行一致、表里如一，这是教师在学生心目中应有的形象。良好的教育效果也会促使教师产生积极的情感体验，激发教师产生进一步完善自身人格的需要。一个教师如果在课堂上过度使用教师人格面具，言不由衷且装腔作势，课内、校外却判若两人，学生一旦发现教师这种"虚假"的面具，就会毁灭他们心目中的美好教师形象，并最终失去对教师的尊重和信任。职场扮演与职后言行相协调，也体现了教师对自己人格要求的一贯性、连续性。只有增强人格的内外一致性、统合性，才能真正形成稳定的人格品质。

根据这一原则，教师凡是要求学生做到的，自己要率先做到；要求学生不能做的，自己坚决不能做；要求学生不迟到，预备铃一响，教师就要提前到教室门口等待。有时看似区区小事，实则细微之处见精神。

（六）终身学习与及时修炼相结合的原则

这是在学习时间上对教师健康人格培养的基本要求。在人格培养上，教师首先要做好长期乃至终身修炼的计划与打算，不能一劳永逸，同时又要抓紧时间，从现在做起，发现好的榜样及时学习，有了重大问题及时改正；要坚持始终、一以贯之，不可自我原谅、时冷时热。这条原则是根据教师人格形成与发展规律提出来的。

学习意味着跟上时代的发展。对于教师来说,当今社会文化的发展、技术的进步、知识的激增、教学设备的更新,引起了教学内容、教学方式、教学工具、组织形式及教学方法的重大变化,原来的师范教育不可能支持教师顺利度过一生,而落后于时代的教师是不称职的教师,其人格的发展也会存在许多问题,因此必须加强学习。同时,这种学习又必须是长期的、终身的。莎士比亚有一句名言:"金字塔是用一块块石头堆砌而成的。"人格是在环境、教育等各种因素长期作用下逐渐形成、发展起来的,因此,无论是不良人格的消除还是良好人格的重塑,人格的改变都不是一朝一夕的事,而是一个需要长期努力的过程。从教师人格完善的内在过程来说,主体性的形成是塑造教师良好人格的前提,而主体性又与教师的自我意识密切相关。教师人格完善需要经历自我认识、自我约束、自我激励、自我提高四个环节。从外界环境对人格发展的影响来说,教师人格完善的过程也是一个不断适应社会发展、时代要求的过程,需要不断赋予新的内容,不断调整和升华。但是,人格修养的长期性并不否定人格修养的及时性。虽然人格完善是一个长期的过程,不可能一蹴而就,但对自身人格的一些重大缺陷,却需要及时克服和改正,对一些时代所需要的创新精神、改革意识等,也需要及时吸纳和学习。如果抱着"明日复明日,明日何其多"的态度对待新时代的要求,就会重蹈"我生待明日,万事成蹉跎"的覆辙。

因此,在当今学习化的社会里,无论是正确人生观、价值观的树立,还是高尚情操、坚强意志的培养,教师都需要做好长期修炼的思想准备,发扬锲而不舍、持之以恒的精神,而不是一曝十寒。但也不能因为人格形成的长期性而忽视、放松对一些不良人格特征的及时修正和对一些新的良好人格的及时学习。只有把人格培养的长期性与及时性结合起来,才能使自己的人格逐渐达到完美的境界。

二、教师健康人格的培养途径

(一)教师健康人格培养的外源性途径

所谓外源性途径,主要是指通过外在因素的影响,即营建良好的外部环境来促进健康人格形成的途径。人格的发展有赖于良好的环境。通过改善社会与学校环境来促进教师人格的发展,这是教师人格教育的一条重要途径。这种环境包括物质环境与心理环境。良好环境的营建最重要的是应该保证教师学习、工作、生活的基本需要。

1. 营建政策支持环境

教育事业是一个国家和民族的事业,教育行为应首先是一种政府行为。教师是代表国家和社会来培养年轻一代的,要维持和促进教师健康人格的发展。从社会体制层面讲,首先是国家和政府应采取切实有效的措施,特别是应通过各种政策的制定和落实来提高教师的社会地位,以形成尊师重教的社会风气。这些措施包括提供必要的行政帮助、改革教师人事制度、制定恰当的教育改革政策。

首先,国家和政府应增加教育投入,提高教师的工资收入,改善教师的工作条件,解决教师的住房、医疗等方面的问题;同时,应从制度上给教师安排合理的工作负荷,适当缩减教师的工作时间等。只有在制度上得到保证并加大执法力度,才能切实维护好教师的合法权益。应该看到,自20世纪90年代以来,国家在这方面已经做了大量工作。1993年《中华人民共和国教师法》、1995年《中华人民共和国教育法》相继颁布,后来围绕教师法的实施,又陆续颁布了《教师资格条例》等一系列配套法规。正是这些法规使教师的待遇得到改善,教师的合法权益逐步得到保护,从而使整个教师队伍的建设走上了法制化、规范化管理的轨道。然而,这些法规的完全落实还有待进一步加强。由于我国近年来经济的快速增长,一些其他社会职业者的经济收入有了大幅度提高,而教师的待遇和工作、生活条件仍然处于相对较低的水平。要真正使之得到改善,仍需要国家和政府在政策上的强力支持,否则教师的地位便难以获得实质性的提高。

其次,教育改革的实施必须符合教师成长、发展的规律。教师专业发展理论认为,教师的专业发展具有阶段性,教师在不同发展时期表现出不同的特征,产生不同的需要,形成不同的发展目标。有的理论把教师发展分为起步、成长、成熟、专家四个阶段,每个阶段教师的心理水平、社会化程度以及内在的专业知识与能力结构等方面的特点不同。而且,这些理论都说明教师的发展有一个较长的过程,整个过程需要教师持续的努力,也需要一定的条件。如果教育改革超越了教师理解和掌握的实际范围,无视教师的成长规律和发展的可能性,教师就可能承载不起教育改革的重负,甚至会产生焦虑、恐慌、厌教、厌改情绪,这时即使再理想的改革方案也难以得到落实,以致丧失其原有的价值。同时,改革的政策应保持一定的连续性和稳定性,改革的结果应具有一定的可预测性,使大多数教师乐于接受并与之相适应;否则,就难以获得教师的支持与积极参与。瑞士著名心理学家皮亚杰就曾指出,在有关教育和教学的问题中,没有一个问题不总是和师资培养的问题有联系的,如果得不到足够数量的合格教师,任何最使人钦佩的改革也势必要在实践中失败。

2. 改善社区支持环境

社区文化应坚持正确的舆论导向,以提升教师的公众信任度。教师是一个相对封闭、缺少社会支持的群体,因此,在社区形成教师社会支持系统,能有效地维护与促进教师健康人格的发展。社区对教师的支持,主要在于学生及其家长、社会公众理解教师工作的复杂性、艰巨性及其重要意义,体谅教师的难处与辛苦;不用圣人的标准来评价教师,对教师寄予合理的期待,对教师工作中的个别失误能用宽容的态度对待,更多地给予帮助而不是发难与攻击；对教师积极实施素质教育、课程改革持欢迎、支持态度，并尽可能从多方面进行协助和配合；教育学生尊师好学，虚心接受教师的教导，减少教师在教学过程中因学生违纪或"反抗"而产生的心理压力；吸纳教师参加社区或学区某些重要的、有助于展示和发展教师才能的活动，以提升教师的形象和地位；尽可能地利用社区已有的资源帮助教师解决一些工作、生活及家庭中的实际困难，对教师传送实际的尊重和爱意。社区的理解支持与公共信任对于教师的职业抉择与工作行为有着深刻的影响。在一种多方理解支持、公共信任、援助的氛围中，教师会表现出坚定的职业信念和高度的责任感、自尊感、自豪感，从而有效地减少职业困惑和避免角色冲突。

3. 优化学校支持环境

教师的大部分时间是在学校中度过的。学校对教师人格的牵引，最根本的就是要搞好校园文化建设，给教师创设人格修养的良好环境。

（1）创建一个整洁、优美的校园物质环境。学校重视校园文化环境的建设，首先应创建一个整洁、优美的校园物质环境。可以说，对校园绿化、美化的过程，就是对人格陶冶的过程。很难设想，在一个校园破破烂烂、操场脏乱不堪、标语过时、壁画破损、花木枯萎的环境里，能培养出富有美的情致、追求美的人格的高尚的人。与其观念体系相适应的优美、整洁、有序的学习、工作和生活环境，本身就给学校师生一种美的感染、美的享受、美的教育。校园环境美化包括师生学习、生活、活动的一切场所的绿化、美化和知识化。教师和学生一起种树养花、建造花坛，布置盆景绿化、走廊绿化、窗台绿化、室内绿化，利用楼道适度地搞点橱窗布置，或挂上古今中外著名人物的画像，或张贴含有哲理的、富有教育意义的格言警句，以及认真抓好环境卫生、个人卫生，保持教室窗明桌净、用具放置井然有序等，这些活动对培养师生的审美观点、审美能力，激励他们奋发进取，缓解脑力劳动的紧张疲劳都有积极作用。

（2）创建一个愉快、和谐的校园精神环境。学校重视校园文化环境的建设,更应注重创建一个愉快、和谐的校园精神环境,使师生产生积极的情绪体验,这是提高师生人格修养的必不可少的条件。价值观是学校文化的灵魂,也是教师人格的核心。要搞好学校管理,规范好教师行为和整个组织行为,最根本的是要在学校中树立起正确的、积极向上的、合乎社会要求和时代精神的价值观念,并使这些观念内化于教师意识之中,使教师能发自内心地认可、遵循。而教师的价值观念、生活信念具体体现在校风、教风、学风和学校人际关系上。良好的校风包括团结友谊、朝气蓬勃、和谐民主、实事求是等内容；良好的教风包括敬业爱生、甘为人梯,严谨治教、踏实认真,言传身教、为人师表,学而不厌、诲人不倦,活泼开朗、举止大方,开拓进取、勇于创新等内容；良好的学风包括学用结合、勤学好思、严谨治学、遵纪守法、科学道德等内容；良好的学校人际关系包括学校领导之间良好的关系、领导与教师之间良好的关系、教师之间良好的关系、教师与学生及其家长之间良好的关系。由这些所表现出来的一个高度的观念形态,对学校的各个方面起指导性的作用。学校精神文化特别是共同的价值观、传统的校园精神,能够激发教师对学校目标、准则的认同感和作为学校成员的使命感、自豪感、归属感,形成强烈的向心力、内聚力和群体意识,从而将个体目标整合为学校总目标。在民主的领导方式下,在和谐、融洽的人际关系环境中,每个教师可以最大限度地发挥其内在潜力和创造力,学校组织也将最大限度地释放出整体效应。

（3）创建一个科学、民主的校园制度环境。首先,在观念上,学校应确立以人为本、和谐发展的现代管理理念。学校管理只有"以师为本",才可能使教师在自己的切身感受下真正做到"以生为本"。而"人本管理""以师为本",关键是学校领导要尊重教师的主体精神。主体精神是现代教师人格的前提性特征,只有尊重教师的主体精神,才能唤起教师对完美人格的自觉追求。教师的成长不仅仅是学生成长的需要,也是教师作为人的发展的需要。如果学校领导在管理过程中忽视了教师的主体地位及其主体精神,仅把教师当作教育劳动的工具和管理的对象,势必严重伤害教师的人格健康。

其次,在管理制度与方式上,学校应根据教师需要的群体特征与职业特征来实行对教师的管理,改变过去过分机械化、模式化、标准化等一些非人性化的管理制度与方式,努力为教师人格的发展提供广阔的自由空间。教师是知识分子群体,首先有着较强的自尊需要、教师为人师表的职业需要和我国尊师重教的优良传统也使教师对自尊和荣誉的关切更为迫切。因此,学校对教师不宜约束和控制过严,不宜过多地采取强制、行政命令的手段,而应通过情感投入和心理沟通,对教师施加更多的自然影响力,并及时消除或改善他们对管理工作的不满情绪;应让教师参与学校重大决策,提高管理过程中教师的参与度,以增强教师的自我价值感和对学校工作的认同感。同时,学校管理者也不能忽视教师基本的物质需要,应逐渐改善教师的生活和工作条件,以增强学校组织对教师的吸引力和教师的幸福感。教师也需要有一定的休闲和娱乐活动,需要有丰富多彩的生活,需要有美满幸福的家庭和爱情,学校管理者应设法减轻教师过重的工作负担,使教师的身心能得到和谐发展。其中,最根本的是要真正地实行素质教育,减少教师为片面追求升学率而加班加点、搞题海战术等许多既违背教育规律又严重增加师生负担的做法。管理者必须明白,即使一位有优良素养的教师,在实际工作中也不一定有成功的表现,因而也不会必然取得丰硕的教育成果。因为教师的表现还要受内在的教学情境(如班级学生的种种状况)和外在的教学情境(如学校的组织结构、教学设施、人事管理、社会有关文化机构的指令)等的影响,这些都会助长或妨碍教师才能与人格感染力的发挥。

再次,学校应该探索和构建具有科学性、人性化的教师评价与考核体系。评价的目的应主要在于激励教师提高教育教学能力和增强他们的责任感、使命感,帮助教师的专业成长和发展;在评价体制上宜变惩罚性导向制度为激励性导向制度,变考核减分制为加分制,这样才能更好地发挥评价的发展性功能而弱化其分等与淘汰的功能;在评价标准上应不单以学生学科成绩的优劣和升学率的高低对教师作出判断,要坚持素质教育与课程改革的正确方向,以学生身心和谐发展状况来评价教师的教学质量,并构建对教师的综合评价体系,对教师的德、能、勤、绩进行全面、准确而客观的评价;评价的过程应重视教师的自我评价,强调教师对自己教学行为的分析与反思。仅仅根据学生、学生家长提供的信息和数据,或仅仅由教育官员、学校领导的主观感觉来评判一个教师的做法难免有失公正;对教师称职与不称职的行政性考核尤其要审慎,必须掌握好有关政策界线;在对评价结果的运用中要慎重地对待聘任制、末位淘汰制、工资浮动制等涉及教师切身利益的改革措施的实施,对于工作表现确实较差的教师也要分清原因,留有后路,以预防这些教师心理危机的发生,这样做也有利于缓解其他教师的心理压力。

最后,学校领导应给教师提供更多学习、进修的机会和条件。如邀请国内外著名学者讲学,使之开阔视野,提高科研意识,激发其追求专业发展的热情与内驱力;组织教师参加校内或校际研讨会,让教师之间彼此交流经验和体会,消除其在专业探讨方面的孤独感与无助感。北京师范大学教授申继亮认为,当前教师培训的核心原则是在针对性和时效性的基础上帮助教师形成独特的个人风格。当教师具备了基本的专业技能,能获得持续的专业发展,并逐渐形成鲜明的个人风格时,教师的职业压力相对就会小很多。从培训内容上讲,教师需要加强反思能力的培养,让教师从单纯执行的"技术员"转化为具备独立判断和选择能力的"思想者",从而走上自我引导式的发展之路。

总之,良好的学校文化为教师提供了文化享受与文化创造的空间,提供了文化活动的背景以及必要的活动设施、模式与规范,创造了陶冶人们心灵的场所,并释放出强大的心理制约力量。这种影响和制约正好与管理的导向、凝聚、协调、约束诸功能相吻合，从而强化了教师的工作和学习动机，调动了教师的积极性、主动性和创造性，使教师保持高昂的情绪和奋发进取的精神，教师的兴趣、理想与信念在此得以实现与升华。

（二）教师健康人格培养的内源性途径

所谓内源性途径，主要是指通过内部力量的作用来促进健康人格形成的途径。教师健康人格的形成既需要外部力量的促进、外在环境的改善，更需要有教师主体的自觉努力和主动修为。教师要紧密结合自己的教育教学工作和其他方面的活动加强自身健康人格的塑造。

1. 在教学活动中加强人格塑造

教师除了要积极接受专门的教师人格培训外，更主要的是在教学活动中加强人格的自我修养。进行学科教学目前仍是我国教师日常的主要工作。各个教师所教学科不同，教学的具体目的、内容、方式、方法等也会不同。但无论是教哪门学科的教师，在教学过程中除了加强对学生的教育培养外，还要注重自己的学习修养，要有意识地加强自我人格的修炼。要把教育学生与自我教育有机融合在一起，在教学过程中真正做到教学相长，在陶冶学生心灵的同时使教师自我灵魂也得到提升，在促进学生发展的同时使教师自我也得到成长。此外，教师每年都要参加许多其他学习活动，如政治学习、业务进修等，在这些活动中也不可忘记自我人格修炼，提高自身人格水平。注重政治学习是我国学校的一个传统，我国许多学校在每学期的工作计划中一般都安排了一定的教师政治学习时间，党、团组织生活时间，此外还有其他一些非定期的时事政治学习。把教师人格教育与这些例行活动结合起来进行，可以充分发挥各项活动的整体育人功能。当然，人格教育与这些活动的目标、内容存在差异，不能相互替代，也不能主次不分，只能在实现各自目标的基础上相互促进。

2. 在业余活动中加强自身修养

积极参加各种健康有益的业余活动,通过业余活动来发展自己的多种兴趣、爱好,对于教师健康人格的培养也是十分重要的。教师要使自己有活泼的性格,就必须有生动活泼的业余爱好,就需要参加各种丰富多彩、对健康有益的业余活动,其中包括集体社会活动和人际交往活动。

一个人的业余生活越是丰富多彩,精神上就越能充实和愉快。越是烦闷、困苦之时,越需要有对身心健康有益的情趣和娱乐活动。如爬山、游泳、打球,可以强健筋骨、锻炼意志;浏览参观,可以活跃精神、开阔视野;吟诗绘画,可以丰富知识、陶冶情操;而雄浑豪放的音乐能使人精神振奋、斗志昂扬、意气风发,轻松愉快的曲调能使人心旷神怡;棋类活动对人的智力、耐心、判断力都有陶冶作用。发展多种爱好对于陶冶性情、开阔胸襟、丰富内心世界有很大的意义,充满情趣的生活能使我们更加感到生活的美好,感到生活中充满了阳光,从而更加热爱生活、振奋斗志。实际上,业余情趣和干事业并不完全对立。革命导师马克思、恩格斯、列宁,在把毕生精力献给人类解放事业的同时,生活情趣也都是十分广泛而高雅的。他们都喜欢诗歌、小说,爱好下棋。马克思是一位跳棋能手,恩格斯则是一位高明的骑手,列宁的象棋棋艺能与名家对弈。那些在科学上有重大建树的伟大科学家,也并非整天埋在书堆里。爱因斯坦爱好拉小提琴,喜欢划船。居里夫人爱好旅行、游泳、骑自行车。巴甫洛夫喜欢读小说、集邮、画画、种花。我国科学家钱三强喜欢读古典文学作品、唱歌、打乒乓球和篮球。苏步青爱好写诗,喜欢音乐、戏曲和舞蹈。充满情趣的业余生活,不仅不会妨碍事业的发展,相反能够活跃人的情绪,调节神经系统,使人的精力更充沛,性格更健康而坚强,因而,对于工作和事业都是十分有利的。由于人格是一个人思想、品德、兴趣、爱好、知识、能力、性格、情操等多种因素的综合体现,所以教师可以通过多参加一些有意义的活动,在活动与交往中形成健康的兴趣、爱好,从多方面加强人格的自我塑造。

(三)教师健康人格培养的专业性途径

所谓专业性途径是指进行专门的人格辅导。专门的人格辅导是指那些为了实现人格完善的目的,依靠有关方面的专业人员,运用专业技术来实施的辅导,如学校组织的专门的人格辅导活动课程、人格心理咨询、心理治疗等。

1. 教师人格辅导课程

这是为开展人格教育而专门设计的一种课程,一般都需要由具有专业背景的教师来承担,学校应将其列入教师培训计划。这种课程的特点是以培养教师良好的人格品质或调整教师不良的人格心理为目的,形式上以教育活动为主,整个课程的目标、内容、方法与步骤都是有计划、有系统地设计的。优点是在专门组织的活动中能对教师的认知、情感、态度与行为各方面施加积极的影响,从而起到效果明显的、强有力地调节教师心理状态、培养良好人格品质的作用。教师人格辅导不仅要帮助教师树立重视自我人格健康的思想与观念,更重要的是使他们掌握提高人格健康水平的途径、技能与方法。

国内有的教师人格辅导在通过帮助教师提高社会支持水平和改善 E 分、P 分、N 分来提高教师的人格健康水平方面做了一些尝试。在帮助教师提高社会支持水平方面的做法是:通过理论教育和实践参与相结合的方式,加强对教师情感体验能力的培养,提高教师情感体验的敏感度;组织相关社会活动并鼓励教师积极参与,拓展教师的人际交往圈,以便获得更多被理解、被尊重感,使情绪体验更积极;在学校建立一个相互信任和尊重的心理、生活和工作氛围,提高自身的情感体验满意度;帮助教师认识到支持利用的重要性,使他们从主观上加强对支持利用率的重视;具体帮助教师掌握支持利用的途径和方法。在改善 E 分、P 分、N 分方面的做法是:帮助教师在复杂的教学活动中随时保持乐观、开朗、积极的人生态度,充分重视人际交往等实践活动,提供表现自我的机会,使他们有更多的成功体验;指导教师克服冷漠、孤独,学会关心他人,适应环境;帮助教师学会控制情绪,加强理智感和自控能力,学会焦虑等负性情绪的自我疏导法。将人格辅导列入教师培训的正式活动,尝试开展专门针对教师的心理辅导,可以使这项工作在人员、时间与培训条件上得到保证。这种活动主要是面向全体教师,难以兼顾每个教师的特点与实际需要。

2. 教师心理咨询

教师心理咨询包括个别咨询与小组咨询。个别咨询是具有专门知识与技能的心理咨询员通过与教师一对一的沟通互动来帮助教师及时摆脱心理困扰,找到解决心理问题的方法,以保持与增进心理健康。个别咨询的形式有个别面谈、电话咨询、信函咨询与个案研究等。小组咨询也称团体咨询,是一组教师在咨询人员的指导下,通过共同讨论与训练来处理他们所面临的共同心理问题。小组人数少则四五人,多则十一二人。其成员多为有类似心理困扰的教师。心理咨询一般是补救性的,它所面对的主要是心理处于不平衡状态的教师或是心理轻度不健康的教师。学校也可以开设教师心理健康导航网站,并在该网站上建立心理咨询信箱,开辟专栏,鼓励教师多参与讨论,为教师之间互相帮助、增进情感交流、进行心理疏导提供服务平台。学校应注意借助网络的辅助作用,充分发挥网络情感交流对现实人际交往范围和情感交流的扩展作用,使教师能够切实提高对情感支持和积极情感体验的敏感度。

3. 教师心理治疗

教师心理治疗是指运用心理学的理论与方法对已经产生较严重心理障碍的教师进行专门的调治,使之恢复正常状态。它的对象一般是有较严重心理问题的教师,往往需要较长时间与周密的治疗处理,有的需要药物辅导治疗。心理治疗的实施者必须是经过专门训练的、有较高技术的专业人员。

第六章 教师人际关系与心理适应研究

教师在学校中能否与领导、同事、学生建立良好的人际关系，直接关系到工作的成败和自己的身心健康。良好人际关系的建立与改善有一定的规律性，作为教师必须了解这些规律并在实践中加以运用。

第一节 人际关系的内涵

人际关系是一个被广泛使用的概念，不同的学科领域对人际关系的解释有不同的角度。心理学所研究的人际关系指的是人与人之间通过交往建立起来的某种比较稳定的心理联系，它反映着人与人之间的心理距离，也标志着人与人之间亲近性、融洽性、协调性的发展水平和现实状况。

一、影响人际关系的因素

在人际关系中一切行为都属于社会行为，都受到各种社会、自然和心理因素的影响，社会心理学的研究表明影响教师人际关系及密切程度的因素主要有以下几个方面。

人际吸引的一个最简单的原则是我们接近并与之交往最多的人往往最容易成为我们的朋友。人与人之间在地理位置上越接近，越容易形成彼此间的密切关系，如同一年级、同一系别的老师更容易成为朋友。距离越近越容易构成持续的相互作用，越能增进彼此之间的熟悉和了解,越可能互相产生好感,从而为建立良好的人际关系打下基础。然而,这种接近性的效应只有在很窄的范围内有效。时空邻近性不是人际关系的主要因素,只有在其他条件相同的情况下,它的重要性才能显现出来。

时空接近性会提升熟悉度进而会引发好感,但要进一步发展关系的话,所需要的就不仅仅是这一点,而是相似性。我们与他人的兴趣、态度、价值、背景或是人格因素上的相似性,更容易引起彼此间思想上的共鸣和行为上的同步,易形成密切关系。

我们都很高兴被别人喜欢。事实上,仅仅知道某个人喜欢我们,就足以提升那个人对我们的吸引力。人际间的好感是如此强大,以至于它可以弥补相似性缺乏的问题。研究表明,无论是言语线索还是非言语线索,对某个人产生好感的关键因素可能在于我们自认为的他或她喜欢我们的程度。也就是说,大多数时间对方是否喜欢我们,对于我们是否喜欢他们是一个重要的决定因素。

这些因素在人际交往过程的不同阶段的作用是不同的。一般来说"外表的吸引力""时空接近性"和"互惠式好感"在交往的初期起主要作用,"人格吸引力"和"相似性"在深入交往中起主要作用,"需要互补"则是长期和深入发展交往的最主要因素。

二、良好人际关系的特征

我们每天在世上生活,都要与家人、邻居、朋友、同事等许多人相处。人际关系处理得好,不但能够使我们左右逢源、生活愉快,而且做起事来也会特别的顺心如意、如鱼得水。心理学家的调查也发现,良好的人际关系对于生活的幸福感具有重要意义。因此,培养良好人际关系实在是我们每一个人一生中要不断修炼的一门重要的功课。良好的人际关系基本都有如下表现。

(1)能够与家庭成员相处和睦,拥有一个或几个亲密的朋友。在遇到困惑或危难时,拥有的人际资源能够提供有力的支持和帮助;在开心幸福的时候,能有人真诚愉快地一起分享。能够在与家人和朋友的相处中体验到愉快和幸福等积极情绪。

（2）能够轻松地与他人进行顺畅的沟通,处理好日常的工作、生活中的一般性人际问题。与一般人相处时,真诚、尊重、信任、赞美、喜悦等正面态度多于仇恨、疑惧、嫉妒、厌恶等反面态度。

（3）具备在新的环境中建立新的人际关系的能力,能够较好地运用人际交往的方法和策略,根据需要扩展自己的人际交往范围。

（4）通常对自己的人际关系状况有较高的满意度。人与人之间的良好情感,如同自然界的春风和雨露,对健康的心灵具有滋养的作用。然而良好人际关系的培养并非一蹴而就的,必须花大量的时间,以耐心、诚心慢慢地经营,所谓"路遥知马力,日久见人心"。要拥有良好的人际关系,一方面要慎重择友,真诚维持;同时也需要我们不断地进行修炼,提高自身素养,增强自己的人际吸引力。

不利于人际交往的心理品质主要有:①为人虚伪。与之交往,容易使人失去安全感。②自私自利。只关注自己的需要,不关心别人的需要,甚至损人利己,这样的人不会赢得他人的好感。③不尊重别人。常常挫伤别人的自尊心。④妒忌心强。有些人企求绝对公平的结果,总是抱怨世界的不公平,嫉恨比自己强的人。⑤猜疑心重,过于敏感。凡有疑心病的人,总是虚构一些因果关系去解释别人为什么会有这样的举止言谈,这样就很难与人建立起信任的关系。⑥过于自卑。有些人把获得他人的赞许作为自己的一种强大的支配力量,这种心理的实质是"过于自卑,不相信自己"。⑦苛求别人,控制别人。许多人的情绪被"应该论"所操纵。例如,如果我对某人好,他就应该对我表示感谢,否则,就会郁郁寡欢。这样的心态难免会使自己陷入困境。⑧依赖癖。有的人严重依赖异性,一旦他人离开,便无法支撑起自己的情感生活,这样的人往往会成为交往对象的包袱。⑨完美主义。完美主义者要求自己或别人的所作所为一定要十全十美,到头来,却使自己或别人变得无法接受。⑩自封心。具有自封心的人,总是借口禀性难移,封闭自我,不愿主动地改变自己、发展自己。其实是害怕约束自己,逃避可能在人际交往中的伤害。

第二节 教师人际关系的类型与特点

一、教师人际关系的类型

教师人际关系是指在学校情境中,教师个体通过与其他成员的交往或共同活动而建立起来的各种比较稳定的心理联系。具体表现为教师与领导、教师与教师、教师与学生以及教师群体与其他群体之间的各种关系。教师人际关系状况对其自身和教育教学工作都会产生重要影响。

教师因其工作范围比较有限,人际关系的类型相对简单,基本上有如下几种。

(一)工作型人际关系

完全出于工作上的需要形成的人际关系,基本上没有情感卷入。交往目的性明确,交往方式单一、直接,原则性强,缺乏支持与协作的精神。

(二)情感型人际关系

教师在工作环境中也存在私人情感,一般都有自己的朋友圈。与一部分学校成员彼此了解和互相介入的范围及深度较大,包括工作问题、家庭生活以及个人的内心世界。由于情感卷入程度较深,在工作中能够积极配合、相互支持,但是原则性会相对降低,容易违反规章制度,有时反而会影响工作绩效。班主任与本班部分学生之间属于这种类型的人际关系。

（三）混合型人际关系

既出于工作的目的，又有一定的情感投入，在教师人际关系中占主导地位。一般情况下是在工作过程中逐渐产生的彼此欣赏和喜欢，但互相了解的程度并不深，较少涉及工作之外的情感接触。科任教师与大多数学生之间也属于这种人际关系。混合型人际关系的双方既能融洽和谐地相处，积极主动地配合，又不失基本的原则，从工作绩效上看是最为有利的。

二、教师人际关系的特点

（一）教师与学生的关系

1. 教师与学生在人格上是平等的关系

教师工作的最大特点是其工作的对象是有思想、有情感的个体。学生是独特的个体，有自己的发展特点，在人格上与教师是平等的。因此，教师应尊重学生的人格。

2. 教师与学生在社会道德上是互相促进的关系

教师不仅是学生学业上的导师，而且也是学生学习社会道德规范的榜样。社会道德规范不仅需要言语的传授，更需要教师的身体力行，"学为人师，行为世范""身教重于言教"。教师的一言一行都被学生尽收眼里。因此，教师不仅是学生学习社会道德的发起人，也受到学生的监督。教师与学生相互促进，共同维护社会道德。

（二）教师与同事的关系

教师与同事的关系包括：合作关系、师徒关系、学习关系、竞争关系、朋友关系、邻里关系等多样复杂的关系。

教师建立融洽的同事关系需要做到以下几点。

第六章 教师人际关系与心理适应研究

1. 认识自己,了解他人,有效沟通

《孙子兵法》中说:"知己知彼,百战不殆。"教师要与同事和谐相处,既要认识自己,也要了解他人,尊重彼此个性,才能达到平衡,形成和谐的工作环境。教师与同事之间既合作又竞争。教师与同事之间既要精诚合作实现培养学生的共同目标,又要体现自己的价值实现自己本职工作的目标。教师与同事的交往难免出现摩擦或误会,这就需要有效沟通。有效沟通包括直接沟通、即时沟通、反复沟通等。直接沟通是指教师与同事之间出现问题或矛盾时应彼此坦诚地直接进行沟通,而不要通过第三者进行沟通。直接沟通可以表明彼此的诚意,有利于提高沟通效果。即时沟通是指教师与同事之间出现问题或矛盾时应在第一时间进行沟通,这样问题趋于简单,就事论事,沟通效果较好。时间拖得越久,问题越不容易解决,会变得更加复杂。反复沟通是指有时候教师与同事之间出现的问题比较复杂或比较重要,需要反复确定双方是否完全理解对方的目的和愿望。由于每个人对某句话语的理解不一样,容易出现误解或误会,因此,需要反复确定对方是否准确理解了自己的意图,保证沟通的有效性。只有沟通渠道畅通,教师与同事间的矛盾与摩擦才能得到有效解决。

2. 尊重他人,尊重自己,谦虚坦诚

"如果你希望别人怎样对待你,你就要怎样对待他人"——这是人际交往的黄金法则。孔子也说"己所不欲,勿施于人""己欲达而达人"。在学校里,不论是大型活动,还是日常教学,教师与同事间都需要相互协作共同完成某个任务。在与同事的合作过程中,应充分尊重同事的意见和利益。在与同事的相处中要学会谦虚坦诚、真诚待人,遇到问题时要学会站在对方的角度去考虑问题,设身处地地为他人着想。

3. 平等相处,宽容忍让,学会道歉

教师与同事之间由于经历、立场不同,对同一个问题往往会产生不同看法,引起争议。当遇到意见分歧时要做到:一是不要过分争论。过分争论容易激化矛盾,影响团结。不要将观点的差异变成人身攻击。二是不要回避争论或讥讽他人,不要完全"以和为贵"而失去原则。同时,双方应坦诚沟通,阐述理由,正面论述自己的观点,切不可言语中带有讥讽。力争在分歧中"求同存异",达成一致意见,要善于解决问题。

在与同事发生矛盾时,需要主动忍让,多从自身找原因,换位思考,多为他人着想,避免矛盾激化。如果事后发现是自己不对,应主动承认错误,坦诚道歉,以诚感人,获得对方的谅解。

(三)教师与学校领导的关系

1. 教师要服从学校领导

首先,教师与学校领导是上下级关系。下级服从上级是学校发挥整体教育功能的要求,也是民主集中制的体现。其次,教师服从学校领导、执行领导的决策,是教师具有组织观念的一种表现。

2. 学校领导应尊重教师的意见和要求,竭诚为教师服务

从职能上看,学校领导工作的价值体现在教学效果上,而教学效果又主要表现为教师对教学内容实施的效果上。学校领导只有把教师视为服务对象,并全心全意地为教师服务,才能取得高效率的教学效果,才能最终实现自己的人生价值。树立为教师服务的意识,也是现代教育对学校领导提出的基本要求。

(四)教师与学生家长的关系

教师与学生家长具有共同的目标,即把学生(孩子)培养成一个对社会有用的人才。共同的目标需要教师与家长精诚合作、形成合力,而不是互相拆台、形成阻力。目前出现的所谓"5+2=0"现象,足以警示教师与家长应有效合作,而不是相互抵消。"5+2=0"现象是指学校对学生5天的正面教育被社会和家庭对学生2天的"负面影响"抵消掉了。因此,教师应利用一切

机会,向家长宣传自己的教育理念和教育方法,与家长保持密切联系,及时向家长通报学生在学校的表现,督促家长配合教师和学校的教育,使得学校教育的效果延伸发展。同时,教师还可以根据家长反映的学生情况及时调节对待学生的方式方法,做到真正的"因材施教"。

第三节 教师积极人际关系的培养

作为教师,虽然不需要像刘备一样拥有高超的人际手腕以广聚天下贤士,但是也需要进行人际关系的修炼,帮助我们营造幸福和谐的家庭关系、轻松愉快的同事关系和亲切融洽的师生关系,使我们享受健康幸福的生活。和谐融洽的人际关系使得教师之间交流教育教学经验、切磋业务互帮互学的机会增加;教师可以借助教研会、观摩课、师生座谈会以及日常生活中的谈话等多种渠道获得信息。和谐融洽的师生关系也能使得课堂教学中的互动更加自由活跃,学生的学习积极性、自主性得到促进,取得教学相长的良好局面。和谐融洽的人际关系也有利于学校组织效能的发挥和集体的巩固;营造出积极向上、团结合作的校园氛围,有利于教师工作的顺利开展和工作效率的提高。

人际关系是人与人之间通过动态的相互作用形成的心理关系。人际关系同态度一样由认知、情感和行为三种基本的心理成分构成,人际交往是沟通对象双方通过相互作用引起互相间的感知、理解、判断和评价,形成一定的认知结果、情感结果和行为表现的过程。教师的人际关系主要包括家庭关系、同事关系、师生关系。我们教师的人际关系修炼就需要做好"知""情""行"三个方面的工作,"知"就是要了解影响人际关系的要素,进行人际沟通的原则和技巧;并且要知道自己如何在与人交往中表现。"情"就是要了解在交往中对方表达的情绪感受的含义,调节自己的情绪情感的表达,知道在什么场合下表达积极的感情,何时需要控制消极感受的表达。"行"就是根据人际交往的原则和规律去先做做看,再反思反思,而后再做,做得更好些,不足的地方再去学习和提高。

一、建立良好师生关系

在教育过程中,学生喜欢教师就喜欢教师所教的学科,就更愿意接受教师的指导,这是一条具有普遍性的教育现象。教师只有懂得如何与学生沟通,懂得如何去满足学生的需要,并引导学生怎样去配合与协作,师生之间才会建立互相信任、互相尊重、互相理解、彼此接纳的良好关系,才会奏响教与学最完美和谐的乐章。

(一)与学生的相处之道

1. 尊重与真诚

对待学生也要同与其他人交往一样,首先做到尊重和真诚。

在新的互动教学模式下,教师的角色定位已经是"指导者"而非"告知者"。当今的教师需要建立师生平等的朋友式关系。尊重学生的天赋秉性,欣赏他的优点,接纳他的缺点。重视个别差异性,善于因材施教;对班上的每一名学生,我们教师对他们的爱和尊重应该是相同的,不同的只是爱与交流的方式。对于聪明伶俐、发展快的孩子,教师要对他们在肯定与表扬的同时提出更高的要求;对于发展一般的孩子,教师要注意加大激励的力度,激发其学习的积极性、主动性;对于"问题"多、发展慢的孩子,教师要多鼓励、多关怀,相信他们的潜力,帮助挖掘他们身上的闪光点,多为他们提供表现自己长处的机会,增强其自尊心和自信心,帮助他们逐步跟上大家的步伐。

教师真诚地对待学生,体现在教学过程中就是教师能够做到身教与言传并重,随时注意自己的行为表现,做到行为人师。言行一致是教师应该具有的美德,教师的良好形象会对学生产生潜移默化的影响,成为他们学习的榜样。教师对待学生的真诚,还体现在如果教师错了,就勇敢地向学生承认错误。虽然承认自己的错误看似是一种自我否定,但敢于承认错误会带给你更多学生的认可和尊重。相反地,如果作为教师明知自己错了而不承认,会使你丧失在学生们面前的师道尊严。另一方面,勇于承认自己的错误,并积极主动地改进,不仅会使学生们对你表现出宽容,也是你成为教育同学们"知错必改"生动的示范。这样的行为方式,不但不会降低你在学生心目中的形象,反而会让学生们更愿意亲近你。只有这样师生之间的情感才会融洽。教师在学生的眼里才能被视为良师益友。

2. 沟通与合作

师生间的沟通同样也是从倾听开始的。常与学生聊天,倾听学生说话,可以了解学生的想法与问题,可以促进与学生沟通的针对性。同时,师生沟通中教师也要善于要求、鼓励、引导学生。合理地要求学生,鼓励他们自我比较、自我超越。多问些开放式的问题,少问封闭式的问题,逐渐将学习的主动性转移给学生,帮助学生主动引发学习兴趣。多给学生发言的机会,且多注意到能力较差的学生,重视学习的过程甚于学习的结果。引导学生认识自己的兴趣、爱好和特长,协助他们规划未来的人生蓝图。

在与学生的沟通中,很重要的一点是教师要掌握批评学生的艺术。虽然不到不得已时决不要随便批评别人,但有时善意的批评是对恰当行为的很有必要的一种反馈方式。作为老师,掌握批评的艺术是很有必要的。平等的师生关系,要求我们在批评教育学生时注意方式、方法,要以尊重和关心、爱护学生为工作的出发点,讲究批评的艺术。比如,在批评教育学生时用轻言细语代替大声训斥。轻声细语的对话体现着教师对学生的尊重和信赖。不论学生出现什么"问题",教师都要控制自己"恨铁不成钢"的急躁情绪,用轻言细语与学生对话,告诉他刚才的行为,让他想想这样对不对？为什么？然后，老师和学生一起分析应该怎样做。温和亲切的语调表现了教师良好的情绪和心境，它将强烈地感染到学生，使学生通过冷静思考，理解教育者的要求；也将增强学生对教师的信任感和主动与教师进行交流的自信心。轻声细语的对话方式下，学生没有精神压力，很容易和老师说出自己的真实想法；教师在了解学生的前提下，也才能够更有针对性和实效性地进行教育。采用恰当的方式对学生进行批评教育，可以消除学生的逆反心理，也会使学生真正地从教师的批评中得以成长，进而感谢和感激教师的批评，营造良好的师生关系，赢得教学中师生的良好合作。

3. 课堂交流的艺术

教师与学生更多的交流是在课堂上，平等的师生关系，宽松活跃的课堂氛围，主导性、启发性的提问，生动、幽默的语言，都是课堂上有效沟通的必备条件。

(二)与学生家长沟通的方法

要建立良好的师生关系，除了要做好直接与学生交流的工作外，还有一个重要的方面就是与学生家长的良好沟通，教师与家长的和谐交流是师生关系和谐的延伸。这两方面的沟通效果共同决定了师生关系的质量。

采用恰当的方式与家长进行沟通，是教师与家长建立良好关系的一个重要前提。教师可以根据学生的情况和不同的教学阶段，采用灵活多种的方式与学生家长沟通，从而使家长了解学生在校学习、生活的情况，并赢得家长对学校更多的理解和支持。与家长有效沟通的建议如下。

（1）专注倾听家长、学生的诉求与反应，设身处地去了解家长与学生的需求与期望。以往的家校沟通，通常是教师向家长汇报孩子在学校的表现或指导家长如何配合学校教育孩子，家长和学生很少有机会表达自己的意见。挑战一下传统的做法，教师多

第六章 教师人际关系与心理适应研究

听少说,或许更能赢得家长和学生的好感和信任。

(2)尊重家长与学生的个别想法,信任他们有解决问题的能力。

(3)沟通过程中,与家长一同分担与分享孩子成长的苦和乐,并与家长共同努力发掘孩子的优势和潜能,明确发展方向。

(4)即使孩子犯了很大的错误,也要尽可能心平气和地处理家长或学生的问题。教师与家长沟通时尽量避免经常给孩子告状、打"小报告",不要把家长当作学生一样进行批评教育,尤其不要学生一表现不好就请家长,那样的教师是不会受到学生和家长尊重的。

二、建立人际互动关系

(一)积极人际互动的意义

教师人际交往的实践意义有如下几个方面。

(1)教师为人师表,承担教书育人的重任,与学生形成良好的人际关系是教师有效教育教学、促进学生各方面素质得到健康发展的重要前提之一。教师与学生的交往是否充分、关系是否融洽,直接影响教育教学效果的好坏。良好的师生交往能激励双方的活动积极性和活动热情,使师生双方感情融洽,实现教学相长,使教学教育工作取得良好的效果。以往的众多研究都表明,良好的师生互动对提高学生的学业成绩、培养他们的自我意识、让学生更好地进行学校适应以及发展他们的社会性行为等有显著的影响。曾经有一位语文教师,由于工作关系需要出差一个月,这位教师还担任一个班的班主任。不过,在出差的日子里,这位教师经常给班级写信,交流自己的行程与见闻。学生们每次接到班主任从远方的来信,整个班级都欣喜若狂。尽管班主任不在学校,但这个班级学生的学习劲头丝毫没有松懈,甚至更高了。等班主任出差回来,在学校测验中,这个班的成绩并没有像班主任当初担心的那样下滑,而是有了大幅度的提高。这个故事解释了积极的师生关系对学生学习积极性有促进作用。

(2)有利于教师自身的提高和发展以及心理平衡。教师的人际交往有助于教师的心理发展与身心健康。教师作为一个社会成员,有获得尊重的需要,有着强烈的合群需要,希望获得友谊,获得社会团体的接纳和认可。教师通过与他人的人际交往,诉说各自的喜怒哀乐,能引起彼此间强烈的共鸣,从而在心理上产生一种归属感和安全感。

(3)由于人际交往总是伴随着相应的情绪情感体验,良好的人际交往关系使交往双方的社会性需要得到了满足,因而能产生情绪情感上满意的体验,表现为彼此心理相容或相互吸引,激发人们的工作热情、工作动机和工作努力程度。教师拥有良好的人际交往,能为自己形成轻松、良好的心理气氛和心理环境,有利于教师发挥自身的潜力和角色作用。相反,不良的人际交往关系使教师感到不安和不满意、情绪低落,这都不利于教师角色作用的发挥和学生的健康发展。

良好的人际关系需要教师运用适当的人际互动技能,正确处理与学生、同事、领导以及学生家长之间的关系,为自己创造一个良好的工作和生活环境。

(二)与学生之间的互动技能

教师是师生关系的主导者。要形成良好的师生关系,教师首先要注意以下三个交往原则。

1.了解和研究学生

教师必须把学生作为具有潜力、需要和志向的人去认可,发现和了解他们的特性。通过对学生的积极评价,让每个学生深信不疑:自己具有一定的潜能,甚至是优秀的潜能,只要积极努力就能挖掘出自己的潜能。这样做一方面可以鼓励学生努力学习,发挥自己的才能;另一方面,教师才能对学生有充分的了解,才能

第六章　教师人际关系与心理适应研究

在学生的原有基础上有的放矢地施教,以起到事半功倍的作用。

2. 学会宽容和尊重,用正确的教育方式对待学生

教师必须随时提醒自己要学会宽容,学会换位思考,以同龄人的心态理解、尊重学生。教师信任学生,尊重学生,就能唤起他们的自尊心、自强心,鼓励他们发奋学习,战胜困难,产生强大的内在动力,人格得到充分的发展。

3. 主动交往

教师要选择好交往方式,主动与学生交往。在师生交往中,学生常常喜欢主动亲近教师,与教师沟通。一些教师却经常因为工作太忙,有意和无意地忽略了与学生的沟通与交流。长期下去,师生交往很难发展。所以,教师必须重视与学生的交往。教师在与学生交往时所采取的态度是决定师生关系发展的关键。教师对学生的指导、帮助和尊重,会引发学生的崇敬、服从和支持;对学生的指责、惩罚和拒绝,会引起学生的反抗甚至仇恨等相应行为;而教师一味讨好、迎合和无原则退让,必然导致学生的不尊重、放任和不服从行为。

有些教师会说:"道理我们都懂,但是做起来就很困难,这些原则性的东西实施起来并不是想象中那么容易",所谓"说起来容易,做起来难""有没有什么具体的操作技能让我们参考呢?"确实,大道理人人都懂,教书育人的教师更是非常了解,但是如何做到呢?用什么方式做呢?我们认为,作为现代社会的教师,仅仅了解一些与学生交往的基本原则是远远不够的,还需要懂得一些实际的人际互动技能。具体来说,教师在与学生的人际交往中,要讲究以下四个策略。

(1)要想了解和研究学生,主动和学生交往,就必须要创造与学生一对一交流的机会,鼓励与学生的私人交谈,如利用课余时间与学生聊天,或是与学生一起参与课外活动。

在课堂上,可以最大限度地增强个体间或小组间的交流,在上课时穿插与学生的交流;另外,还可以运用书面评价,在学生

交的作业上写一些鼓励性的话语,或是自己的期望和想法,让学生知道老师对他的关注;还可以充分利用非言语交流,如轻拍学生的肩膀,或站在他们身边。一般来说,只要人们能够在一起亲切、融洽地交谈,那么这些人之间就会形成一种联系:在和谐、关爱的气氛下共度的美好时光越多,就越有可能产生健康、积极的人际关系。因此,教师给予学生的关心和爱护的时间越多,学生就会对教师产生越多的亲近感和信任感。

(2)与学生建立亲密的师生关系,需要运用适当的自我表露。约翰逊(D.Johnson)在有关人际关系有效性的论述中指出,自我表露是建立亲密无间人际关系的关键;没有自我表露,真正的亲密的个人关系是很难建立的。教师的职责是与学生建立有效的联系,让学生体会到与教师在情感上息息相通,并相信教师能够热诚地满足他们的需求。适合于师生关系的自我表露行为是教师与学生分享自己的情感、观点和经历,并通过这种方式帮助学生,改进他们的学习进程。个人信息的分享能促进学生的学习热情,也在师生之间架起了一座桥梁。

(3)在与学生相处过程中,抱有积极预期的教师更容易成功地培养出优秀的学生。胡恩(C.J. Hurm)等人研究发现,学校对学生抱以高期望是促使其取得学业成就的决定性因素。较高的期望值被学生内化后会产生强大的动力,当别人一直告诉他"你能做到,你是一个聪明、有能力的人"时,此人自然会觉得自己是聪明而有能力的。对学生抱有较高的期望并明确地认同他们的能力的教师,更容易与学生建立良好的关系。也就是说,教师要相信学生的能力,同时对他们怀有较高的期望,把注意力集中在他们的学术能力上而不是对他们不能做或不愿做的事情表现出失望或沮丧的情绪。

(4)在学生中形成集体归属感。在学生中形成集体归属感,是另一种培养有效师生关系的方法。这里所说的集体是关系集体,生活在其中的人们通过人际交往和社会关系联系起来。当教师鼓励学生为他人冒险,进行真诚的自我表露,并与他人分享自己的经历来建立亲密关系时,学生间便形成了集体归属感,他们之间会有一种归属和亲密的感觉。这种包容性也会使教师融入学生集体中,学生与学生、学生与教师间都会感受到亲密的关系。建立集体归属感的一个好方法就是将仪式和传统引入教学。仪式是每次都以同一种方式进行的活动,如在周五课上的最后15分钟被留作公开讨论的时间。教师要为学生创造共同的经历,以便给他们提供共同的条件和熟悉的管理,在学生中形成集体归属感。

(三)与同事之间的人际交往

"十年树木,百年树人。""树人"是一项大工程,不是靠一两个人能完成的。学校的教学活动和各项工作,都需要每一个教师的密切合作、相互配合才能完成。教师之间的相处与交往,对学校的形象和学生的行为都有非常重要的影响,也直接关系教师自己的工作、事业的进步与发展,因此,了解与同事的交往原则对教师来说非常必要。

1. 与同事交往的原则

(1)相互尊重,相互信任。相互尊重是形成良好人际关系的基础。同事关系以共同的工作为基础,不同于一般的亲属关系,所以在与同事的交往中要尊重他人的观点和看法,要尊重他人的隐私。

(2)关心同事,主动交往。每个人都有得到别人的关心和注意的需要。当一个人感受到周围的同事对他的尊重和关心时,他的心中就会有温暖、安全的感觉,充满自信和快乐。同时,他也会同样地去关心别人,这样相互之间就容易有一种友好、亲密的关系。

(3)真诚相待,互惠互利。在与同事的交往中,真诚非常重要。在同事面前应表里如一,切忌虚伪客套、言不由衷,否则给人感觉很假,会让同事之间产生隔膜。

(4)保持适当的人际交往距离。同事之间的交往,应保持适当的距离,不宜过分深入对方私人生活,导致交往过密,超出一般同事的关系。

2. 与同事交往的技能

承认和欣赏别人的优点是认识和发现自己的一个重要途径,害怕或不敢正视别人的优点就无从发现自己的优点。当一个人受到别人的夸奖时,他除了自己有成就感外,还会感受到别人对他的尊重、尊敬与关怀,同时也更乐意和你接近。因此,在与同事交往的过程中,不要吝啬自己的言语,"举口之劳"的赞美,不仅能够带给别人无限的快乐,也会让别人更乐于与你交往。

(四)与学校领导之间的人际交往

1. 与领导交往的原则

教师与学校领导之间的人际互动,是教师工作态度、工作绩效、工作满意度的重要影响因素之一。在学校里,由于教师与学校领导既是上下级关系,又是平等的同事关系,因此,他们之间容易出现人际沟通问题。由于教师和学校领导的角色蕴含的权力不等,他们之间较难实现平等和坦诚的互动。由于这个原因,教师和学校领导的沟通应把握下列三项原则。

(1)坦诚沟通的原则。为什么同样的环境下仍然有一些教师和学校领导能够融洽相处,而发生激烈冲突的只是一小部分教师呢？究其原因,有的教师对学校领导心存畏惧,见到学校领导就躲;学校领导询问情况时,教师言语闪烁,导致教师和领导隔膜越来越深。如果教师与学校领导之间缺少交流、有了隔阂,就容易出现误解。有的教师则时常主动找学校领导沟通,抓住一切机会让学校领导知道自己的教学方法、教学手段、所教班级的实际情况。这样下去,彼此就会增进理解、建立信任。

作为教师不能被动地等待领导理解,而应主动沟通。只要教师和领导坦诚相对,增进彼此的了解,形成良好的互动,教师就能获得更大的动力和能量,更加快乐地工作。

（2）角色互换的原则。教师只有与学校领导站在同样的位置，才能够体会学校领导如何思考问题，所以，要学会理解学校领导的思路和决策，不断努力充实自己。由于教师与学校领导所处的位置不同、掌握的信息量有别、眼界大小各异，因此，教师应主动去理解学校领导的意图，才会赢得学校领导的理解和支持。

（3）主动承担责任的原则。当学校领导安排任务时，教师要积极承担责任，替学校领导分担压力，这样会逐渐获得学校领导的赏识。如果教师遇事推三阻四，一副心不甘、情不愿的样子，会令学校领导心灰意冷。这样的教师当然也得不到学校领导的青睐。

2. 与领导交往的技能

（1）明确领导的意图，主动出谋划策。学校领导的意图要转化为具体的行为，首先要教师心领神会，充分把握。只有明确领导的意图，才能进一步开展工作。在接受领导布置的工作时，要积极主动为领导出谋划策，以确保任务顺利完成。

（2）恪尽职守，做好本职工作。学校各项工作的正常开展，从根本上说，取决于教师能否按时按量地完成领导布置的各项任务。作为一名教师，要时时严格要求自己，恪尽职守，做好本职工作。争取做好每一项工作，这也是对领导工作的最大支持。

（3）给领导提建议时要掌握策略方法。当教师发现领导错误地制定了一项方案或是发出错误的指示时，教师需要指出来，以避免日后的损失。但是在给领导提建议时，需要讲究时机，掌握方式方法，才能让领导心悦诚服地接受。一是不能在领导的方案或指示刚出口，就立即表示反对，这样会使领导产生逆反心理，可以在领导心情好的时候，把不同意见告诉他；二是应在与领导单独相处时，对领导提出不同意见，要注意维护领导的威信。

（五）与学生家长之间的交往技能

学生健康是教师和学生家长的共同目标，因此，充当父母的代育人是教师的职业角色之一。从这个意义上说，教师与学生家长的关系是一种以同一目标为中心,建立在彼此信任、谅解、支持基础上的人际关系。教师与家长相互联系,互通情况,促进家庭与学校之间的积极配合,才能形成教育学生的合力,促进学生的健康发展。下面是教师与学生家长互动过程中,需要把握的一些原则与技能。

1. 与学生家长交往的原则

教师与学生家长交往时,教师需要做到:尊重学生家长,平等相待。教师在与学生家长相处时,不要摆出训导者的架势,以免伤害学生家长的自尊心。教师和学生家长是平等的。在学生家长面前,教师要谦虚礼貌,营造和谐气氛,这样才能缩短双方可能产生的距离,学生家长才会敞开心扉。

2. 与学生家长交往的技能

(1)作为一位倾听者。在与学生家长的交往过程中,教师可以了解学生的各方面情况,虚心向学生家长请教,听取他们的意见和建议,以更好地改进教育工作。

(2)作为一位沟通者。在与学生家长的沟通中,客观地向学生家长反映学生各方面的情况,不要伤害学生家长的感情。

(3)作为一位协商者。在与学生家长的交往过程中,应平等地与学生家长共同商讨对学生的教育方法和措施,帮助家长教育学生。

三、提高自身吸引力

现代社会中,由于工作和生活节奏的加快,人与人之间接触和联系的概率也大大增加。有人做过这样的统计,一个人在一生中与他人有过重要交往的平均人数约为500人。这不能不提醒我们应该努力去营造好自己的人际关系,因为它在很大程度上决定了我们的快乐或烦恼,也在为事业的发展创造机会或设置障碍。那么要怎样做才能使自己的人际活动更加和谐融洽呢?良好的人际形象会帮我们大大提高人际吸引的力度和效果。

人与人之间因种种原因形成的友好、亲近和喜欢等心理现象被称为人际吸引。其中因素包括需要的互补、时空的接近、共同的特征、交往的频率、功利的交换以及才华、仪表等。而在这种吸引开始发生的时候,对方在自己心目中所形成和确定的形象,被称之为人际形象。如果交往双方都具备了对方所倾向的吸引条件的话,那么形成的人际形象当然不会错,沟通也就自然而然地发生了。对教师而言,在职业范围内的人际吸引主要来自学生,教师以其真诚、乐观、积极、开放的态度和热情、宽容、睿智、幽默的性格特征感染和影响着学生,会在无形中起到示范的作用,这就是我们所说的人格魅力。而每一个教师在关注自己人际形象的同时,其实也是在为塑造整个教师群体的形象贡献力量。

（1）完善自我。不同的教师在教学方法和教学风格上存在着普遍的差异,在大多数情况下,这些不同的教学方法和教学风格在实际效果上都是各具特色、各有千秋的,因此在客观上具有自我肯定和自我欣赏的基础。

（2）发展自我。具有远大理想和宏伟志向的人,真正志存高远的人会遥视远方的目标,不断发现自己与目标之间的距离,根本来不及骄傲。

学生对教师的评价来自教师日常的行为表现。作为教师,与学生交流最多的场所就是课堂。因此教师在教学过程表现出教法单调、呆板,表达能力差,对课堂秩序控制不利就成为学生产生否定态度的主要原因了。这实际上是教师专业能力和从业态度的体现,而能力的提高必须依赖于教师工作态度的改进。对有些教学水平不高的教师,学生却并不很排斥,因为他们正以积极的态度,不断地努力提高自己的业务水平,这一点学生看得很清楚。相反,有的教师很具潜力但却不愿把精力更多地投入工作,得过且过,才是学生最反感的。

在管理中专制独断,教育学生时讽刺挖苦或态度急躁,对待学生不公平、偏心,教育方式简单生硬等表现,所反映出的是教师自身修养水平的欠缺和性格成分中的某些缺陷,这都会令学生产生反感而影响师生关系。此外,平时一些看似细节而教师本人并不太在意的问题,像不修边幅、不讲卫生或服饰装扮过于时尚、夸张;言行举止随意、粗俗或者煞有介事、做作,还包括不守时,经常迟到或拖堂等,都会破坏教师在学生心目中的人际形象。

四、积极协调各种关系

教师在其特定的职业范围内,所涉及的人际关系类型相对简单一些,主要是与领导、同事、学生之间发生人际互动,当然还包括其他如学生家长等相关人群。但是由于这些群体,特别是学生群体数量较大且沟通渠道多样,所以教师在适应方面就必须不断探索、调整,以建立起有利于工作和促进自我身心健康发展的良好人际关系。

教师的同事关系实际上是教师集体内部的人际关系,这种关系是建立在共同的工作任务和特定组织环境基础上的,其状况对于学校工作任务的完成具有重要的意义。在这里,我们将从集体意识以及竞争与合作的角度来探讨教师之间的交往问题。

领导的支持是做好工作的重要条件,因此,只有争取到领导的支持才能把工作做得更好。要获得领导支持,就要让领导了解情况,包括现实问题和对策建议,这样,领导才能明确地表示态度,支持教师的工作。在此过程中,教师不仅要积极向领导汇报自己的工作情况与需要解决的问题,还应该把自己的一些具体建议或解决问题的方案提供给领导,这样便于领导选择和决策,比较容易得到领导的支持。在这里要注意,对领导一时没能给予支持的事情,要有耐心,等待时机再去争取,而不要立即表示不满,背后随便议论,或者发牢骚、说怪话,这样容易造成误会,影响上下级的关系和团结,争取领导支持也就更困难了。

师生关系历来就是教育中的一个关键性问题。对于学生来讲,师生关系对其学习态度、学习兴趣、学习效果及个性发展等方

第六章 教师人际关系与心理适应研究

面都有重要影响；反过来对教师而言，师生关系对教师的工作信心和热情也同样会产生特别的作用。可以说，对一个优秀教师而言，其教育理念的体现和教育效果的取得，无不是通过良好师生关系的建立以及合理的交往与沟通来实现的。所以教师必须掌握建立良好师生关系的基本规律和要领。

教师与学生在追求教与学的目标方面存在着差异。教师由于其角色身份，向学生提出的目标要求通常来自政府教育部门和学校组织的意愿，这就很难以每一位学生为出发点。如果这时教师一味强调自己的权威性，固执己见的话，冲突就无法得到控制。只有以民主的方式、平等的姿态同学生沟通以形成共识，用非权力的影响力对学生进行约束和教导，才能最终形成共同目标。

师生这对矛盾体在人际互动中呈现出一种特别的样式，调整适当会朝有利于沟通的方向转化，控制不当而导致的冲突激化则很可能造成严重的后果。所以教师应在实践中积极探索并逐渐掌握适合自己的行为调控方法，将师生之间的心理距离调试到一个恰当的位置，使自己真正去理解和洞悉学生心理的差异性，因材施教。要引导师生人际交往步入良性循环，为教育目标的实现和学生的全面发展创造条件。

在教师职业范围内，除上述的与学生、与同事、与领导等典型人际关系表现外，还有一些与之相关的人际活动，如同学生家长的交往、对自己子女的教育与沟通等。

教师与家长之间的人际交往具有非常重要的意义和作用，它直接关系到学生能否得到一个来自家庭和学校共同形成的良好教育氛围。这其中首要的问题是教育要求的一致性，因为教师和家长都在对学生提出要求，但由于双方在教育观、价值观以及具体的教育方式上存在着差异，并且对学生自身的心理发展特点在认识上也不尽相同，所以具体要求经常不同甚至截然相反。

教师与家长的这种人际交往实际上是一种在共同目标下的合作关系，而作为其合作基础的学生，由于在家庭和学校中所承担的社会角色不同，相应的行为表现也有着不同。因此及时互通有无,使教师能够了解到学生的另外一面,更加全面地掌握更多信息,从而为调整、改进教育措施与手段,为因材施教提供依据。对家长而言,通过从教师那里获得的信息、受到的指导来纠正一些不正确的教育态度、教育观念和教育方法,优化家庭教育环境,把在学校里已取得的教育成果带回家,使之强化和巩固。

当然,形成、发展良好的合作关系必须遵循一定的原则,否则双方的差异势必会导致矛盾、分歧,令合作难以很好地进行下去。这些现象的背后,反映出的其实是同一类问题,即教师对学生和孩子的教育态度不一致。与教育态度紧密联系的具体教育方式所导致的结果是相同的:一方面孩子的发展受到影响,亲子关系不协调甚至严重破损;另一方面,教师对学生的教育、对家长的指导都会因此而缺乏说服力,降低工作绩效。

这些原则相辅相成,在教师与家长的合作中起到制约与保证的作用,使双方的互动积极有效地进行下去,引导交往向着有利于学生健康成长的方向发展。

第七章　教师压力与心理适应研究

在现代社会,任何人都无法避免压力,只能面对、控制或利用它。职业压力是教师最主要的压力,是影响教师心理健康的重要因素。它是个体处于威胁性刺激情境中,一时无法消除威胁、脱离困境时的一种被压迫的感受。帮助教师正确认识压力与职业压力源,使他们在巨大的工作压力下维持较高的心理健康水平,对教师的专业发展、对学生的健康成长,都具有重要的现实意义。

第一节　压力的内涵

压力,又称应激,是指有机体在生理或心理上受到威胁时出现的一种非特异性的身心紧张状态。压力可见于人类及其他高等脊椎动物。

压力已成为许多学科研究的重要课题,包括生理学、生物化学、免疫学、生物学、医学、心理学、社会学、人类学和工效学等。适度的紧张对人有益,使人注意力集中,学习、工作效率高。过强、过久的紧张不仅会损害人的学习与工作效率,而且会威胁人的身心健康,甚至造成疾病。

一、压力的形成机制

《科学美国人》杂志上曾发表过这样一个实验研究,名为"猴子经理的溃疡"。实验者将两只身体条件相同的猴子关在两个相邻的笼子里。一只是实验猴,一只是对照猴。外界可以通过装在笼子里的传感器对两只猴子随机实施电刺激。实验猴的笼子里面有一个特殊的装置,在电刺激来临之前会亮一盏红灯。实验猴很快在红灯和电刺激之间建立起条件反射,只要红灯亮起,很快就要挨电了,必须关掉了红灯开关才能躲避电击。而对照猴没有此项特殊装置,只是偶尔会遭到电击,自己对此也无能为力。正式实验进行了20天,实验猴就因为严重的消化道溃疡死掉了。心理学家分析道,"猴子经理"为了免遭电击,整天高度紧张,神情紧绷,背负了沉重的精神压力,对其身心造成了很大损害。

由此可见,在很多情况下压力本身并不可怕,对压力的过度感知和应激反应才是造成心理健康异常的主要问题。也就是说,压力一旦成为心病,成为了精神负担,成为了心理压力,其负面作用就开始显现了。那么,面对同样的压力源(工作任务、环境变迁、生活事件、日常琐事等),为什么有的人没有心理压力,有的人感受到很小压力,有的人却感到压力难以承受?心理学上对此有不同的研究,一般认为压力的感知和形成可能与多方面原因有关。一种理论认为压力是个体与环境不匹配的结果。也就是说,压力是个体因素和环境因素相互联系和作用的结果。在许多情况下,压力的产生是个体的知识、能力、个性及行为方式与组织的工作要求、组织文化的不匹配、不适应造成的。当这种不匹配发生时,个体的效能感有可能降低或减弱,压力也会随之产生。并不是所有教师都适合这一职业,教师的心理因素与学校环境不匹配时,压力感就会被放大。

另一种理论认为压力是缺乏自我控制和社会支持的结果。有科学家对工作要求(任务负荷及难度)、控制(专业能力与决策权力)和支持(来自组织的支持)之间关系进行实验研究,发现高要求、低控制、低支持,会降低个体的工作激情和动机,使个体感受到更高的压力;同样是在高要求条件下,提高控制和支持水平,可以增强个体的学习和发展的动机,降低他对压力的感知程度。也就是说,高控制和高支持可以抵消高要求对身心健康的消极影响。当前,我们很多中小学教师都处于一种高压力、低支持、低控制的工作状态中。

还有一种理论认为,压力是个体认知评价的结果。在许多情况下,我们对所处环境或所承担任务有可能产生的威胁做出评价。首先对情境事件的重要或威胁程度做出评价,然后对可利用资源(自身能力和外界支持)的应对程度做出评价。经过两次评价之后,如果觉得自身难以应对这些外在威胁,就会产生对压力的感受。

二、教师职业压力现状分析

现实生活中教师的职业压力究竟有多大呢?我们不妨来进行一项心理压力测试。

教师心理压力自测题如下。

请大家在括号里填"Y"或"N","Y"表示"是",计1分,"N"表示"否",计0分。

1. 你是否在嘈杂的环境中工作或者生活?( )
2. 你是否有时候很难集中注意力?( )
3. 你是否经常受失眠的困扰?( )
4. 你是否对工作不满意或觉得责任太重?( )
5. 你是否为计划进展不顺利而恼火?( )
6. 你是否因工作繁忙难以享受生活而感到烦恼?( )
7. 你是否觉得难以处理好教师的多重角色?( )
8. 你是否担心学生出问题,学校会归咎于教师?( )
9. 你是否觉得自己努力工作,但工作绩效不显著?( )
10. 你是否因过于注重他人评价和行为而感到紧张?( )
11. 你是否和某些人包括亲人经常争吵?( )
12. 你是否常对家人或者小孩子没有耐心?( )
13. 你是否常无法安静下来,并且容易感到紧张?( )
14. 你是否经常头疼或者胃疼?( )

15. 你是否经常忘记了东西放在哪里？（ ）
16. 你是否出现过暴饮暴食？（ ）
17. 你是否有家人健康状况不良？（ ）
18. 你是否考虑到家庭的经济状况？（ ）
19. 你是否觉得做什么事情都提不起兴趣？（ ）
20. 你是否常觉得没有可以倾诉的地方？（ ）

测试结果：

4-6分：你的心理压力不大，这是很好的状态。

6-12分：你的心理压力较大，要冷静下来，了解自己的压力源，正确看待工作中的问题，保证休息，缓解压力。

大于12分：你的心理压力很大。你要放松自己的紧张心态，多与朋友交流，并要冷静下来思考如何减压。

三、教师的压力反应

机体面对压力会产生相应的反应，压力的反应可以分为生理反应、心理反应和行为反应。

（一）压力的生理反应

压力的生理反应可以分为两种：一种是遭遇突发状况下所发生的反应；另一种是长期处在压力下所产生的反应。当遇到突如其来的威胁性情境时，个体为了维护生命，会立即进入应激应变状态，此时生理上会发生一种反应现象。例如，心跳加快、呼吸急促、脸红、手脚发抖等。当个体处在持续的压力下，可能就无法再适应这些压力，此时个体就会产生疾病或出现衰退。

加拿大心理学家汉·塞利（Hans Selye）认为，长期性的高度压力会使身体产生一种非特定性（nonspecific）的适应性生理反应，他称这种行为模式为"一般适应症状"（General Adaptation Syndrome，GAS）。他认为这个症状包括三个阶段。

第一阶段是警觉反应阶段。当压力源出现时，为了使受到威胁的个体迅速恢复正常,个体的生理会出现各种变化,如头痛、胃痛等。

第二阶段是抗拒阶段。即当压力持续存在,个体对原先的刺激抗拒力会增加,第一阶段出现的症状会消失,但是对其他压力来源的抗拒却反而降低了。

第三阶段是耗竭阶段。当个体持续处在具有威胁性的刺激情境下时,个体可能就没有办法抗拒下去,第一阶段的许多症状又重新出现,身体出现衰退或衰竭。如果压力再持续,个体可能就会死亡。

(二)压力的心理反应

压力的心理反应包括情绪反应和认知反应两个方面。

1. 压力的情绪反应

大部分的压力会使人不舒服,产生忧郁、焦虑、沮丧、烦躁等不愉快的情绪。例如,当一个人失去亲人时,情绪会很低落,很忧郁;在短时间内要完成很多工作时,会感到很焦虑、很烦躁等。也有一少部分压力会使人感到兴奋和愉悦,如领导的期望和信任等。

2. 压力的认知反应

当一个压力来源被认定对个人有威胁时,人的注意力、记忆力、判断能力、决策能力等都会受到影响。一般而言,压力越大,人的认知能力以及弹性思考就会越差,威胁就更不易被消除。在压力状态下,人的知觉能力会下降,思想会不太活跃,反应会比较迟钝。

(三)压力的行为反应

当个体面对压力,在产生生理反应和心理反应的同时,还会产生行为反应。面对不同程度的压力,个体会有不同形式的行为表现。有些压力会使一些生理性的行为增多。例如,有些人面对压力时会不停地吃零食,有些人则会酗酒或过度抽烟。一般而言,轻度的压力会使个体精力较为集中,也更加警觉,因而会导致正向的行为适应。过度的压力会压抑行为,甚至导致个体完全不能动,或者造成攻击对方。

(四)压力的认知反应

1. 认知功能障碍

当人感受到压力时,常出现不同程度的认知功能障碍。其原因有两个方面:一是造成机体内障碍性的紊乱而损害人的认识功能,如作为压力源的一些疾病,可以直接损害人的智能;二是压力引起的消极的情绪反应降低了人的认识能力。在压力状态下,由于认识功能障碍,人们往往会做出一些错误的判断,出现一些不适当的冲动行为。

2. 自我评估能力降低

这往往是由于压力引起的机体内部稳定的紊乱使人的自主感和自信心受到破坏。

我国中小学教师工作压力反应主要表现为:生理反应,如疲劳,有头疼、气闷、耳鸣等身体不适的情形发生,食欲下降,睡眠状况不佳等;心理反应,如焦虑、紧张、情绪低落、注意力不如以前集中、记忆力下降、有离职倾向等;行为反应,如吸烟次数增多、爱发脾气、对子女教育不如以前关心等。

第二节 教师压力的主要来源与职业倦怠

一、职业压力及压力源

"压力"一词源于拉丁文的 stringere,原意是"扩张、延伸、抽取"的意思。用人与环境交互作用模型解释压力的各种理论中,

第七章　教师压力与心理适应研究

最具代表性也最完整的是拉扎罗斯(R. Lazarus)提出的压力的认知交互理论——认知评价和应对。在阐释压力这个概念时,引起压力的情境因素一般称为压力源。

压力源的分类比较复杂,可以从多个角度进行考察。工作情境中的压力源一般包括下列四种因素。

第一,工作要求和控制。

第二,角色冲突、角色模糊和角色过度负荷。

第三,需要为他人负责的工作。

第四,与领导和同事的关系。

这里我们将指出人类所共有的三种心理需求,以帮助我们理解以上所列的情境因素为什么会成为压力源。

第一种心理需求是建立和保持秩序、合理性和意义。

第二种心理需求是自主地进行决策和执行的力量。高要求和低控制的工作情境就在一定程度上剥夺了个体自主决策和执行的需求。

第三种心理需求是成功与实现,尤其是实现自己认为有价值的目标。如角色模糊会造成个体无法看清自己的努力与结果之间的联系,使目标以及成功所需要的技术、技能都变得模糊不清,这种状态无疑会妨碍个体在工作中取得成功。

以竞争上岗和末位淘汰为主要特征的教师聘任制,给广大教师带来的冲击是巨大的。这些发现与西方研究的结论有所不同,体现出中国社会的特殊性。看来,我们需要继续加强教师职业压力以及心理健康问题的本土化研究,为解决我国教育系统的现实问题提供支持,也可为国际该领域研究提供跨文化的研究案例。

二、教师的职业压力源

(一)角色冲突、角色模糊和角色过度负荷

很多研究者认为,角色冲突、角色模糊以及角色过度负荷,一直以来都是教师这一职业本身的内在特征。在伍兹（P. Woods, 1989）的一项教师压力研究中，一位教师精辟地指出，教师面临的最大挑战就是处理"这个职业生来就有的精神分裂症"。

人们要求教师承担多种角色，而且这些角色经常是互相矛盾的。教师要给学生提供学业上的指导，要维持课堂纪律，满足学生的社会与情感需求，还要满足学生、学校管理者、家长和社会对教师的期望，而这些期望经常是冲突的。有时候，教师还要协调国家政策上的冲突。如教育部号召学生"减负"，但对学生学业能力的评价标准却没有发生相应的变化，学校和家长依然追求升学率，这些冲突和矛盾只能依靠教师协调和解决。从课堂活动上看，大多数教师每天要花大量的时间与一群各方面都不成熟的未成年人挤在一个教室里。这些学生背景各异，爱好、能力、个性的差别也很大，而当代社会强烈要求教师对每个学生给予同样的关注，要满足每个学生的需要。此外，在课堂中，很多事件会同时以一种不可预测的方式出现，速度很快，而且随机发生，这些事件都需要教师及时、妥善地加以处理。比如，在讲解一道重要的数学题时，突然出现纪律问题，那么教师是先中断讲解的过程停下来维持纪律，还是先忽视纪律问题继续讲解呢？这些课堂上的问题都会引起角色冲突和工作超载。

（二）学生的不良行为

学生的不良行为，如不遵守纪律、漠视学习任务、学习成绩差，以及对教师进行口头或身体的中伤等，会成为教师的一个重要的压力源。纵览国外关于这方面的文献，我们发现，几乎全世界的教师都认为学生的不良行为是一种主要的职业压力源。有研究表明，几乎在全球，学生的纪律问题都会对教师的幸福感和健康产生破坏性作用。

（三）自主权的限制

我们将教师的职业特征与克雷斯提出的要求——控制压力

模型进行对照,可以发现,教师这一职业就是该模型所指的高要求、低控制的职业,因为教师的自主权虽然很受限制,但社会对教师的要求和期望不仅从来没有降低过,反而急剧提高。教学和课程改革的每一步推进都是对教师自身素质、能力水平的挑战。我们在前面提到过,控制,也就是自主权,是职业压力的一个重要调节因素,能缓解工作要求高带来的压力,而教师由于自主权受限制缺乏这种调节,心理压力才会长期得不到舒解。

(四)教育改革和变化

对于教师而言,社会和教育领域的改革、变化也经常成为潜在的压力源。一是信息化社会在一定程度上摧毁了教师作为"传道授业解惑者"的知识权威形象,同时又增加了教师专业成长的压力;二是深化教育改革、全面推进素质教育直接给教师提出了许多新要求,增加了教师适应的困难;三是现代化和社会发展催生了一批新职业、新精英,使教师职业评价的标准面临新的挑战。

法布尔(B.A.Farber)描述过一个假想实验,以帮助人们理解教师职业倦怠(一种与职业相关的心理健康问题)是如何产生的。想象一个实验,参加者是一个职业群体,大部分是女性。他们的情况是这样的:薪水有限;在每天6小时的工作时间里跟其他成人的接触也很有限;无法打电话,几乎没有什么隐私;要为一群孩子的情绪、社会性、智力的健康发展负责。社会认为他们的存在是必需的,而且他们是基本胜任的。社会期望他们能给每个孩子带来较大的进步,即使有些孩子是父母养育失败的作品。这些个体没有受过在本领域定期对工作进行回顾和评论的训练。

实验的操作是这样的:社会开始给这些个体更高的薪水待遇;在参加与工作有关的决策中,一些名副其实的改革运动赋予他们更多的发言权;同时政府和企业开始努力为他们创造出多种可供选择的方法和工具,来提高他们工作的创造性和有效性。然而,实验操作的同时还包括其他的条件:如公众对于他们工作成功的期望急剧上升,他们的工作成功与否由更严格的标准进行评价；也就是说，实际上，公众开始认为，除非每个孩子的成绩都达到平均水平或者更高，否则就说明这些个体做得不够。此外，公众的看法还发生了这样的变化，即该实验中的大部分个体应该为自己所管理的所有孩子负责，即使这些孩子的能力千差万别，即使这些孩子有生理缺陷、情绪障碍或者学习障碍。此外，还增加了一些制度上的规定，即规定这些个体除了完成日常工作外，还要做大量的文书工作，比如写报告、填表格等。

实验需要考察的问题是：实验操作会给这些个体带来什么样的结果？比起原先的情况，这些教师感受到更多的倦怠呢，还是更少的倦怠？其实，这个假想实验所描述的情况是全球性的，实验操作中所描述的变化在世界各地都发生过，包括在我国。

确实，通过教育改革，教师的地位和待遇提高了，学校的设备改善了，也有了更多可供教师利用的资源。然而，随着改革的推进，社会对教师的能力、努力程度的要求，以及监督和评价的严格性也在不断地上调，改革所提供给教师的资源不足以应付社会期望的急剧上升。其结果是教师产生了一种付出和回报之间显著不平衡的知觉。法布尔认为职业倦怠的根源就是这种不平衡感。

综上所述，我国中小学教师的职业压力既来源于教师职业的特殊性，又有我国传统文化和教育现状的影响，同时还表现出当前教师压力发展变化的新趋势，各种因素综合在一起，导致中小学教师的职业压力问题日益严重。

三、教师的职业倦怠

教师职业压力的直接后果便是职业倦怠。职业倦怠意味着职业生活的失败、耗尽和精疲力竭，表现在教师职业生活中便是无法顺利应对工作压力，以及在压力体验下产生的情绪、态度和行为的衰竭状态。这种状态使教师情绪低落，对教育教学工作缺乏兴趣和动力，对目前的职业生活产生厌烦和心力交瘁之感，从

第七章 教师压力与心理适应研究

而导致工作绩效的直线下降。目前,教师群体已成为职业倦怠的高发人群,职业倦怠是教师心理健康的大敌。

总之,职业倦怠是个体在职业压力长期负面的影响下形成的一种累积性的慢性反应,可以说,这是一种"慢性病"而不是"急症"。职业倦怠现象易发生在面向人的职业中,比如教育、服务和医疗行业。

(一)教师职业倦怠的表现

教师因为工作性质本身对于情感投入的强调以及工作负荷的巨大而成为职业倦怠的高危人群。经受着倦怠的教师一般表现为四个方面的症状:身体的、智力的、社会的和情绪的。每个方面所描述的症状都不是孤立的,而是与其他方面紧密结合、相互关联的。

1. 身体方面的表现

具有倦怠现象的教师表现出一种慢性衰竭。包括深度疲劳、失眠、头晕眼花、恶心、过敏、呼吸困难、肌肉疼痛和僵直、月经不调、腺体肿胀、咽喉痛、反复的流感、传染病、头痛、消化不良和后背痛等。

2. 智力方面的表现

倦怠对智力也存在着不可忽视的影响。表现之一就是决策能力降低。由于压力,决策容易变得草率、拖延或犹豫不决。个人对决策缺乏理智的判断和热情,一旦做出决定,又害怕承担相应的责任。

倦怠还表现为获取信息的不足。人们在工作时,会随时随地接受周围的大量信息,并对此做出判断和反馈。倦怠的教师往往会感到这些信息带来压力,无法很好处理这些信息,经常被头脑中的不良情绪困扰,注意力难以集中在一件事情上。

3. 社会方面的表现

（1）社会退缩。面对各种刺激纷纷袭来，很多教师感到精疲力竭，对一切都失去了兴趣。为了避免与人接触，有些人试图逃避。

（2）抱怨与玩世不恭。

（3）师生关系紧张。

（4）私人关系固化，家庭问题增加。

4. 情绪方面的表现

情绪方面的表现有否认或责备、愤怒与压抑、偏执性、自我贬损、刻板态度与抵抗变化。比如一位教师谈道："校长要求所有的老师都要写一份新学期的教学设计，要想出一些创新的教学模式，给我们一个星期的时间，由年级组长统一收上去。谁愿意写啊，没人愿意费那脑筋，写完了还不是那么回事，该怎么上课还怎么上课，搞活动又费时间又费精力，孩子们也不一定喜欢，还是照本宣科的好。不过我们倒是都交上去了，没办法，一定得交嘛，我们都是东拼西凑的。"

（二）职业倦怠的危害

出现了职业倦怠，首先受危害的是教师本人。被职业倦怠困扰的教师常常会有疲劳感，严重的还会出现头痛、失眠等躯体症状。他们经常心情恶劣，长期处于烦躁、易怒和过度紧张的状态。这些状况如果长期存在，不能得到缓解，教师的心理健康将会受到极大的威胁，甚至患上精神疾病。除此之外，由于生理和心理上的不适，教师个人的家庭环境也会受到波及，夫妻、亲子关系都有可能会出现裂痕，使个人问题最终演变为家庭问题。

尤其对于中小学老师来说，学生们无法从出现了职业倦怠的老师身上体验到关爱，也无法认同这些老师作为长者的行为。这种状况对于正在发展中的青少年的人格会产生极大的负面影响，其中的一些影响很可能会终生影响学生。

第七章　教师压力与心理适应研究

学校作为第三类受害者,也将受到教师职业倦怠的波及。学校的主要任务是教育学生。如果学校里老师不能全身心地投入到自己的工作中,教育这一最主要的职能将被大大削弱。而且如果学校里老师上课不投入,对学生没有耐心,课堂准备不充分,甚至无故离职,毫无疑问这所学校的教学质量也将令人担忧。同时由于职业倦怠往往伴随着人际关系的紧张,因此会导致学校内部同事关系的恶化,老师间矛盾不断,这种恶劣的人际环境最终会影响学校的稳定和教师工作的效率。

通过上面的分析,教师已经能够准确识别自己是否被压力所扰,是否产生了职业倦怠。在下一部分我们将开始介绍一系列有效的压力应对策略。鉴于职业倦怠对于教师们的危害远远大于对从事其他工作的人,在对一般性压力策略的讨论后,我们还将介绍几种针对职业倦怠的特殊解决策略。

(三)教师职业倦怠的中国特色

职业倦怠是玛斯莱奇等研究者在西方文化背景下抽象出的一种概念,并始终与情绪的倦怠感、人格的解体以及较低的成就感相提并论,当把这个概念应用于其他文化时,我们要注意其中可能会出现的差异。

研究表明,职业倦怠与教师的教龄、性别、所在学校的办学水平等因素有关。就教龄而言,参加工作 1～3 年的青年教师,精力充沛、上进心强,对职业生活充满憧憬,对教育工作充满激情,工作虽处于适应阶段,尚不会出现职业倦怠;随着教龄的增加(5~15 年),教育经验不断丰富,教育成果不断积累,成就感就会不断增加,但是个性化和情绪衰竭也会凸显出来;教龄在 15 年以上的教师,他们的职业观会出现两极分化,一部分教师成为名师、优秀教师,其职业倦怠现象的发展几率较低;另一部分教师随着职业成熟度的提高,教育工作轻松且得心应手,但由于没有及时提升自己对职业的追求,工作缺乏应有的激情和灵气,社会阅历和社会比较会使他们产生不平衡感,心理和生理上便会对职业生活产生倦怠。同时,性别和所在学校办学水平也会影响教师的职业倦怠。

关于教师职业倦怠和各种压力源应对,以及各种背景因素和统计学变量的关系的研究有很多,但这些研究大多是零碎的,缺少理论上的建构,所涉及的因素也不全面。20 世纪末,在古列米(R. S. Guglielmi)和塔罗(K. Tatrow)的呼吁下,关于教师压力、职业倦怠、健康等问题的研究逐渐呈现出理论驱动的、探讨因果模型的或者综合化的趋势。

这里,我们将介绍近期的一项分析研究,该研究综合分析了1998—2003 年间有关教师压力和职业倦怠的研究文献,提出了一个比较完整的因果模型(图 7-1)。虽然关于这个模型的实证支持总体上还不够强,但其中还是涵盖了一些比较重要的信息,而且该模型有助于其他研究者更好地理解外在压力源、消极的情绪、个性因素、支持性变量以及最重要的变量——职业倦怠之间的关系,值得我们参考。

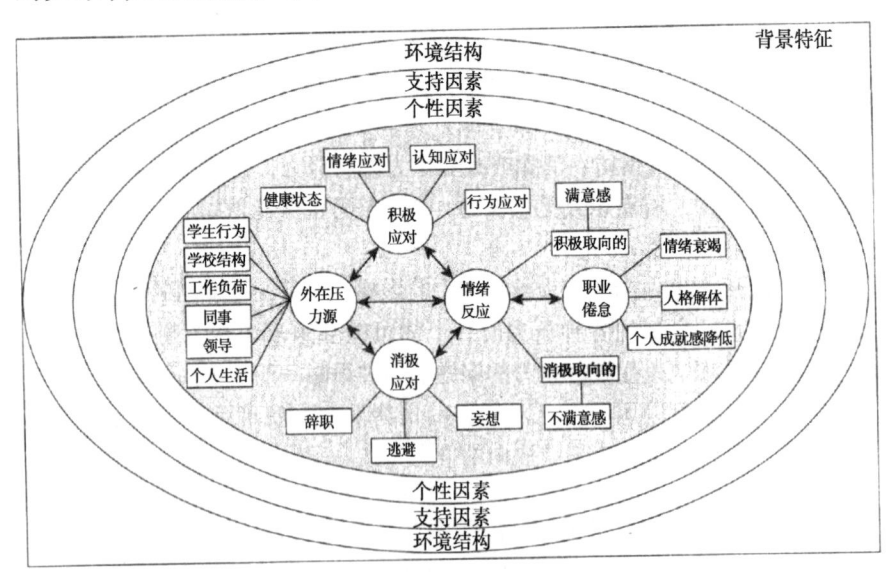

图 7-1 教师压力和职业倦怠因果模型

四、改善教师职业倦怠的策略

(一)确定合理的自我期望值

虽然,职业生涯理念在所有职业领域中的普及是种进步,也确实能够推动个体的成长。但是就像所有理论的滥用一样,人们在使用时会表现出僵化的倾向。对职业生涯规划理论的僵化理解往往给我们一个错误的印象:只要我进行科学的规划,就能实现所有的目标。在这个假设中,我们忽视了生涯规划理论对于确立合理目标的强调。一厢情愿地按照"完美主义"的原则设定目标,并为此付出不懈的努力。这样做的结果就是总是有做不完的事情。每个目标的实现即使带来了短暂的成就感,随后而来的达到下一个目标的压力也会很快将我们淹没。于是很多人成了"穷忙族"。忽然有一天,我们停下来问自己:我到底为什么做这些?这些有意义吗?于是,倦怠产生了……

两位刚刚进入学校工作的青年教师,给自己定下了这样的"规划目标":一年之内获得一次优秀称号;三年之内争取成为骨干教师,受到学校重用;五年后成为年级组长。我们可以预见,在这一目标体系的激励下,这两个年轻教师在五年的人生中度过了水深火热的1825天。

(二)做真正想做的事

陷入职业倦怠的我们常常会因为想做的事太多而陷入疲于工作的境地。这时候如果我们能只选择有限的、适当的目标去努力,无疑将会在生活中体验到更多成功的乐趣。

如何寻找这样的目标呢?首先我们必须清楚,到底什么让我们快乐。有的人说如果明天我能中彩票,买房买车,我将成为最幸福的人;有人说如果我能够在有生之年获得所有人的尊重,在百年之后仍然被人们提及,那我这一生就没有遗憾了;还有的人说如果我能问鼎冠军宝座,在自己的工作领域获得荣誉,这将是最快乐的事。但是研究证明,所有这些事情引起的愉快通常不能持续很长时间,有时候甚至会带来紧张过后的落寞感。

我们都知道这样一句话:人生最大的幸福就是做自己想做的事。这似乎可以给我们一些启迪——做自己想做并且能做的事情就是最快乐的。哈尔博士的研究也印证了这样的假设。用他的话说,人生真正的快乐是深藏于"四个圈"的深处。四个圈分别是:能做的事、想做的事、真正想做的事和真正最想做的事。通常我们能做的事情很多,但有一些不是愿意做的。我们愿意做的事情不少,但其中很多是我们认为自己愿意做的。在所有真正想做的事情中,我们仍能找到真正最想做的是什么?因为,这个问题的答案是我们快乐的源泉。

因此,在我们为自己设定发展目标、制订工作计划时,不妨先问问自己:我真正最想做的是什么?我们需要做的是了解内心的真正需求,并根据它决定自己的生活。

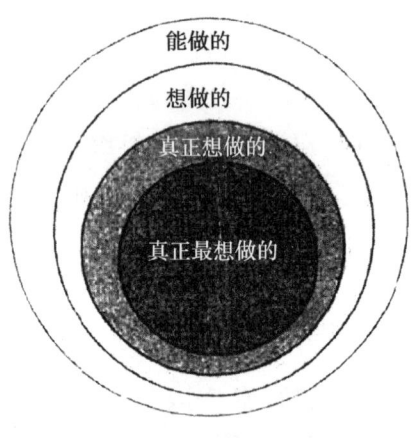

图 7-2 人生真正的需要

(三)恢复生活角色间的平衡

莎士比亚说:"生活就像个舞台,男男女女不过是舞台上的演员。"我们的一生的确就像在不同的戏剧中穿梭。时而是复仇的哈姆雷特,时而是被害的奥赛罗,时而是仲夏夜的精灵,时而是威尼斯的商人。但是在这场漫长的戏剧之旅中,我们不会总是游刃有余的。有时候我们似乎同时扮演了太多的角色,结果是陷入顾此失彼的窘况。

第三节　教师压力的预防与缓解

毫无疑问,教师在现代社会必须接受教师职业带来的各种压力。关键是要学会如何预防与缓解压力。

一、心理防御机制

心理防御机制是指个体应付各种紧张性刺激,防止或减轻焦虑或愧疚的精神压力,维护心理安宁的潜意识心理反应,是个体潜意识的作用结果。

弗洛伊德认为,心理防御机制属于自我潜意识部分的功能,其应用基本上是无意识的。但在实际生活中,这些自我保护的方法经常被人们有意地运用。如果应用适当,则可暂时减轻或消除心理痛苦,避免精神崩溃,为人们赢得时间以便面对挑战。但心理防御机制中有些包含着歪曲现实或自欺的成分,如不合时宜地过度使用,也会妨碍人们对现实的准确考察和自我评价,使人无法从根本上解决问题。

常用的心理防御机制主要有压抑、否定、退化(退行)、潜抑;反向、合理化、仪式与抵消、隔离、理想化、分裂;转移、投射;幻想、补偿;认同、升华。共十六种,分属五大类。

二、教师的情绪调节

情绪调节的方法有很多种,具体有以下几类。

(一)自我鼓励法或积极自我暗示法

用某些哲理或某些名言安慰自己,鼓励自己同痛苦、逆境作斗争。自娱自乐会使人情绪好转。比如,对自己说"我已经干得很不错了""我一定会成功""我现在心情很平静""我会好起来的"等自我积极暗示的话。

(二)认知调节法

心理学家艾利斯(Elis)认为,人的情绪不是由某一诱发性事件本身所引起的,而是由经历了这一事件的人对这一事件的解释和评价所引起的。这就是 ABC 理论的基本观点。在 ABC 理论模式中,A 是指诱发性事件;B 是指个体在遇到诱发性事件之后产生的相应的信念,即个体对这一事件的看法、解释和评价;C 是指特定情境下,个体的情绪及行为的结果。

人们通常会认为,人的情绪和行为反应是直接由诱发性事件 A 引起的,即 A 引起了 C。ABC 理论则指出,诱发性事件 A 只是引起情绪及行为反应的间接原因,而人对诱发性事件所持有的信念、看法、解释 B 才是引起人的情绪及行为反应的更直接的原因。合理的信念会引起人们对事物适当、适度的情绪和行为反应;而不合理的信念则相反,往往会导致不适当的情绪和行为反应。当人们坚持某些不合理的信念,长期处于不良的情绪状态之中时,将导致情绪障碍的产生。

(三)环境调节法

环境对情绪有重要的调节和制约作用。情绪压抑时,到外边走一走,能起调节作用。情绪忧虑时,最好的办法是去看看滑稽电影,或出外旅游,让自己暂时离开不好的环境,以免触景伤情。

（四）注意力转移法

如果把注意力从消极方面转到积极有意义的方面来，心情会豁然开朗。例如，当遇到苦恼时，可以将它抛到脑后或找到积极的一面，则会消除苦恼；还可以通过做自己喜欢做的事来调节情绪。

（五）能量发泄法

对不良情绪可以通过适当的途径排遣和发泄。消极情绪不能适当地疏泄，容易影响身心健康。所以，该哭时应该大哭一场；心烦时找知心朋友倾诉；不满时发发牢骚；愤怒时适当地出出气；情绪低落时可以唱唱欢快的歌。如果无人可以诉说，也可以写一写日记，记录当前的情绪；或者给自己写一封鼓励自己、安慰自己的信。哭一哭、说一说、唱一唱、写一写都是很好的宣泄不良情绪的方法。

三、缓解压力的方法

就教师个人而言，缓解压力主要依靠教师个人的自我调适，包括对压力的源头进行控制，我们将此称为直接行动法，也包括通过放松、发泄、运动等精神和体力方面的训练来减轻由于压力引起的消极的情绪体验，这种减压策略称为压力缓和法。压力缓和法既可以是生理上的，也可以是心理上的。具体方法如下。

（一）改变不合理认知，正确看待压力

前面提到的 ABC 理论，其主要观点是强调情绪或不良行为并非由外部诱发事件本身引起，而是由个体对这些事件的理解和评价造成的。古希腊哲学家埃皮克迪特斯曾经说过："人不是被事情本身所困扰，而是被其对事情的看法所困扰。"我们应该为自己的情绪和行为负责，由于人们对压力的看法和理解不同，

体会到的压力程度也不一样,人们要适时调整自己不合理心理,对问题的解决会有很大的帮助。

面对压力,有句话说得好,"多改变自己,少埋怨环境","埋怨环境不好,常常是我们自己不好;埋怨别人太狭隘,常常是我们自己不豁达;埋怨天气太恶劣,常常是我们抵抗力太弱;埋怨学生难教育,常常是我们方法太少。"是啊!只有改变自己,才能适应环境。只要改善自己,定能改善环境。因此,我们应当首先学会提高自我认知,不断完善自我。

(二)学会合理归因,认识自我

人的行为都是有原因的,而且人对自己和别人的行为都要找原因,不是把原因归于自身,就是把原因归于环境,或二者兼有。我们对压力的产生和影响负有一定的责任,但切忌把一切行为的原因都归结于自己的过错,那样会造成对自己的否定,长时间会造成心理问题。学会合理归因,将问题原因归于一些可控性因素,如努力程度,可能会减少压力的影响。

(三)寻求社会支持,获得帮助

个人社会支持系统是指个人在自己的社会关系网络中所能获得的、来自他人的物质和精神上的帮助和支援。对教师而言,教师的社会支持系统主要由学校、家庭、社会三方面对教师的支持所构成的社会关系网络系统。包括教师在学校内的领导关系、同事关系和学生关系等,在家庭里的夫妻关系、亲子关系、亲属关系等以及和社会接触中的朋友关系、合作关系、咨询关系等。良好的社会支持系统可以降低压力的强度,反之则起着消极作用。相关研究表明,亲密和可信任的关系可以有效缓解压力。

社会支持系统是个体应对压力的社会资源,系统中的个体能进行各种信息、情感、观点的交流,这些交流使个体相信自己是被关心的、被爱的、被尊重的、有价值的、归属于一个互惠的、能互相

第七章 教师压力与心理适应研究

交流的社会网络。社会支持系统对个体身心有普遍的增益作用，它不一定在压力情境下才发挥作用，而是在平时就能帮助个体维持良好的情绪体验和身心状况。当然，在压力情境下，社会支持系统就更能发挥积极的作用。首先，它能起到屏蔽或者缓冲的作用，防止或减缓压力事件对个体的消极影响；其次，它通过人的内部认知系统，也就是通过增强个体资源，使个体的应对能力得到提高。

与其他职业群体相比，教师群体是一个比较孤立、比较封闭的群体，与社会的联系较少。大部分教师生活在一个儿童的世界里，教师90%的工作时间是专门与儿童在一起的，他们与亲朋好友交流的时间也很少。可见，教师是一个缺乏社会支持的群体。国外有研究发现，教师的心理行为问题与教师缺乏社会支持的知觉有很高的相关。因此，帮助教师在学校内部乃至整个社区建立高质量的社会支持系统，对于教师应对职业本身存在的压力源能起到积极的促进作用。如国外的"工作组"和"教师中心"便可为我们所借鉴。所谓的"工作组"类似于国内中小学的科研小组、语文组、数学组等形式，是同事之间提供社会支持的主要形式，可以说在我国已普遍存在。格林格拉斯(E. R. Greenglass)等在1997年的研究中发现，来自同事的信息支持(如提供某些必要的知识)、实践支持(如帮助完成工作任务)以及情感支持能增强教师对工作情境的控制感，从而降低压力水平和人格解体水平，提高个人成就感和工作表现。国外的"教师中心"指一种由几个学校或整个学区组织形成的服务于该学区教师的机构，其主要目的是为教师提供一个可以与同行讨论种种教学问题、获得新的教学技巧和心理支持的场所。虽然这些教师中心的确切内涵随场所的不同而各异，但在那里，教师与教师之间可进行丰富的信息交流和思想交流。这里特别需要指出的是，国外许多研究发现，学校领导的帮助与支持是教师社会支持系统中很重要的成分。学校管理者尤其是校长的支持与关心能有效地减轻教师的心理压力，减少心理行为问题的发生。

（四）学会休闲运动，放松心情

1. 暂停工作

当长期处在高度的压力中，神经已绷至极限，或当一种压力突然来临，使人们感到措手不及时，千万不要失去耐性、孤注一掷，或仓促应对、匆忙出手。此时应使自己的心绪平静下来，暂时停止手头的工作。例如，如果某个教师已经感受到自己压力很大，很难心平气和地面对学生时，就应该暂时停止教学任务，先缓解压力，然后再继续工作，这样不仅是对自己的心理健康负责，也是对学生负责。

2. 多做运动

教师工作比较繁忙，因此，很多教师几乎总是在家庭和学校两处奔波，很少运动。实际上，当压力大时，多做些运动不仅能够增强体质，还能缓解心理压力。运动可以疏解紧张的情绪，调节疲惫的心智。从生理学角度看，运动可以"燃烧"多余的肾上腺素，可以从人体中抽取那些易使人疲劳的化学成分，可以强化人的抵抗力。同时，运动可以转移人的注意力，使人们暂时忘却压力的存在。

健康的生活方式才会有健康的心理。合理安排工作与休闲，养成良好的生活方式，有益于身心的健康发展。通常来说，有氧运动能使人全身得到放松。想通过运动缓解压力，可以参加一些缓和的、运动量小的运动，使心情先平静下来，运动时间可掌握在每天半小时左右。

这里介绍一种放松肌肉的方法，可以在睡前练习。在一间安静、灯光柔和的房间里躺下，掌心向上，两腿伸直，脚尖向外。闭上眼睛，轻柔地按照自己的节奏呼吸。绷紧脸部肌肉约 10 秒钟，放松；缓慢地向上抬头，放下；提肩 10 秒钟，放松；伸展手臂及手指，握拳 10 秒钟，放松；提臀，然后缓缓地放下；脚后跟并拢，向外伸展腿和脚趾，然后完全放松。重复练习 5 次。

（五）学会倾诉

如果能找到与自己有相似状况的人进行倾诉,通常话题会很集中,这时可以一起抱怨命运的不公,倾吐各自的苦衷。然后再一同商议解决不公、摆脱苦衷的方法。这样,也许就会相互启发,找到战胜压力的方法。如果找到倾诉的对象与自己的情况不同,他也许会给你一些安慰和鼓励。即使倾诉对象什么也不说,其实当说出自己的问题时,所承受的压力实际上也已经减少了一半。因此,当教师感受到自己的压力无法缓解时,一定要及时找人倾诉,必要时可以找心理辅导人员进行倾诉。

第八章 教师的职业幸福感研究

人会对自身生活产生幸福或不幸福的主观感受,职业幸福感是人们对工作的满意程度以及在工作中产生的情感体验。本章主要阐述主观幸福感的特点与职业幸福感的层次,分析幸福的类型和误区,强调追求幸福、打造自身的幸福潜能和追求职业幸福感的方法。

第一节 主观幸福感和职业幸福感研究

一、主观幸福感的特点

人们对于幸福的含义有着很多种不同的看法。

那么,什么是幸福感呢?无论一个人对幸福的含义有着什么样的理解,他都会对自身生活产生幸福或不幸福的感受,这种感受就是主观幸福感。

主观幸福感是指个体对其整体生活状态的判断,具有以下三个特点。

（一）主观性

正如一句谚语所说:"幸福如同脚上的鞋,是否合脚只有脚趾头才知道。"个人的主观幸福感也是如此,它存在于个体的经验之中,依赖于个体内定的标准,而不是他人或外界的准则。尽管健康、金钱等客观条件对幸福感会产生影响,但它们并不等同于幸福感本身。由于幸福感完全是一种个人主观体验,因此把它称为"主观幸福感"。

(二)整体性

幸福感不是源自个体对某个生活领域的狭隘评估,而是包括个体对其生活状态的整体评价。成年人的生活内容,包括家庭生活、职业生活、社会生活等多个领域,幸福感不是由某一领域决定的,而是由个体对多个领域的整体生活感受决定的。

(三)两维性

幸福感的一个维度是积极情感体验(例如兴高采烈、满怀信心、心平气和等),另一个维度是消极情感体验(例如无精打采、沮丧失望、焦虑烦躁等)。过去人们以为,积极情感越多的人,消极情感就会越少,反之亦然。可是,近年来的科学研究却发现事实并非如此。人们的消极情感和积极情感是两个不同的维度,既可能一个高一个低,也可能两个都高或都低。

二、幸福教师的共同之处

(一)对工作性质的爱:爱教育

生活中不乏这样的人:非常厌烦自己所从事的工作,但又不得不将其作为谋生手段。对于这样的人而言,工作仅仅是手段而不是目的。因此,一天的大部分时间都是在不幸福状态中度过,甚至其他时间里也为之而烦恼。"人在曹营心在汉"或者"当一天和尚撞一天钟"都是不幸福的写照。

幸福的教师把自己的工作看作一种快乐。一位教师说:"很庆幸我是一名教师,能够从自己的工作中获得乐趣。"诚如所言,尽管各种行业都可能发现工作的可爱,但教师职业更可能让人感受到这一点,这是由教师职业的两个重要特征决定的。一方面,教师工作过程具有极高的创造性。与许多行业中日复一日的重复劳动不同，教师每天面对的是一天天成长变化着的学生，每个教育教学目标的实现都需要教师自主的发挥和演绎。另一方面，教师的工作后果具有极高的精神回报。教师行业并不是社会中高收入的群体，然而教师所能获得的精神回报却是任何物质生产领域或流通领域的从业者难以比拟的。教育的功效在于学生的成熟与发展，在于社会素质的提高和进步。因此，孟子把"得天下英才而教育之"作为人生的三大幸福之一。

（二）对工作对象的爱：爱学生

一个热爱自己工作对象的人，不会把工作当作一种辛劳，反而会从中体验到深刻的幸福。

幸福的教师都是热爱孩子的人。教师对学生的爱是人世间最可贵的情感之一，这种爱具有三个特征。

1. 教师爱的无私性

与家长对自己孩子的爱相比，教师的爱更为博大。几乎人人都能做到爱自己的孩子，而教师的爱是指向所有的孩子。

2. 教师爱的无条件性

教师的爱不应是以学生的表现为条件的。一个优秀的教师不仅爱班级中那些成绩突出、品行优异的孩子，也爱那些普普通通，甚至是学习困难和调皮捣蛋的孩子。

3. 教师爱的表达形式特殊性

教师对学生的爱在表达方式上是特别的，主要不是通过亲昵的行为和话语，更多的是通过对成长的精心呵护和严格要求来实现的。

（三）对工作材料的爱：爱知识

如果一个语文教师不爱文学，如果一个音乐教师不爱艺术，那么他一定会觉得每日的工作无聊而乏味。一个幸福的教师必定要热爱自己的工作材料——相应的学科知识。

求知是一种快乐,有好奇心和求知欲的人就拥有更多幸福的来源。一个人读书读到妙处的会心微笑,买到一本好书时的无限满足,与所钟爱的作者在心灵上互动的感受,都构成了人生的幸福时刻。

因此,教师要为自己树立终身学习的观念,围绕自己的教育教学工作的需要,为自己设计一条终身学习之路,在求知的道路上体验幸福。

三、教师主观幸福感的重要作用

教师主观幸福感对于做好教育工作、取得教育活动的成功、教师专业成长和发展都具有重要作用。

(一)教师幸福感是做好教育工作的重要前提

教师幸福感是教师做好教育工作的精神力量和重要前提。如果一个教师没有教育幸福感,他就不可能把教育工作作为自己人生价值的追求,在教育行业中实现自己的价值;他就不可能认真刻苦地钻研教学业务,改进教学方法和策略,努力提高教学质量;他也不可能做到满腔热情、耐心细致地关心、爱护、帮助学生。没有幸福感的教师是很难胜任教育工作的。因此,教师只有摆脱了职业感的束缚,不把教学当成谋生的手段,而是出于自己的需要,那么他才能在教学过程中自由地、有创造性地发挥自己的全部才能和力量。

(二)教师幸福感是成就事业的坚实基础

幸福感使教师的教育教学活动充满人性的光辉,将学生视为主体,尊重学生、信任学生,充分发挥学生的积极性和能动性;幸福感使教师的具体的教育教学行为充满艺术性和创造性,使教师活动有不竭的创造动力，有丰富的创造灵感，使整个教育行为成为真、美的和谐统一；幸福感使教师视教育如生命，整个教育生涯中，不断学习，不断创新，不断攀登教育教学的新高峰，真正从自己的教育教学中体验到人生的最高价值和极大的人生乐趣。

（三）教师幸福感是教师专业发展的内在动力

教师专业发展是教师专业成长或教师内在专业结构不断更新、演进和丰富的过程。教师的幸福感是教师在教育过程中评判自己行为善恶的一种内在标准。当他感到自己的行为符合职业道德要求，自己的工作促进学生健康成长时，就会产生一种快乐、幸福、欣慰的情感，从而得到精神上的享受和满足，进而产生新的力量和信心，与时俱进。因此，教师幸福感能使教师在工作中具有一种强烈的进取精神和做好教学工作、教育好学生的信心、勇气和毅力。在教育实践中，许多优秀教师之所以能够克服重重困难，任劳任怨，为了学生的健康成长，奉献出自己的一切，就是因为他们把奉献作为自己的幸福。

第二节　幸福生活的原理

一、平衡现在和未来

（一）幸福的类型

哈佛大学心理学教授泰勒·本－沙哈尔（Tal Ben-Shahar，2007）讲授的积极心理学课程曾经是哈佛大学"最受欢迎的课程"，他用四种不同口味的汉堡来比喻人们的幸福观及追寻幸福的活动的类型。他依据人类行为的两个效益指标（是增进还是损害现在利益，是增进还是损害未来利益），将人类追寻幸福的行动划入四个象限（见图8-1）。

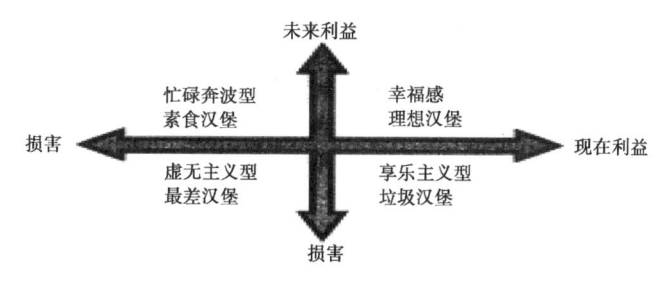

```
         未来利益
         ↑
忙碌奔波型  |  幸福感
素食汉堡   |  理想汉堡
损害 ←————+————→ 现在利益
虚无主义型  |  享乐主义型
最差汉堡   |  垃圾汉堡
         ↓
         损害
```

图 8-1　人类追寻幸福四个阶段

象限一(幸福型,理想汉堡)是指当前的行动(教师从事其所喜爱的教学活动)既能带来当下的快乐(沉浸其中),又能增进长远的利益(促进个人进步),当人从事这样的行动时,就处于幸福之中。

象限二(忙碌奔波型,素食汉堡)是指当前的行动(为了参与评奖而苦苦准备)虽有利于长远利益(获得荣誉),但却有损于当下的快乐(牢骚满腹)。当人从事这样的行动时,就处于忙碌奔波之中。

象限三(虚无主义型,最差汉堡)是指当前的行动(无所事事地消耗时间)既损害当下的快乐(感到无聊),又不利于长远的利益(丧失了宝贵的成长时机)。当人从事这样的行动时,就处于空虚之中。

象限四(享乐主义型,垃圾汉堡)是指当前的行动(学生逃课去网吧打游戏)虽能带来一时的快乐(兴奋无比),但却损害长远的发展(耽误学业)。当人从事这样的行动时,就处于享乐放纵状态之中。

(二)幸福的误区

1. 幸福误区之一:损害未来,享受现在的快乐

有些人认为,幸福就是当下的享乐和欲望的满足。"今朝有酒今朝醉""人生得意须尽欢",描述的就是这种观念。诚然,人是趋利避害的动物,通过欲望的满足来获得快乐,本身并没有错。然而,有些满足当前欲望并带来快乐的行动却可能损害长远的利

益和快乐。例如,对于吸烟者而言,吸烟能满足一时的快乐,却损害长远的健康;对于减肥者而言,冰激凌能满足口舌之欲,却导致体重的反弹。因此,只顾眼前的欲望满足是一种享乐主义的幸福观,无助于实现真实的幸福。

2. 幸福误区之二:忍过今天,追求明日的快乐

有些人认为,今天所做的一切,仅仅是为明日目标而奋斗的过程中的痛苦忍耐。在这些人的眼里,幸福永远都是在前方。

这些人当中的一部分,把今日的行动当作服苦役,渴望着苦役解脱带来的幸福感。所以他们感到上课不是幸福,下课才幸福;上班不是幸福,下班才幸福;工作不是幸福,休假才幸福;劳动不是幸福,退休才幸福。

这些人当中的另一部分,把今日的行动当作追求未来之功名成就的苦旅,过着苦行僧一样的生活。他们感到工作不是幸福,通过工作实现金钱的目标、升迁的愿望、虚荣心的满足,并享受这些东西带来的回报才是幸福。

这种幸福误区被称之为"到达谬误",他们误以为到达某个目标就会结束今日的烦恼,体会新人生的幸福。殊不知人生如同一台跑步机,随着我们不断向前奔跑,两侧的风景也不断变化,前方的地平线总在不断消失,而新的地平线总在不断升起。永远有实现不完的目标在前面等着我们。如果我们不能享受奔跑的过程,即使是到达了所谓的"终点",很可能早已丧失了体味幸福的能力。

3. 幸福误区之三:留恋过去,回避今天和明天

有些人被一次又一次的失败体验彻底挫败。他们不再对明天怀有美好的憧憬,也无法在今天热忱地投入生活,而是躺在对过去美好时光的怀念之中度日。在这些人的眼里,幸福既不在今天,也不在明天,只存在于过去的幻觉之中,陷入一种虚无主义的幸福观。

4. 幸福误区之四:误以为工作是为晋职称

客观条件不能决定幸福,但在这里有必要重申一下,因为这

个问题对教师影响很大。不单独说,不足以显示其重要性。早日晋升职称这是很多教师的想法;大家都在追,都在议论,这似乎成了教师价值唯一追求和体现。晋上后比未晋者感到优越,工资也多了,但是,是不是绝对幸福了呢?很多教师为没有快速晋升职称而深感不幸福,为此与领导闹翻。职称、福利其实只是外部诱因,不满足时你会感到人有我无的缺失感,满足了却不能带给你多大充实感和幸福感。教师为啥而教?为钱?为职称?为幸福?我们必须有充分的思量。功利性的幸福观同样会影响孩子的教育。

(三)幸福的真相:热情投入,平衡现在和未来

其实,当前的快乐和未来的利益并不总是矛盾的,我们完全可以把二者协调起来。例如,有的教师在备课中体验到创造的乐趣(当下的快乐),这也与他将来在课堂上的挥发自如(未来利益)相一致;有的教师在教育科研过程中体验到探索的乐趣(当下的快乐),这也与他日后的专业化发展(未来利益)相一致;有的教师在阅读教育理论著作中体验到求知的乐趣(当下的快乐),这也与他将来教育教学素养的提高(未来利益)相一致。这种平衡了当下快乐与未来利益的行为,最能带给我们真实的幸福。

1. 放下过去,珍惜现在

你是否遇见过这样的人,不断地重复过去的某些事情,每次陈述都像是第一次在讲,而从不在意听者的感受;还有一些人,被自己过去犯的错误或者别人做的错事折磨,不断抱怨,不断责备,总感到无法得到宽恕。其实生活中有很多这样的人,将自己幸福维系在过去,生活在回忆中,心被禁锢在过往的某个关键点上,心灵停止成长,那种情形就像一个人在倒着走路,眼睛直直地望着过去,根本无心周围的风景,只见幸福越来越远,自己却浑浑沌沌地过着日子,心理学中有很多理论是探讨过去经历对人的影响,其中最为著名的莫过于潜意识之说,它假定所有事情都不曾被忘记,无关轻重的或者过于痛苦的事情只是被压抑到意识之

下。也就是说,过去的事情虽然在时间维度上过去了,但是它一直存活于你的潜意识中,只要一有机会,人就会被潜意识的情结控制,发展出许多不合理的信念,碰到相关事情时就会不由自主地生气或激动。比如某人小时候有被同伴忽略和排斥的经历,长大后就会认为自己不够可爱,为了让别人能爱自己,他可能会发展出一味顺从、讨好他人的倾向,碰上冲突的情境,不由自主就会采取逃避的策略,这种行为本身又加强了这种无意识的行为模式。所以心理咨询和治疗的目的是将潜意识内容意识化,当潜意识的创伤内容为意识所了解,那它就不能再给我们套上枷锁。许多灵修的导师也是在教导人们要摆脱"无明"之苦,与潜意识之说有异曲同工之妙,佛陀曾说过:"一棵根深蒂固的树,即使被砍伐了,仍会生出新芽;如果贪嗔的积习未被根除,痛苦就会一再地出现。"

有人参加精神分析的长程治疗,一分析就是几十年,几十年的时间,也许过去所有的事情都被翻了个遍,但是还会有人放不下过去。其实"过去"并不是问题,问题是对过去的固执,反复地喃喃自语过去的事情,不断分析过去的经历,这本身也许就是固执的表现。无论过去曾经承受过多少苦难或经历过多少美好的事情,如果今天尽了自己最大的努力只是为了避免过去类似情况的发生或期待过去类似情况的出现,都是不明智的,也是不会获得幸福的。处理好自己和过去的关系,是为了我们更好地活在当下,享受现在,因为要远行,所以我们别无选择,只能和过去和解。

2. 从当下开始幸福

当下是我们能够把握的唯一时间,无论是心理学家还是哲学家抑或是宗教导师,在开给人们的幸福目录上永远少不了"活在当下",这进一步说明了在人类幸福的至高真理面前是没有边界的,幸福的真理是我们每个人都熟悉和拥有的。活在当下,并不意味着"及时行乐,逃避痛苦"的享乐主义的人生观。因为及时行乐带来的后果是将来的痛苦,是对自己将来的不负责,活在当下意味着在心理上摆脱对未来的恐惧和过去的牵绊,而是专注于眼前的事情。培养对于当下的专注力是很重要的,对当下发生事情的专注可以自然引向正确的行动。佛陀描述活在当下的状态:"当你看时,就只是看;当你听时,就只是听;当你嗅、尝、触时,就只是嗅、尝、触;当你认知时,就只是认知。"其实就是教导我们要全神贯注于正在发生的事情,心理学家对于沉浸体验的研究也明确指出全神贯注和忘我是其特征之一。如何才能将心专注于当下呢?心理学家给出的建议是选择自己感兴趣的、挑战与技能水平相配合的任务。西方心灵导师埃克哈特托利在他的代表作《当下的力量》中写道,与当下保持联系可以通过体验内在感受达到,"请充分利用你的感官。定静在原处,环顾四周,但是看看就可以了,不要去做任何的分析和解释。观察一些光线、形状、颜色、质感等。关注每个东西宁静的存在,关注那个容许所有事物存在的空间。倾听声音,但不要去判断它。聆听声音之下的宁静。触摸一些东西,任何东西,并感觉和认可它们的存在。观察你呼吸的节奏,感觉空气的流入流出,感觉在你体内的生命的能量。"身体的感觉和心里的感觉是一个事物的两个方面,情绪的反应会引起身体的反应,身体感受之于我们,非常真实、客观,在我们做事情的同时,如果也能加深对身体感受的体验,如呼吸和其他细微的感受,会有效地帮助我们在内心开辟宁静的空间。

二、从困难和挑战中获得幸福

(一)万事如意不等于幸福

在你熟悉的人当中,谁是最幸福的人?

当我们听到这个提问,最先想到的通常是身边那些生活舒适的朋友。例如,有人说:"我的一个女同事,工作岗位很轻松,没什么压力;老公事业有成,家里经济条件非常好;婆婆脾气好身体也好,家务都不用儿媳妇操心;孩子懂事,学习成绩很好。所以我觉得她是最幸福的人。"

在上面的回答中,所说内容都是当事人的生活处境如何顺利。如果幸福就是"万事如意、心想事成"的话,那么人就不过是一台环境的反应机:如果环境顺利,我就折射出幸福的光芒;如果身处逆境,我就折射出烦恼的色调。如果人没有了任何主观能动性,他就像一支挂在楼顶的风向标,吹什么风,就朝哪边转,失去了自我调节的能力。

自我的力量,就该体现在即使身处逆境,也能调节自己,使自己具备积极乐观的人生态度,热忱地投入到塑造自我命运的生活实践中去。

"万事如意、心想事成"的生活,不但无法带来真实的幸福,而且只能使人失去人生的奋斗目标,削弱与苦难做斗争的坚定意志,足以摧毁一个人的幸福潜力。

幸福潜力不是来自优越的人生境遇,而是形成于人与困难做斗争的过程。

(二)最大的幸福来自挑战困难

对于一个登山者而言,他最大的乐趣不是站在山尖上向下瞭望,而是登山过程中发挥肌肉和意志的力量,克服困难和艰险的过程。人生的幸福亦是如此,真实的幸福来自我们在追寻目标和克服困难过程中发挥自己品格优势和意志力量的过程,而不是某个美好的结果。正像心理学家维克多弗兰克所说的那样:"人类需要的不是一个没有挑战的世界,而是一个值得他去奋斗的目标。我们需要的不是免除麻烦,而是发挥我们真正的潜力。"

(三)挑战中的美好时刻

不幸福的人总是幻想着生活"在别处"(下班后、放假后、退休后、异地旅游时),而幸福的人则更愿意沉浸于此时此刻的生活和活动之中。因此,乐于沉浸其中是幸福状态的一个突出特点。

心理学研究对人们喜欢沉浸其中的活动进行了大量研究,发现一些人在下棋、绘画、攀岩、跳舞、打球、愉快的谈话、气氛和谐的团体活动、并肩工作甚至克服困难的时候可以产生一种酣畅淋漓、忘却自己的存在、乐此不疲、忽略了时间的流逝等感受,他把这种美好的感受称之为"沉浸体验"(Flow)或"流体验",意指人沉浸在时间之流里心无旁骛、专心致志地享受当下的美好状态。

处于沉浸体验之中的人能感受到以下九项特征中的部分特点。

1. 挑战与技能的平衡

个体的技能水平与他所面临的挑战难度刚好吻合,因此对挑战困难的活动充满热情和兴趣。当挑战和技能相平衡时,才能产生沉浸体验。

当挑战难度很高而技能不足时,我们会感到担忧、焦虑和紧张;当技能很强却面临低难度的任务时,我们会感到轻松、无聊和烦心。只有当技能和挑战相平衡时,我们才容易产生强烈的控制感和美好的沉浸体验。

2. 专心致志

参与者完全专注于活动中,没有心思去想活动之外的东西,将生活中的所有不愉快暂时抛在脑后。

3. 有清晰的任务目标

参与者能够明确知道自己为什么而做,应该达到什么样的结果。

4. 有及时的反馈信息

参与者能即时得到关于活动效果的回馈,从而知道行动的结果,并不断调节自己的活动状态。由于不断获得微小的进展,为参与者进行后面的活动提供了动力与支持。

5. 人与环境的融合

参与者完全融入活动中,自发地行动,几乎感觉不到活动之外的自己。例如,有的喜欢开车的司机,在驾驶时产生的人车一体的感受;有的热爱教学的教师,在课堂上产生自己和学生融合为一的体验。

6. 潜在的控制感

参与者能够应对活动中即将出现的后续情况,并能做出相应的适当的反应,感觉能够控制活动的结果。

7. 自我意识暂时性的丧失

仿佛自我暂时与外界分开,忘记了自己的身份、身体状况、生活中的其他烦恼等。

8. 时间知觉暂时性失真

较典型的如在活动结束之后才发现已历经多时,觉得时间过得比平常快,或者觉得时间过得很慢。例如,某语文教师讲道:"那天晚上我在书房备课。第二天的课上要讲到课文《小鹿的玫瑰花》。尽管这堂课已经讲过几轮,但因为那是我特别喜欢的一篇课文,我还是希望这次能设计出几个有新意的提问。当我想出了几个好的问题时,我眼前几乎看见了班级学生思考问题时那歪着的小脑袋和投入的眼神。那一刻,我几乎忘掉了在厨房做饭的丈夫和在隔壁写作业的儿子,完全沉浸在备课之中。"另一位数学教师也讲到相似的体验:"刚走上讲台的时候,总是觉得自己的课堂掌控能力不够,无法令自己满意地引导学生在数学课堂上的思维。到我工作的第三年,在一节数学课上,那种费劲的感觉一下子消失了,从学生幸福的眼神中,我看出每个学生都听懂了。这时候他们好像和我融合在一起,我走到左边,他们求知的眼神就跟到左边;我走到右边,他们求知的眼神就跟到右边。整堂课非常流畅。我很奇怪的是,为什么现在我的教学经验更丰富了,但当年那种行云流水的感觉却找不到了。"

9. 发自内心地愿意参与活动

在内部动机的驱使下,不计较是否能获得外在物质性奖励,活动本身而非活动结果成为促进完成活动的最大动机。

尽管上面对沉浸体验的描述稍显复杂,但实际上我们每个人都曾在日常生活或工作中或多或少地体验过沉浸状态。

(四)如何从不平衡回归平衡

虽然沉浸体验的状态十分美好,可是我们却无法时时刻刻处于其中。事实上,我们在多数时候处于技能和挑战不平衡的状态里,时而感受到无聊和烦心,时而感受到紧张和焦虑。好在人具有自我调节能力,在我们的一生里,很重要的一项任务就是通过努力使自己摆脱无聊烦心或紧张焦虑的状态,不断地从不平衡回复到趋于平衡。

无聊烦心的主要原因在于我们所面临的工作挑战远远低于自身的能力水平,使得自身的潜能无法得以发挥,因此感到工作琐碎烦乱,生活没有意义。为了从无聊烦心状态回归到沉浸体验之中,主要的路径是为自己寻找新的目标、新的挑战。一旦确立了有意义的新目标,就能使自己较好地摆脱无聊烦心或紧张的焦虑状态。

紧张焦虑的主要原因在于我们面临的工作挑战超出了自己的能力水平。

这种不平衡有时是源自自身能力不足或者挑战过大,也有时是因为承担的任务种类过多(虽然每个任务都有能力做好,但这么多任务叠加在一起就把人压垮了)。无论出于这两种原因中的哪一种,结果都是让我们感到压力过大、疲于奔命,严重影响了生活质量。如果问题根源在于自身能力不足,那么最好的解决办法是在不懈的努力中提高自己的能力,重新回归到能力与挑战的平衡状态;如果问题根源在于承担的任务种类过多,那么我们必须检视自己,是因为贪心而不肯错过每个成长平台上的机会?是因为盲目而没有给自己明确而清晰的目标定位?是因为软弱而没能拒绝一些不该承担的任务?是因为膨胀而过高估计了自己该承担的责任范围?经过上述的种种检视,最终要觉得放弃哪些任务以及相应的好处,使自己的生活重新回复到平衡的状态。

三、承担起创造自己幸福生活的责任

(一)不再抱怨自己的处境

正如《国际歌》歌词里所唱的那样:"从来就没有什么救世主,也没有神仙皇帝。要创造人类的幸福,全靠我们自己。"

然而,有些人似乎打算在抱怨中走完自己的人生:当他是孩子的时候,抱怨父母不够周到;当他长大一点,抱怨兄弟姐妹不能给他关照;当他进入学校,抱怨老师不能如他所愿;当他步入工作岗位,抱怨同事和领导的素质不高;当他走入婚姻,抱怨配偶不够理想;当他面对生活,抱怨社会缺乏公平;当他迈入耄耋之年,抱怨子女不够细心;甚至直到死之将至,仍在抱怨命运之不济。

尽管幸福感是个人主观的感受,判断他人的幸福感是件艰难的任务,但对于这样一个对生活充满抱怨的人,我们几乎敢于做出断定:他是不幸福的。

真正有着幸福潜力的人,既不抱怨命运,也不抱怨他人,而是直面命运,并承担起自己的责任。没有人能对我们的幸福负责,唯一的责任人就是我们自己。所以,结束抱怨和哀叹,从现在开始,去创造自己的幸福生活。

(二)克服对完美的追寻

人们经常以为追求完美是人之常情,甚至有人误以为这是优点。然而,当代心理学研究却发现,完美主义是人类幸福的大敌,是抑郁和烦恼的起因。

完美主义者是指那些把目标定得过高,然后又过度地要求自己去追求这种遥不可及目标的人,他们往往会以结果和成就来衡量自己本身的价值,然而对这些人而言,过度地要求自己去达到这种目标,往往会伤害到自己的幸福。

完美主义者倾向于对自己或他人提出苛刻的要求，设置并严格坚持不符合实际的高标准，并以是否达到这些标准来判断自我价值。这种过高标准与恐惧失败相联系，恐惧导致回避行为，而回避行为意味着一个人必须不断地处于警戒和防御中，以避开他所恐惧的事物，因而出现了完美主义的行为成分，如仔细检查、反复考虑、拖延和中途放弃等。然而，当个体过度追求高标准而不顾实际时，就会导致各方面的心理不适，例如情绪上的抑郁、社会交往中的回避、身体上的症状（失眠等）、认知上的困难（注意力难以集中）、怪异的行为（反复检查、反复考虑）等。研究发现，完美主义与心理病理学密切相关，它是产生厌食症、贪食症、抑郁症、强迫型人格障碍等诸多问题的原因之一。完美主义具有四个核心特征：自我强加的高标准；根据成就来进行自我评价；过多的自我批评；恐惧失败。

（三）创造双赢的人际关系

当要求人们回忆人生的幸福时刻时，有些人想到的是"考试成功""晋级成功""竞赛成功"等事件。事实上，这些并不是人生的幸福时刻，而仅仅是人生中的成功瞬间。

成功和幸福是两个不同话语逻辑的世界。

成功存在于输赢胜败的关系中。当我们在竞争或战斗中击败了别人，就会产生成功体验。这样的时刻可能会让我们感到自豪，但却不太可能让我们感到幸福。例如，当教师成功地戳穿了学生的谎言，在竞赛活动中超过了同行，在晋级评审中超越了同事，在矛盾争吵中令对方哑口无言等，这些成功的时刻，却并不是我们感受到人生幸福的时刻。

幸福存在于双赢的关系中。当家长支持了孩子的成长，教师促成了学生的进步，生活中帮助朋友渡过了难关，领导帮助员工获得了增益，这些时刻都会为我们留下更深刻的幸福感受。例如，一位教师回忆说："新转到我班的刘昊是个比较爱打架的学生，经常把班级其他同学打得鼻青脸肿。有时我实在看不下去，就暗示同学们说:'下次遇到这样的情况,你们要团结起来。'没想到这样的暗示果然奏效了,同学们联合起来孤立刘昊,刘昊在自己的座位上难过地流出了眼泪。可我却意识到,虽然同学们挫败了刘昊的霸气,但这样的结果却不能让作为教师的我感到幸福。后来,当我想尽办法使刘昊与同学们能够融洽地相处,才感觉到同学们赢了,刘昊也赢了,而我作为教师,也真正地赢了。"

低级动物更大程度上生活在物竞天择、自然淘汰的竞争环境之中。而人类作为高级动物,则进化出了一种更为高级的人际关系模式——双赢关系,并相应地进化出一种双赢关系中特有的情感体验——幸福。因此,为了更多地体验到幸福,我们需要学会并且习惯于创建一种我们与他人之间的双赢关系。

第三节 教师职业幸福感的提升

一、打造自身的幸福潜能

幸福不是来自物质生活的品质,也不取决于命运,而是更多地来源于人对待生活的态度。例如,积极乐观的人、节制和知足的人、善待别人的人,更容易体验到生活中的幸福,而悲观抱怨的人、欲望没有止境的人、自私自利的人,即使拥有了财富、地位、名声或者好运,也难以体味到深刻的幸福。

(一)智慧

好奇心强的人有两种特点:一个特点是对新鲜经验持开放性的态度。例如,当学校开展一种新型的教改尝试或教研课题,好奇心强的教师会希望自己能够参与其中以获得新的经验;对于新颖的书籍、讲座或同行开展的教改尝试,好奇心强的老师也会努力去接触,以获得新的体验。第二个特点是难以容忍模糊不

第八章 教师的职业幸福感研究

清或者模棱两可的信息。例如，一位地理老师在课堂上讲到地壳运动时，组织同学们开展了一个关于地震预测的讨论。讨论会上，有些同学强调目前的地震预测技术还不够成熟，有些同学则强调世界上有些地区有过成功的地震预测经验，这位老师感到目前的知识难以协调同学们之间的争论，于是利用业余时间查阅了近百篇关于地震预测的科学论文，总结出目前地震预测技术发展的现状和局限，并把这些知识带回到课堂中。无论是在职业生活中，还是在日常生活中，这种强烈的好奇心会给人带来时时常新的人生经验，使生活更加丰富多彩。

社会智慧是指对自己及他人的认知，能够洞察自己的情感反应及深层原因，能够体察别人的动机和感觉，并能以这些信息为基础，在社会互动中做出合适的反应。具有社会智慧的人能够注意到人和人之间的不同点，然后针对这些不同做出恰当反应。例如，一位班主任教师在课堂上遭到一个学生的无礼顶撞，这位教师起初怒火中烧，想要发作，但他马上意识到自己的情绪——强烈的愤怒——是不适宜的。于是压制下"高声怒斥"的冲动，走到那个学生面前，低声地说"下课后到我办公室去一趟"，然后继续全神贯注地讲课。在下课走向办公室的路上，这位教师开始快速思考与该学生谈话的策略。他预料到"这学生一定是半节课的时间都在想着下课后怎么应对批评，他也许会歪着脖子摆出一副'我是差生我怕谁'的架势来，所以……"进入办公室后，教师开头说道："尽管你成绩不算是太好，可是在我心目中，你一直是个懂事的学生，今天在课堂上发生的这件事，让我感到很吃惊。虽然你那么做让我感到在同学们面前很没面子，但我猜你一定是有特殊原因才会那样做，你说说吧……"这样的开头，让那位学生的面容立刻发生了变化，从一副假装无所谓的等待挨批的神情变为内疚的表情，于是，一场成功的师生谈话顺利地启动了。

洞察力是指具有丰富的实践经验，并能够利用这些经验为自己或别人提供明智的指导，我们也常把这种品质称为睿智。教师在职业生活中的洞察力经常表现为对学生学习动机、学习方式、学习困难的深刻理解以及相应地提供教学支架的策略等,也表现为班级管理、德育工作、教师专业发展等方面的丰富阅历和见解。

(二)勇气

勇气是指在不利的条件下,仍然可以为达到目标而奋斗。它包括勇敢、毅力、真诚三个方面。

勇敢的人是能够将恐惧的情绪与自己所应当采取的行动分离开的人,他会抗拒自己要逃跑的冲动,勇敢面对令自己恐惧的任务,不去理会心理上的主观反应或生理上的紧张不适。胆大妄为和冲动并不是真正的勇敢,虽然害怕但仍能够面对危险才是勇敢。现代意义上的勇敢已经超越了战场上的拼杀,更多的是指道德上的勇敢和心理上的勇敢。勇敢的人能够泰然地甚至愉悦地面对危险、逆境、压力,不为此丧失尊严或丧失成长的机会。例如,一位入职不到两年的教师接到学校的任务,要在一个很重要的场合去上一节公开课。一方面,这次活动并不能为他带来任何资格证书上的好处;另一方面,由于那个场合十分重要,又要面对许多领导和专家的评论和提问,所以有着极大的压力。更重要的是自己的教学经验还不够丰富,现场也许会遇到很多不可预料的情况。考虑到上述问题,这位老师的第一反应是想去跟领导说"您还是安排别人吧"。然而,他转念想到,如果接受这个任务,准备过程中学校会安排几个有经验的老教师为他改进和完善,现场得到的评论和质疑也会让自己有难得的学习机会,所以这个准备过程也是专业进阶道路上重要的成长过程。综合考虑之后,这位老师决定抛开恐惧情绪,接受这个成长的挑战。

有毅力的人通常表现为有始有终,能承担困难的工作并把它完成。即使这个工作的某些部分是单调、枯燥、长时间的,或者这个工作将充满艰难、未知的挑战,他们都能顽强地面对。毅力并不是不顾一切地追求不切实际的目标,他们是有弹性的、务实的,而不是完美主义者。事实上,完美主义的人往往是缺乏毅力的,因为他们常常预料到事情结果不能十全十美,所以选择了半途而废。例如薛瑞萍老师在接手新一轮一年级新生班主任工作后,打算每周给家长写一封信,引导家长的家庭教育和家庭中的课外阅读。她知道这项工作一旦启动,就会有持续六年之久的每周一封信的工作压力。但是,考虑到家校沟通和家庭阅读的必要性,她还是毅然地做出了抉择,发出了给家长的第一封信,信的名字就叫作"请跟我来"。

真诚体现在实话实说,真实地面对生活,不虚伪,为人真诚。这里所说的真诚,不仅是不对别人说谎,更重要的是真诚地面对自己,坦然正视自己的弱点和错误。人往往是首先骗过自己,然后才无意地欺骗别人。如果一个人能够真诚地面对自己,就很难对别人撒谎。例如,一位班主任在引导学生了解自我、塑造自我的主题班会上,首先对自己的优点和缺点进行了客观而又深刻的剖析,学生们受到教师榜样的影响,也对自己的性格弱点做出了比较深刻的自省。

(三)仁爱

仁爱是在与人交往时体现出的积极表现,包括善良、爱与被爱的能力。善良是指对他人表现出的仁慈、慷慨、乐于帮忙。重视别人的利益和幸福,理解别人的难处,同情他人的苦难,甚至有时会为了帮助别人而把自己的利益放在一边。人们往往容易高估自身的善良程度,在一项研究中发现,绝大多数人认为自己的善良高出身边人的平均水平。而这样的结果在逻辑上是不可能成立的,因此这一结果说明,多数人都高估了自己的善良程度。善良表现为对他人的关爱,尤其是对与自己利益相关甚少的陌生人,甚至是对那些侵犯自己利益的人的关爱。作为教师,则主要表现为对学生的关爱,尤其是对那些极为普通的学生,甚至是对那些经常给教师引起麻烦的学生的关爱。爱孩子,是动物的本性。爱别人的孩子,则应该成为教师的品性。爱那些有弱点、引起麻烦的学生,则是优秀教师应当具备的美德。

爱与被爱的能力,是指对自己与他人之间亲密关系的珍惜。

这里所说的亲密关系,并不限于男女之间,而是泛指人际之间的美好关系,也包括亲子之间、同事朋友之间、师生之间等。例如,一位教师希望让班上一位比较自卑的女学生感受到老师对她的欣赏,但又不想让学生感到老师是在有意鼓励她。于是老师寻找机会和该生的男同桌聊天,假装在无意之间向这个男生流露出对他的女同桌的欣赏。这名男生把老师的态度传递给女同桌,结果使得这名女生越来越对自己充满信心。这一过程中体现出了这位教师的爱的能力。还有一位班主任教师,注意到每当教师节,学生或家长都会花钱为老师准备一些礼物。于是在下一个教师节前夕,老师嘱咐学生,这个教师节老师只接受一种礼物,就是你要用一张卡片告诉老师,这学期老师为你的哪个方面的进步提供了帮助,或者这段时间老师对你有哪些积极的影响。于是,从此以后,每个教师节都成为学生总结自己进步并向老师感恩的机会,这位老师也利用这个机会引发学生规划自己将来进步的目标。这位老师对教师节的礼物不是简单地拒绝,而是巧妙地引领到更具有教育价值的活动。因此,这位老师显示出了高超的被爱的能力。

(四)正义

正义,超越了一对一的关系,是个人与集体的关系。它包括公民精神、公平、领袖品质。

公民精神是指个人作为集体的一分子,对集体利益的关心以及相应的责任感。其有公民精神的人忠于所在的集体,富有团队协作精神。例如,一个学校领导在分配任务的时候,有一项人人都不喜欢承担的枯燥而又缺乏回报的工作,当领导问到一个老教师时,这位老教师答道:"这个事情,我也不喜欢做。不过,这个事是否是我们学校必须要做的呢?如果必须有个人来做,那么,我来做。"

公平是指不让个人感情影响自己的决定,一视同仁,给每个人同等的机会。学生的年级越高,越在乎教师的公平。因此,公平地处理班级管理和学科教学过程中发生在学生之间的各种事情,不因学生的成绩、容貌、家庭出身以及师生关系的远近等因素受到干扰,是教师需要修炼的一种美德。

领袖品质是指有很好的组织才能,在乎团体的共同利益,鼓励团体的集体情感,主动参与设想所在团队的未来目标愿景,组织同事共同为之努力,并能监督任务的执行效率。例如,一位语文教师,接受市里的委托,带动周围几所学校教师成立了区域的名师工作室。成立之后,这位教师规划了每个参与者的目标以及工作室内的教师如何辐射影响本学区其他教师的成长和进步,并积极地联络本地的专家和其他名师,帮助本区语文名师工作室规划研讨方向。在她的带动下,不但每个参与者都从中受益,并且对于本学区的语文教学起到了很大的辐射作用。

(五)节制

节制是指适时适度地满足自己的欲望。节制的人并不是完全压抑自己的欲望,只是他们要把握时机和程度,以免对自己和他人造成伤害。节制的美德包括三项品格优势:自制、谨慎、谦虚。

自制是指人能反思并压制自己在第一时间内自发产生的第一冲动(教师在课堂上被冒犯时自然产生的愤怒和发火的冲动),并策划和启动自己经过反思后深思熟虑的行动计划(如何策略而有效地处理这个违纪行为)。自制包括多个方面,如对自身需要的节制、对自己情绪的调节、对自己观点的反思、对自己行动的控制等。

谨慎是指不冲动,不说、不做后悔的事,在反复确认后再行动或发布命令。谨慎的人有远见,并且习惯于三思而后行,能够为了将来更大的成功而抵制眼前的诱惑。作为教师,只有谨慎行事,不冒失冲动,才能让学生感受到教师决策的英明以及要求和命令的永恒性,从而对教师产生信赖感。

谦虚的人不过分表现自己,不吹嘘,不喜欢出风头,能够巧妙而适宜地应对别人对自己的夸奖和赞扬。谦虚的教师既不过度追求学生或同事的赞赏,也能对他人的赞赏做出合适的反应。他们在内心里是宁静平衡的,他们的工作更少受到虚荣心的驱动。

(六)精神卓越

精神卓越是指个人超越了自身狭隘的生活世界,将个人的存在与更宏大的事物相连接,在更广泛的关系中(包括与他人和社会的关系、与自然的关系、与生命中时间之流的关系)获得生命的意义。主要表现为对美的欣赏和品味(美感)、幽默、热忱、宽恕、感恩、希望、信仰七个方面。其中,对美的欣赏和品味、幽默、热忱是人对当下的积极态度;宽恕和感恩是人对过去的积极态度;希望和信仰是人对未来的积极态度。

1. 对美的欣赏和品味(美感)

对美的欣赏和品味是指能够欣赏各领域中(如自然世界、道德生活、科技创造、体育运动、艺术等)美好和卓越的东西。这样的人会表现出对大自然之美的敏感,对社会生活中崇高行为的感动,对人类杰出思想和优秀作品的欣赏,因而他们的生活中时时都会有美好的感触,容易进入马斯洛所说的高峰体验之中。这样的教师会将发自内心的美感不自觉地传递给学生,潜移默化地提升学生的生活品位。

2. 幽默

幽默并非简单的滑稽和逗笑的能力,而是一种对当前正在发生之事所表现出的人生态度。这种人生态度的特点是,不以从当前之事中寻求最大利益为首要目标,而是以从当前之事中发现乐趣为主要动机。因此,幽默的人不但追求让自己快乐,也追求让别人愉快。即使是从事一件平凡而枯燥的工作,幽默的人也努力让周围与他一起工作的人体验到快乐。即使是有糟糕的结果出现,幽默的人也会用黑色的幽默去应对命运中的悲怆与无奈。即使是该表达愤怒,幽默的人也会选择一种既令人羞愧却又能引起深思的方式来实现。真正的幽默,是无论处在什么情境之中,总能发现事情之中光明的一面。一项关于"最受学生喜爱的中小学教师特点研究"发现,教师的幽默是学生最为欣赏的人格特征之一。

3. 热忱

热忱指的是充满热情、全心全意地投入生活和工作之中。一个对生活和工作充满热忱的人,不是盼望着休假和退休,因为他们生活在此刻;一个对生活和工作充满热忱的人,不是只有在异地旅游时才能体验到生活之美,因为他们生活在此处。同样,这样的人不是盼望着一个工作日的结束,而是渴望着新的工作日的来临。对于他们而言,工作是积极的投入和自我实现的机会,而不是消极的忍耐和煎熬的过程。从相反的方面来看,职业倦怠的主要原因并非来自客观环境的压力和限制,更主要的原因是由于个人的修养不足以应对更复杂的环境,因此缺少了探索、创造以及改变的热情。

4. 宽恕

宽恕是指原谅那些曾经冒犯过我们尊严或者侵犯过我们利益的人。与宽恕相反的人生态度是仇恨。仇恨只能让我们生活在由悲伤或者耻辱情绪所笼罩着的阴暗回忆之中,而宽恕则能够冰释过去的不美好记忆,使人轻松地投入新的生活。宽恕可能发生在我们和一切人的关系中,包括同事之间、师生之间,甚至陌生人之间。

5. 感恩

感恩首先是指人对身边那些曾经帮助过自己的人们的感激之情;再进一步,也包括对于那些无意中给自己带来积极影响的人们(既可能是熟识的,也可能是仅有一面之缘的,甚至可能是远方的陌生人)的感谢;更进一步,还包括对命运(无论是顺境还是逆境)的感激和对生命的珍视。与感恩相反的特征是抱怨,爱抱怨的人不是勇敢地担负命运的责任,而是把一切过错归因于他人、世界以及命运。一个爱抱怨的老师,很难培养出懂得感恩的学生。

6. 希望

希望是指对未来怀有美好的憧憬,期待未来会更好,并为了实现这一目标而积极地筹划和行动。另一方面,希望也是指对未来可能发生的糟糕结果有充分的预料,不是悲观地等待和感叹,而是乐观地设想糟糕结果发生之后的应对和处理。因此,无论发生多么糟糕的事情,乐观的人永远能从打击中发现新的希望,而不会陷入绝望。从教师职业生涯发展来看,教师之希望的一种重要表现是个人对教师专业化进程的设计和规划,是教师对自身专业能力提升以及学生积极发展之结果的美好憧憬。

7. 信仰

信仰是指对生活有目标感,是经过对人生意义、人类本性、价值观等诸多问题进行漫长而艰难探索而逐渐形成的一种终极的人生追求。对于很多年轻人而言,他们的信仰还在形成过程之中。而对于中老年人而言,如果尚未形成坚定的人生信仰,就很容易陷入虚无之中。心理学研究中把人们的信仰划分为外源性价值和内源性价值。外源性价值是指那些依赖于外部因素才能获得的东西,包括金钱、权势、美貌、名声等;内源性价值是指那些依赖于自我的修炼才能达到的境界,包括个人知识能力的提升、品格的完善、对他人的贡献、对真理的追寻、对美的欣赏,等等。持有外源性价值观的人,其幸福感更多地依赖于外在因素,因而更加不可控。持有内源性价值观的人,其幸福感更多地依靠自身的努力,因而更可控,也更稳定。如《孟子》"尽心上"一章中所说的"穷则独善其身,达则兼济天下",就是一种典型的内源性价值观。

二、提升职业幸福感的方法

（一）情绪管理,塑造教师阳光心态

1. 学会对生活积极赋意

生活的意义是我们建构和赋予的,所以我们要学会积极赋意。有时候,你会感觉生活似乎没意思,教育教学没有那么崇高。那么,世界究竟有没有意义？其实,我们可以这么说,世界本没有意义,也可以说世界有很多的意义。本来没有什么意义,是我们人为赋予了它一定意义,它于是有了意义；也可以说有很多意义,但是我们只选择其中的一些自己想要的意义。根据事物意义的建构性这种特点,一些看似消极的东西,我们认识到其积极的意义,我们对它的态度就转变了。当然,这看似是我人为在赋意,但我想说,这些意义其实都在那里,有时只是我们没有看到它。学会积极赋意就是一种心理调适过程,是一种态度转变过程,是一种心理适应过程,让自己更能积极地参与一件事情,使自己能够爱上一件事情。我常常把这个比作哄小孩,我们内在有一个小孩,这个小孩很倔强、任性,我们最好不要批评和打骂他,要细心跟他商量,让他高高兴兴地来做事,这对于我们的心理健康是有积极意义的。

2. 接纳自己的消极情绪

我们在生活中难免会碰到一些消极情绪,我们该如何对待这些消极情绪呢？一个幸福的人不应该苛求自己不能有消极情绪的,如果那样不但无法消除消极情绪,反而徒增更多烦恼。比如,当你走向这个讲台的时候或许有些紧张,但是你要不要消灭这个紧张呢？如果你不接纳这个紧张,总是提醒自己别紧张,总与自己的紧张过不去,反而让紧张死缠住你不放了。这就好比在不断提醒自己不要想红色的大象。有的老师总想不通,为什么要我们接纳呢？为何不发挥我们人类的主观能动性去尽量改造世界,实

现我们期待的目标呢？岂不知无法改变的东西，接纳是最好的处理办法。《愚公移山》的故事流传很久，愚公的精神令人敬佩，但是他的做法我们是不会效仿的。如果没有神仙的帮忙，愚公真的要把自己的子子孙孙累死在自己的一个固执决定上面了。移山难，移家不是很容易的事吗？客观无法改变，改变主观不是很容易吗？我们干吗非要跟现实较劲呢？

3. 情绪管理，塑造教师阳光心态

目前新课改对教师的要求提高、家长的高期望值、过长的工作时间和不能与之成比例的工资待遇等，都容易使教师出现心情烦躁、情绪低落等心理问题。教师情绪控制不好，容易造成师生关系紧张，老师和家长关系不和谐。因此我们要学会管理情绪，管理情绪可以帮助我们工作更加有效率，发展良好的人际关系，增进心灵的幸福感。

学习管理情绪，最重要的一个步骤是学习关注自己的情绪。这似乎看起来很简单，其实比较难以描述，比如你在生气，你是知道自己气得想揍人的，也就是说，你是知道自己是在生气的，但问题是，一般人都会认同当时所处的情绪，被情绪牢牢地抓住，使得头脑中没有任何一部分可以观察、质疑和思考，而是任由情绪摆布。很多时候其实我们并没有注意到情绪已经占据了我们的头脑，影响我们看待问题的方式，如抑郁症患者，对于消极情绪就相当无助，无论他如何鼓励自己要开心起来，他仍然会觉得情绪低落，世界没有意义，这是由于抑郁患者并没有真正正视自己的情绪。因为痛苦，于是千方百计地想要逃避痛苦，这只会让自己进一步陷入抑郁的恶性循环中。

为了要有效管理自己的情绪，我们必须发展出一种不同的情绪意识，必须在我们沉浸自己的情绪中时让自己后退一步，就好像有另外一个自己在注视情绪中的自我，把自己放在旁观者或观察者的位置上，居高临下地审视当时的情形，站在局外评估自我，只有这样，我们才能问自己，是否真的希望受到这种情绪的摆布，

第八章　教师的职业幸福感研究

或者还是做出理智的选择。但是能做到这种程度还是有一定难度的,是需要不断修炼的。当某种情绪刚出现时,它对外界环境的估量是相当快速的,也是无意识的,一旦出现,便能很快控制我们的语言、行为和思想,等到事后已经造成伤害,再来后悔认错,已经晚了一步,更令人绝望的是,当下一次我们再度面临同样的情况时,仍又重复以前的行为。因此,如果我们要控制自己的情绪,可以想象得出这将是一场艰苦的心理斗争,这是有意识的压抑和无意识的情绪之间的争夺战,你将精疲力竭。但是结果是值得的,斗争过后我们会对自己的情绪更有控制力,会争夺回自己的意识领地,不会被无意识的情绪行为模式所左右。要发展关注情绪的习惯,需要提高对自己的了解,一定要有反省意识,了解什么因素会使我们产生情绪化的行为,这还不够,此外我们还要学会观察自己的感觉,了解每种情绪出现时身体所做出的不同反应,因而能在情绪化行为出现的时候及时意识到并采取适当的措施。

"今天,我面对我的学生再次情绪失控了,我感到很丢人。到目前为止,我发现我不适合在当今的社会当老师。我不能为了生存来当老师,我觉得是老师就得教书育人,更重要的是育人。我不能教我的学生学会如何面对自己的人生。我对自己不满意,觉得是在浪费自己的人生,好像放弃了自己多年的梦想。我现在活得不开心,我急需改变现状。"这是网上某位老师的心里话,面对自己心中理想的教师形象和自己的实际状况,我们可以体会到他内心的冲突和挣扎。对这位老师来说,目前最需要的莫过于接纳自己,接纳不完美的自己,接纳自己真实的情绪。

我们还要学习接纳自己的情绪,当自己和某人发生了冲突,我们有时会在心里放映心理电影,脑子里会不断地闪回到当时的情形,想象自己在当时可以采取的各种行为,重新体味各种愤怒或无助感。这就是我们每天经常做的事情,对于发生的事情,不断地抱怨、责备、防备、回击,从而使自己更加焦虑、愤怒和抓狂。这些不良情绪就像是一个受伤的、虚弱的小孩子,我们每个人的心中都有这样一个受伤的小孩,如果你讨厌他、抗拒他,不断地瞪着他、批评他,他会变成一个强有力的存在,虽然虚弱,却通过你和他的互动,强烈地感受到这个孩子的影响。但是,如果你接纳他,愿意和他和解,抱抱他,照顾他,那这个受伤的孩子就会变得乖巧起来。我们总是为不完美的自己和不完美的环境感到遗憾,如果一件事情糟糕透了,那不是别人的错误所致,就是自己的不小心造成的,我们总是处在责备的情境中,用一分为二的眼光看待发生的事情,接纳情绪就是接纳自己心中受伤的小孩,不抗拒是接纳的核心。接纳的状态就是要相信任何事物、现象的发生,都有一定的原因,我们无须去追究各种原因,责备他人,责备自己,而应以开放的心态面对发生的事情,不抗拒所发生的事情,接纳所面临的一切。而保持开放的心,就需要做到不判断。我们都听过"塞翁失马,焉知非福"的故事,丢失了马,看起来是坏事情,似乎应该生气,但是丢失的马又带来了好事情,所谓的好与坏,不过是硬币的两面,保持对于事情的中立态度,发生了就是发生了,过去的无可挽回,不需懊悔万分;未来的还有机会,不需心生恐惧,倒不如抱着看看将来会发生什么事情的心态,享受当下的一刻。

所以,接纳自己的情绪是这样一种状态:在自己身处情绪中时,我感受到自己的情绪,在认知层面,不逃避、不恐惧、不找借口、不抗拒,深入了解自己真实的想法;在身体感受层面,要尽力体验自己情绪引起的身体感受,在行动上,如果能够改善,当即予以改善,若不能改善,便面对它接受它,但是要尽力改善。此外,当你处于非常糟糕的情绪状态时,不要执着于情绪。

(二)用玩的心态工作

你可以用玩的心态干工作。工作有时很疲惫,有时很烦心。我想这是很正常的。没有哪一样工作,你在里面总是开心、快乐的。但是,如果我们自己长期处在疲惫、烦心的感受里,自然自己会痛苦,甚至引发身心的疾病。这里,我想跟诸位探讨一种心态,以"玩"的心态干工作。有的老师会说,以"玩"的心态干工作,你的职称怎么办？你的教学成绩差怎么办？等等。无论如何难以做到以"玩"的心态干工作。也就是说，我们根本玩不起。其实，以玩的心态干工作，不见得你晋不上职称，不见得你教学成绩差。我们面对工作中的问题，应视为有趣的事，用玩的心态展现自己的智慧。

（三）世界是我们眼中的世界

在困境里要看到希望，在迷茫中勿忘梦想。我们一遇到问题，自己就常常被问题困住，你似乎被树叶遮住了双眼，无法看到森林。笔者曾听过一个讲座，讲课者大屏幕展示了一张图片，里面有很多羊，他给大家10秒钟让大家来数露在外面的羊腿。于是大家心急地仔细地数能看到的羊腿，结果在10秒过后，他却突然问有几只羊眼露在外面。开始，大家会心存抱怨，不知他为何如此戏弄大家。其实，他一解释，大家才恍然大悟。一张图片，他用引导语把大家注意力全部吸引到羊腿上去，没人再去注意羊眼的问题了。结果，他问羊眼，大家就很迷茫。这个游戏就是告诉我们：我们自己在平时是经常做这样的事的。别人问你工作如何，你会说累呀；别人问你学生是否好管，你说实在是难对付，等等。如果从自己嘴里出现的都是生命的消极，那其实我们就是在只看"羊腿"了。

羊绝不会只有羊腿，但是你对羊的其他部位已经视而不见。对事物看不全面，采取不客观公正的评价，我们永远难以做到平静。心理学上有个词叫作"欣赏式探寻"，这个词用得很雅致，说得也很到位。有老师肯定会说，教育中哪有那么多积极的东西。让我们来看看陶行知先生教育学生的例子吧。故事说的是，一个叫王友的学生，一天在校园里跟另一个学生打架，王友正打算用泥块打另一个孩子。恰巧，陶行知碰到，他让王友放学后到自己办公室。放学后，王友来到陶行知办公室，陶行知还没有来。过了一会儿，陶行知来了，见到王友，对他说，今天老师要奖励他，王友一听很纳闷，觉得自己是来接受批评的。陶行知说他来得很准时,比老师还来得早,冲他遵守约定、守时的这个表现,老师给了他一块糖。接着,陶老又说,他很尊重老师,因为老师说别用泥块打人,王友立即停下了。所以,陶老又给了他糖。接着,陶老又表扬王友很有正义感,因为他了解到王友是因为那个男孩子欺负女生,他才想用泥块打他的。这时的王友已经被感动得一塌糊涂,惭愧地说,同学不是坏蛋,自己不应该用泥块打他。见到此,陶老又表扬说,你能及时认识自己的错误,勇于承认,及时悔改,就值得老师表扬,老师再给你块糖。最后,陶老跟王友说,我的糖也没了,今天的谈话也结束了。试想,一个用泥块打人的孩子,一个可能为自己制造麻烦的孩子,如果是站在我们面前,我们会怎样?从一个犯错孩子身上找到这么些优点,这就是跳出被孩子错误蒙蔽的双眼而看到孩子的闪光点的能力。陶老的谈话给孩子种植了信任,种植了要积极发展做好孩子的愿望。这就是一种欣赏式探寻。试想,我们能在工作中面对学生的问题、面对问题的学生,我们能够采取欣赏的角度看待,不再是满脑子的消极问题、满脑子的消极学生,我们的心态一样会改变。对待我们的生活,依然是同样的道理。

(四)经营好人与人之间的情感账户

人和人之间都有个情感账户。人际交往就会从这个账户上支出或存入。所以,我们要注意到这一点。否则,两个彼此相爱,然后走到一起的年轻人,在婚后不久就选择了离婚,就是因为彼此不再选择尊重对方,不断挑对方的毛病,原先恋爱期间彼此之间的感情存款都被支出精光,甚至还由于大打出手,造成了情感账户上负债累累。做了让对方喜欢的事,你就是在对方账户上给自己存款;做了让对方伤心的事,你就是在对方账户上取款。如果你经常存款,在关键时候,你可以从上面提款。比如,夫妻关系出现挫折甚至危机时,由于你之前经常存款,你可以相对轻松地应对。相反,你经常存得少,支出得多,慢慢地你就会让对方失衡了。同事们在一起互相交流、互相帮助,那么就是彼此在对方内心进行存款。家庭是社会的基本单位,也是我们个体的精神港湾。家庭和谐无疑是我们心理健康的重要保障。这里分享一点夫妻之间经营情感账户的方法供大家参考。第一招,说话之前,和对方双手相握,看着对方的眼睛,即便一句话不说,你和对方已经心连心了。第二招,欣赏赞美伴侣,选择正面的人格特质进行赞美。第三招,选择一两件伴侣做的让你感动的事,表达感激,不要认为这没必要,中国人在别的方面含蓄不要紧,但是不要在这方面太含蓄,感情需要表达。比如你可以说,我知道妈妈不是很好相处的婆婆,谢谢你为了我和她相处得这么好。第四招,作为听的一方,要专心领受对方的赞赏与感激,不要拒绝或缩减存款者的爱心,让对方不好受。第五招,双方尽量保持眼神接触,结束时收款者要彼此拥抱表达效果会更好。这里虽然是列举的夫妻之间相处的情感账户经营方法,其实它是可以类推、类比的,我们人和人之间也是如此。老师和学生之间更是如此。

(五)改变观念,提升生活品质

我们对外界的认知是主观幸福感的一个重要维度。芝加哥大学心理系教授、积极心理学领军人物米哈里·契克森米哈赖在《幸福的真意》中写道:"我发现了一件事,但我足足花了25年时间,才认清这是一个发现……我发现,幸福并非瞬间产生;它与运气或几率无关,用钱买不到,也不能依仗权势巧取豪夺;它不受外在事物的操纵,而是取决于我们对外界事物的阐释。"

爱默生也说过:"对于不同的头脑,同一个世界可以是地狱也可以是天堂。"一个人可以不管外界发生了什么事,只靠改变认知的内涵,就可以使自己快乐或悲伤;认知的力量也可以把无助的境况转变为反败为胜的挑战,以下提供了几种方法来扩展认知领域,包括纠正日常生活中的不合理信念,体验内心深处的爱,丰富看待问题的角度;用艺术化的态度升华日常生活经验,保持生活的乐趣和好奇心;认识人生的本质,安于本心,增加内心的平安;最后是找到奋斗的意义,对生活全力以赴。

1. 改变不合理信念——面对心中的爱

如果给你一天的时间用来观察自己的想法，也许你会发现很有意思的事情，某种情绪的出现取决于我们当时的想法，当你试着改变想法的时候，情绪也会有变化。这是心理学认知治疗最基本的假设——不合理信念引发情绪改变，而外在激发事件只是诱因。但是，我们也有这样的经验，当自己处在低谷时，虽然会用理性来说服自己，但是理性似乎难以战胜波涛汹涌的情绪，更何况事情本来就是两面的，从哪方面说都是有道理的。这时候，我们要注意了，之所以会出现这种情况，是因为理性的说辞并不是你内心真正的想法，你还没有触及那个核心的、真实的想法，只有探索到那个想法时，你才能面对真正的你。那么，什么才是真实的你呢？让我们来看一看，当你责怪家人不够体贴的时候，你的真实想法其实是，我需要你的关心；当你抱怨领导太过专制时，也许你只是希望能得到领导的认可；当你对学生的行为感到极其头痛时，你只是无法放下对他们的爱和责任。如果你仔细地观察自己，你会发现所有的冲突、排斥和渴求都是出自爱的呼唤，这才是真实的你，真实的自己被掩藏在各种被歪曲的不合理的信念之下，"我应该是一帆风顺的；事情出了问题，总是我的错；如果我没有足够的钱就无法得到幸福……"那些不合理的信念就像是永不满足的饿鬼，无论吃了多少东西，他仍然是索求无度。

要修正不合理信念，就要学习看到事情积极的一方面，看到事情其他的可能性，改变自己看待问题时绝对化、完美化以及以偏概全的倾向。任何事情都有积极的含义，"当上帝在为你关闭一扇门的同时，他一定会为你打开一扇窗"。对于教师而言，一方面要修正自己对于工作本身的看法，心理学研究显示，人们喜欢休闲多过于喜欢工作，工作是努力和痛苦的代名词，这种对工作本身的偏见已经影响到人们对自身工作的认知，实际上人们在工作中可以得到更多的幸福感，但是人们倾向于将这种经验负面化或者忽略掉，从而限制了我们在工作中的潜能的发挥，造成这种

第八章 教师的职业幸福感研究

现象的原因之一是文化和教育的结果,我们的文化是将工作、学习与痛苦绑定。小孩子从小开始会自主学习各类新知识,刚开始这类学习是主动的、自发的,是内在动机使然。但当他上学之后,学习就变成一种要求,就被条件化了,要学习好就要付出努力,为了将来的幸福,学习行为就变成了外在动机驱使。等孩子长大后这种倾向就泛化在工作领域,工作就成为一种手段,与努力和痛苦联系在一起。如果我们在教育中重视工作的价值,多多激发孩子的内在学习动机,相信这种状况会有所改变。因此,一方面,教师要更新对工作的观念,重视工作对幸福的贡献度,在工作中享受过程,获得幸福。另一方面,教师要提高自己的工作方法,多站在学生的角度考虑,寻找教师和学生共同成长之路。例如,学生上课时讲话,随意插话,不守纪律,课堂教学秩序不好时会很郁闷,这个时候如果老师换一种方式,看到事情积极的一面,就会带来行为上积极的改变。比如,用新的教育观念来衡量,鸦雀无声并不一定是良好的课堂心理气氛。小学生正处于好动爱玩的年龄,要他们规规矩矩一动不动地坐上40分钟确实太苛刻了;学生上课讲话,随便插话不一定是有意不守纪律,他们有些听懂了才会插嘴,才有话可说,这比课堂上死气沉沉、学生被动不参与要好得多;学生是学习的主人,他们每个人在课堂上都有发表意见的权利,教师要做的不是"堵"而是"导"。在这种理念引导下,教师可以设计出师生互动的生动活泼的课堂心理气氛,让学生有充分发表意见的机会,教师也会感觉到专业进步和内心激荡的情怀。

　　要修正不合理信念更为核心的步骤是要多问自己几个为什么,要学会和自己辩驳。不合理信念引起心理冲突和不愉快时,首先要问问自己为什么会不愉快,这时我们会在脑海里浮现一些想法,这些想法有可能就是不合理的核心信念导致的,然后我们要和这些想法进行辩论,讨论事情其他的可能性,问问自己为什么会出现这些想法,在回答自己的问题时请使用肯定的词语和语气;同时要观察自己的情绪,情绪总是会给我们一个真实的答案,在你没有找到正确的答案之前,你的情绪是很难平息的。还拿上面的例子来说,当教师因为孩子不守课堂纪律烦闷时,我们探讨了孩子好动的积极含义,然后还要继续追问,为什么我会因为孩子不守纪律烦闷?因为控制课堂气氛意味着我能讲好课,为什么严格的课堂纪律是讲好课的前提条件?因为我觉得当课堂都安静时我可以掌控自己的行为,不用担心出格的事情出现时场面失控,不用担心场面失控时自己可能处理不好,我希望自己维持一个高大的教师形象。如此一来,我们就可以看到自己内心真实的自我。担心和恐惧,对教师形象过于理想化的期待有可能阻止师生真心的互动交流。

要面对真实自我是需要勇气的,因为把问题归罪于外界环境是很容易的,但是如果我们要面对真实的自我,就要不断地深入探索,和自己辩驳,反省自己的行为,反复自我检查,这个过程就好像我们的左手和右手在打架,直到最后,我们看到了真相:我们都是好孩子。最后发现根本不是环境和别人的错误,也不是自己的错误,只是我们要学会爱自己、接纳自己。

2. 艺术的力量——日常经验的升华

人的心是需要空间的,如果空间足够空旷和高远,那么即使有痛苦、有失望,生活仍然能充满幸福感,艺术可以带领我们踏上开荒之路,艺术可以扩展我们对于事情的理解,帮助我们升华日常的生活经验。每个人都有强烈地理解他人、理解自己的欲望,可是往往我们心中混沌的感觉,我们对于日常生活琐碎的印象都无法恰当地表达出来。而艺术品可以帮助我们表达,在欣赏艺术的同时我们感觉到自己被理解了,自己的感受能恰当地表达出来了,能够产生"众里寻他千百度,蓦然回首,那人却在灯火阑珊处"的感觉。

也许你会说,我就是一个普通人,我不会欣赏艺术,也不懂艺术。是的,虽然我们缺少作为一名艺术家所必备的某些技艺,比如会运用色彩或者吹奏某种乐器,但是我们可以过艺术化的生活,我们可以拥有这样的生活态度。著名作家王小波说过:"一个人只有此生此世是不够的,他还应当拥有诗意的世界。"通过艺术的态度,我们可以在生活中处处发现美和乐趣。艺术的核心是创造力,人在创造中找到了他自己,艺术化的生活意味着我们对待生活的态度发生了根本性的转变,我们相信生活中发生的一切都有其价值,对于生活我们保持充沛的精神和青春般的活力,好奇心使我们觉得生活既有趣又有动力,我们细微地感受自己和外在世界的变化,我们刻意且充满爱心地经营生活,使人生中的任何遭遇、任何经验、任何情绪、任何感受都可以成为欣赏的对象。心理分析大师荣格认为潜意识是人类文化所有的精神宝藏所在地,是人们保持创造力的源泉,经常会有艺术家描述那种登峰造极的创造状态似乎不是出自艺术家本人,而是来自上帝的启示,其实只是来自艺术家本人的潜意识而已。但是如果想从潜意识中获取创意能量实在不是一件容易的事情,潜意识只能通过某些渠道才能被了解,比如梦、自由联想等。尽管如此,幸福不可以刻意追求,创意却有一定规律可循,我们可以看看其他艺术家是如何保持旺盛的创作力的,也许会有一些启示。

3. 了解人生的本质——安于本心

无论我们怎么充实自己的生活,保持乐观的态度,我们都不能避免一个事实——生命的存在本身是一个客观事实,也许根本没有什么任何意义可言,无聊、痛苦和死亡是任何一个人都必须面对的生存现实。人是很脆弱的,内心孤独、敏感,一句辱骂,一个眼神也许就能将一个人推向崩溃的边缘,这无关个人的身份、地位和年龄。心理咨询的大量案例表明,即使许多人从外表看起来非常完美,但是仍然会因为各种人生存在的基本问题而寻找帮助。但人也是很坚强的,病痛、饥饿、战争都无法摧毁人的意志,人就像路边的野草一样,看似柔弱,生命力却极强。

对于人性现象的描述最为精妙的是存在主义取向的理论,直指人类生存之根源——死亡、孤独、自由和虚无以及人生意义,比如,生命有时候是不公平的;生命中某些痛苦和死亡终究是无可逃避的。无论我和别人多亲近,我仍需独自面对人生等问题。只要出身为人,都会面临这些问题,在这道终极难题之下,人们交了两份截然不同的答卷:一种人茫然地存在,他们会忽视或者压抑自己的生存命题,只是关心事情的表象,一生碌碌无为、感情麻木,人云亦云;另外一些人则用心地存在,他们真心地体验生命的无常,意识人生存在的真实性,也因而接受生命的各类限制,发展自我的潜力。对于生存抱以最开放、最勇敢态度的人将提供人生不断自我更新、自我创造的机会。看起来似乎有些悲剧含义的人生却蕴含着最震动人心的关爱和力量——"我曾经受苦过,曾经失望过,曾经体会过'死亡',于是我以我在这伟大的世界里为乐。"

存在主义将我们引向幸福的核心问题——为自己负责。负责这个词似乎暗示受苦,其实还有一层含义,即自信,这自信是建立在掌控感的基础上的,无论外在环境如何变幻,我都愿意站出来为我的生活负责,这是一种弥漫周身的安全感。困难和挑战是生命存在的形式,也是获得幸福不可或缺的,为自己负责就是不逃避困难、接受挑战,在挑战中发挥生命的潜能,享受实现目标的过程,除此之外,幸福之路无捷径。而建立在外在认可之上的幸福就如沙滩上的城堡,没有任何根基,只有正视生存的基本焦虑、愿意承担生命的矛盾和真面目、体会生命的存在的人才能决定自己的生活品质;只要学会了掌控心灵,也就相当于接近幸福的境界了。所以,当你试图寻找生命的意义的时候,当你遭遇生活中的空虚时,请你告诉自己,这是很正常的状况——"我的存在,对我是一个永久的神奇,这就是生活;不要试图去填满生命的空白,因为,音乐就来自那空白深处。"(泰戈尔)

(六)突破限制,追寻教师工作的意义感

1. 突破内外限制,破茧化蝶

在我国目前办学体制下,学校要的只是升学率,学生要的却是自由快乐,家长要的是成绩,而社会要的是素质教育,在这种情形下,老师被夹在中间,气都透不过来,这其中的心理压力和工作

第八章 教师的职业幸福感研究

压力是一般人难以想象的。教师既要遵从自己作为教育者的良知与责任,又要满足家长和学生的升学愿望,再加上教师在学校内部也面临竞争,这就使得教师在教书育人和升学压力之间不断摇摆,不断感受角色冲突。

我们相信社会有责任面对和解决这些问题,但是如果教师要等到所有问题都解决时再去任教显然是很荒谬的,除去教学环境,在生活中也是一样,我们每个人都向往自由,却经常感受到来自四面八方的限制。做一名高高在上的法官对社会冷眼旁观、指指点点是最容易的,但是不知道有多少人注意到这个最显而易见却又最容易被忽略的事实:做一名法官最先受到伤害的却是自己,我们的愤愤不平和烦躁不安只能让我们停滞不前、痛苦万分。帕尔默也曾经历过这个阶段,他说:"我把我感受到的所有欺骗性都投射到社会中去,却不能面对自己,我是在把投射作为逃避面对自我分裂的一种方式,我不想像那样再生活下去。"这种对自我的认识直接促进了帕尔默的行动改变。

因此,首先我们要将目光转向自己,突破自己给自己设置的障碍。教师工作确实面临负担偏重的现状,教师一天到晚将自己的精神能量全部都投放在学校和家庭中,疾风骤雨般的生活节奏使得教师很少有时间面对自己的内心,"没有时间、负担过重"作为一项再正当不过的理由堂而皇之地横在教师的成长道路上。但是相信所有人都会认同这个观点:只要我们想做总是会找出时间的,那么究竟是什么阻止我们关注自己呢?也许最根本的是我们爱了学生、爱了家人,却唯独缺少了对自己的爱,所以我们就像温水中的青蛙,缺少行动力,在惯性中死去。当我们深入内心时,却感到各种想法如雪片般飞来,无法面对,只好做了逃兵。种种原因,让我们和自己的内心严重隔离。其实,几个问题就可以把我们引向内心,问下自己"我的内在感受如何?我需要做些什么来恢复好状态?是什么原因使我不去面对自己?……"如果你对自己足够诚实,你会发现内心有强烈的对话愿望,如果你抽空转向内心,暂时离开紧张的生活节奏,生活就立刻变了样。我们可以读一本好书或者与好友畅谈或者默默沉思,都可以使你自己有机会考虑如何面对世界,如何面对学生,也使自己有机会品味和明白神秘而神奇的生命意义,珍惜每个学生的宝贵人生。转向内部思考带给我们的是一份惊喜的礼物,远远超过了当初的期待。

其次我们也要改变对于外在限制的认识,如果我们一方面希望能摆脱现在处处受限的现实条件,另一方面又期待教学中的希望和成长,我们就必须接纳因矛盾、悖论和混沌状况带来的不适感,学会欣赏矛盾,把矛盾转化为激发创造力的机会;也必须接纳现实的工作体制和自己的不足,激发自己为改变现状而行动的决心。对待现实,我们既要有乐观主义,又要有现实主义,最后,最重要还是要亲身实践。唯有如此,棘手的难题才不会是困难和限制,而是我们施展才华、满足好奇心的机会,教学工作也会变得丰富多彩。

2. 追寻教师工作的意义

马丁·塞利格曼(Martin Seligman)在《真正的幸福》中阐述了幸福的三个成分:快乐、意义和投入。意义是人生幸福的一个重要方面。尼采说过:一个人知道自己为什么生活,就可以容忍任何一种生活,虽然存在主义哲学认为人生的残酷现实之一就是人生可能并没有什么意义,但是人们仍然穷其一生去追求人生的意义,这是人对自身存在的一种确认,如果工作和生活变得具有目的性,那么生命就不会虚度,我们所做的一切就值得我们去做。心理学家弗兰克(Viktor E.Frankl,1905—1997)根据他在集中营的经验认定:即使在集中营这样荒谬、痛苦、残酷而无人性的地方,生命还是有意义的。因为"一个人,只要感觉到他对于一个等待着他的挚爱亲人有一份责任,或者对一件尚未完成的事负有使命,就没有能力抛弃他的生命。他知道他为什么必须要活着,因此不管是如何活下去他几乎都能够忍受"。意义感不仅使人愿意(能够)承受生命中的一切苦难,意义感甚至于可以把原本无聊的事变成是有意义的,因而让人感到愉悦。弗兰克主张:人真正需要的,并非毫不紧张的状态,而是为了一个他认为值得的目标去努力、奋斗;他所需要的并非不惜一切代价地解除紧张,而是一个意义感的召唤,召唤他去完成这个意义或使命。许多教师走上工作岗位是因为内心有着坚定的信仰,他们相信自己的工作将有益于学生的人生。但是目前对于教师工作成就评价的唯一标准就是升学率,这种唯一的、武断的判断标准必然抹杀了教师工作中也许最为核心和珍贵的内容。事实上,教师工作的特殊性使得教师工作的成就感比较模糊,难以预测,这使得许多老师感到底气不足,甚至有些沮丧。一位美国老教师说过:"这个工作最叫人为难的是,挣钱再少也不能说为钱而干是正当的。"我们的收获的确是不能用金钱衡量的无价之宝,比如,有时感到有些地方因我的努力而改观变样,有些学生因为我的鼓励而奋发有为。可惜的是,这样的时刻并不常有,而且其证据无迹可循,无人能见证它们的存在。

在这种情况下,我们内心必须要有可以坚守的人生意义,虽然看起来是大而空的内容,但是它又实实在在地影响着教师的心灵幸福,有谁愿意浑浑噩噩、忙忙碌碌地度过一生呢?又有谁愿意过一早起来想到上班就很痛苦的日子呢?这样想来,意义命题不但不空泛,反而是我们迫不及待要去思考和探索的。但是教师工作的意义不该是"人类灵魂工程师"的刻板要求,每位教师都应该追寻具有独特自我风格的人生意义。有了它,我们变得有原则、有底线:我们可以坚定、安心地面对周围的环境,可以感受到内心温柔悸动的爱意和感激,曾经看起来似乎疲惫不堪的生活现在充实而温暖。

(七)做好职业规划让发展更明晰

所谓职业生涯规划,就是我们从自身优势和特点出发,根据时代、社会的要求和所在学校的共同愿景而做出的能够促进自己有计划地可持续发展的预期性系统性的自我设计和安排。

（八）学会呵护并让自己的心灵成长

教师被称为人类灵魂的工程师。但是，我们发现，我们自己的灵魂也有时难以安宁。郝老师是我认识并接待过咨询的一位教师，她是初二年级的一名优秀女教师，所教班级数学每次都是第一，同事对她的教学成绩感到羡慕时，郝老师却被压力困扰。因为领导对她期望大，自己感觉做不好不行，所以每到寒暑假开学，郝老师无一例外地提前一周就感到头疼，睡不好觉。我们不可否认一点，那就是我们自己时不时地受到教育本身的体制以及其他因素的影响，感受到来自工作、学习、生活的压力。因此，这个时代一个教师经常保持对内心滋养显得尤为重要！教师的心态问题是大家必须重视的问题，教师必须要学会呵护自己的心灵。呵护心灵试图通过减少来自世界的冲击，这好像不是很现实的，因为有些东西是我们自己无法改变的。但是，我们可以选择让自己心灵成长的方法。如何让自己的心灵成长呢？

1. 首先要认清自己

所谓认清自己就是我们对自己整体的一个认识、一个整体的概念。我是一个什么样的人？我走过了什么样的人生道路？我以后要往哪里去？我现在怎样生活？怎样生活是健康的？特别是自己的人生观，自己对人生重大问题的态度方面，对自己要有清晰的了解。人生观是关于人生目的、态度、价值和理想的根本观点。它主要回答什么是人生、人生的意义、怎样实现人生的价值等问题。爱与性，生与死，自由与规范，物质与精神等，都是人生中的重要大问题。对这些问题的答案，就是我们的价值观。关于这些我们对自己都要有清晰的认识，在遇到一些问题的时候，我们只有明晰地了解自己，才能做出符合自己内心需要的抉择；只有了解了自己，才能更好地处理自己心灵与现实的问题。

2. 了解和解决自己的未完成事件，让自己心理更成熟

一个人在成长过程中难免会遇到这样或那样的事件，如果这

第八章 教师的职业幸福感研究

些事件对自己心灵造成了一定的创伤,我们在当时又没有做妥善的处理,这就会成为我们心灵上未完成的事件。完形治疗之父皮尔斯说:"欲望受到挫折,要满足它有危险性存在,而挫折感的紧张也已经无法忍受。此人于是压抑欲望以及对这个欲望的察觉,好避免受苦并远离危险。"用压抑和努力遗忘,将"未完成事件"排除在察觉之外,至少比让它永远打开着,有一个隐隐作痛的需求造成的感觉好多了,并且也可以允许我们有能力去满足下一个浮现的需求。但是这些事件会形成一些心结,因为这些心结没有打开,我们总是无法轻松地释放自己。这种状况下,我们也不会拥有心灵的健康与快乐。比如,一个没能考上大学的学生家长,会想尽办法让自己的子女上一大学……这样一再沉溺在"未完成事件"的需求里,基本上是我们人生的常态。因此,我们还要在遇到一些对自己心理影响很大的事件时,及时进行一些心理咨询,接受别人对自己的心灵帮助。当然,有些心理上的问题会随着时间不治自愈的,但是有些问题我们确实耿耿于怀,无法理顺。所以,结交一些可以疏解心灵的朋友,可以无话不谈的朋友对于我们的心灵成长是有益的。

3. 培养敏锐的自我觉察力,更好地调节自我

说到自我觉察似乎对大家有些抽象,其实稍微解释也是不难明白的。自我觉察就是对自己的身体、情绪、心态、认识等时常保持一种觉察的状态,好像自己站在自己之外看自己。所以,自己的一举一动都会被自己看到被自己觉察到,因而一些问题自己也会及时意识到。有一颗觉察的心,自己便不会过于冲动、不会做出让自己也后悔的事情来。觉察有时可以说是调节的前提,你只有觉察到自己的问题了,然后你才能做出更好的调节。一个人了解自我、促进心灵成长的方法还有很多,除了上述这些方法之外,如写个人反思、写传记、接受心理咨询、进行心理测试、参加心理成长体验小组等都是一些促进心灵成长的方法。心灵成长、成熟了,我们的心理就会更健康了,有了健康的心灵为基础,我们才能更好地追求生活的幸福。

参考文献

[1] 张怀春. 教师心理健康 [M]. 北京：北京大学出版社，2016.

[2] 陈虹. 教师心理健康与心理咨询 [M]. 天津：天津教育出版社，2013.

[3] 郑淑杰，孙静，王丽. 教师心理健康 [M]. 北京：北京大学出版社，2014.

[4] 项家庆. 教师积极心理的培养与调适 [M]. 天津：天津教育出版社，2013.

[5] 张乐华. 教师积极心理健康的培养与训练 [M]. 天津：天津教育出版社，2014.

[6] 陈虹. 教师职业心理与人生幸福 [M]. 天津：天津教育出版社，2015.

[7] 蒋荣树. 中小学教师心理健康问题研究 [M]. 成都：四川大学出版社，2017.

[8] 韦志中. 教师心理资本建设理论与实践 [M]. 成都：四川大学出版社，2018.

[9] 邢强，刘毅. 教师心理健康教育 [M]. 广州：广东人民出版社，2013.

[10] 刘晓明，崔慧旭，司志超. 教师健康解码：给教师的心理建议 [M]. 长春：东北师范大学出版社，2014.

[11] 周国韬，盖笑松. 积极心理学与教师心理调适 [M]. 北京：中国轻工业出版社，2012.

[12] 俞国良，宋振韶. 现代教师心理健康教育 [M]. 北京：教

育科学出版社,2008.

[13] 姚本先.关爱教师的心灵世界——心理健康的调适与维护[M].北京:北京师范大学出版社,2016.

[14] 任俊.写给教育者的积极心理学[M].北京:中国轻工业出版社,2019.

[15] 赵世明.教师的心理健康素养[M].福州:福建教育出版社,2011.

[16] 马志国.做一个心理健康的教师:教师心理咨询的48个典型案例[M].北京:教育科学出版社,2013.

[17] 杨多.教师心理健康与专业成长[M].成都:西南交通大学出版社,2008.

[18] 项家庆.教师积极心理健康养成[M].北京:国家行政学院出版社,2015.

[19] 张文渊.新时期教师心理健康教育研究[M].北京:地质出版社,2016.

[20] 王荔.教师专业发展与心理健康[M].昆明:云南人民出版社,2016.

[21] 杨红丽,姜企华.为心灵减压——写给教师的心理保健书[M].苏州:江苏凤凰科学技术出版社,2017.

[22] 杨敏毅,王震.做内心强大的教师:教师常见心理困惑解析[M].北京:中国人民大学出版社,2017.

[23] 马志国.优秀教师必修的8堂心理健康课[M].北京:首都师范大学出版社,2017.

[24] 王文军.教师心理健康保健与调适[M].北京:北京教育出版社,2018.

[25] 缪佩君,李玲玉,连榕.幼儿教师心理健康状况及其社会支持系统构建[J].苏州大学学报(教育科学版),2018,6(4):60-68.

[26] 郭成,杨玉洁,李振兴,等.教师自主对教师心理健康的影响:领悟社会支持的调节作用[J].西南大学学报(自然科学

版),2017,39(6):141-147.

[27] 刘金平,任洁,原雨霖.义务教育阶段教师心理健康素质结构及其培养[J].课程·教材·教法,2019,39(1):118-123.

[28] 连榕.专长发展与职业发展视域下的教师心理[J].心理发展与教育,2015,31(1):92-99.

[29] 罗小兰.中学教师心理健康、胜任力与工作投入关系的实证研究[J].教育理论与实践,2015,35(25):43-46.

[30] 吴淑莹,沈贵鹏.中小学教师心理健康素养及其提升策略[J].中小学心理健康教育,2019(32):66-69.

[31] 赵云龙.二十年来我国中小学教师心理健康的变迁[J].社会心理科学,2015,30(6):3-13.

[32] 游旭群,杨睿娟.中国教师职业心理健康的内涵与构成要素探讨[J].教师发展研究,2017,1(4):69-75.

[33] 王雨晴,甘凤春,段文杰.高校新进教师压力感来源及其与心理健康的关系[J].当代教师教育,2016,9(1):28-34.

[34] 刘晓明,王丽荣.教师心理健康素质:教育价值与构成要素[J].中小学教师培训,2016(8):69-72.

[35] 李德亮,冯理.教师心理健康素质的发展研究[J].教育现代化,2017,4(33):296-298.

[36] 赵月,黄峥.积极心理健康教育视角下特殊教育教师职业倦怠应对策略研究[J].中国特殊教育,2017(5):15-18.